지방자치 20년의 성과와 과제

: 전남을 중심으로

지방자치 20년의 성과와 과제
전남을 중심으로

1판 1쇄 | 2016년 2월 25일

엮은이 | 목포대학교 지방자치연구소
지은이 | 고두갑, 김영란, 박찬표, 심원섭, 양승주, 장시복, 조준범, 최정민, 하상복

펴낸이 | 정민용
편집장 | 안중철
편집 | 윤상훈, 이진실, 최미정, 장윤미(영업)

펴낸 곳 | 폴리테이아
등록 | 2002년 2월 19일 제300-2004-63호

주소 | 서울 마포구 양화로 6길 19(서교동) 3층
전화 | 편집_02.739.9929/9930 영업_02.722.9960 팩스_0505.333.9960

인쇄 | 천일_031.955.8083 제본 | 일진_031.908.1407

값 15,000원

ISBN 978-89-92792-49-3 03300

지방자치 20년의 성과와 과제

: 전남을 중심으로

목포대학교
지방자치연구소 편

고두갑
김영란
박찬표
심원섭
양승주
장시복
조준범
최정민
하상복

폴리테이아

차례

서문

    이 책은 목포대학교 지방자치연구소가 기획하고 목포대학교 교수들이 참여하여 수행한 공동 연구 작업의 결과물이다. 당초 이 기획은 지방자치 부활 20주년을 앞두고 전남의 지방자치 20년의 성과와 한계를 되짚어 보고 앞으로의 진로와 대안을 모색해 보려는 의도에서 시작되었다.

    주지하듯이 우리나라에서 지방자치는 1961년 5·16 쿠데타로 중단된 이후 1987년 민주화의 성과로 1991년 지방의회 선거가 실시됨으로써 부활의 단초가 열렸고, 1995년 지방의회 및 자치단체장 동시선거가 실시됨으로써 본격적인 지방자치 시대의 실현을 보게 되었다. 민주개혁의 일환으로 재개된 지방자치는 무엇보다 더 많은 민주주의를 실현하는 무대가 될 것으로 기대되었다. 지방자치는 생활 자치 혹은 풀뿌리 민주주의의 공간이자 '민주주의의 학교'로서 한국 민주화를 질적으로 심화시키는 계기가 될 것으로 인식되었던 것이다.

또한 지방자치는 권위주의적 근대화 과정의 산물인 수도권 중심의 초중앙집중적인 정치·경제·사회구조를 혁파하는 계기가 되리라는 기대를 받기도 했다. 지방자치단체들이 지역의 특성에 맞고 지역민의 요구에 부응하는, 지역의 가치를 살리는 독자적 발전 전략을 통해 지역 간의 균형 발전을 이룩하고 지역민의 복지 확충에 기여할 것이라는 기대가 그것이다.

다른 한편 전 지구적으로 세계화와 지방화가 맞물리는 세방화(glocalization)의 동향이 뚜렷해지고, 개별 국가 수준에서도 공간적 분권화와 권한 이양이 정치 공동체 운영의 새로운 논리로 확산되는 세계적 추세 속에서, 지방자치는 이러한 대안적 사회 운영 원리의 주역으로 자리 매김되기도 했다.

그렇다면 지방자치 20여 년의 성과를 되돌아볼 때 지방자치에 투영된 이러한 이상은 어느 정도 실현되고 있는가? 지방자치에 부여된 어떤 이상적 역할이 아직 실현되지 못하고 있다면, 그 원인은 무엇이며 극복의 방향과 대안은 무엇인가? 기본적으로 이런 질문에 답하기 위해서는 지방자치에 대한 이론적·규범적 탐구뿐만 아니라, 지방자치의 실천 공간인 지역을 대상으로 하여 정치·경제·사회·문화 등 각 부문 별로 지방자치의 성과를 구체적으로 살펴보는 실증적 작업이 우선되어야 할 것이다. 지역을 조사 대상으로 하는 경험적 연구들이 축적될 때, 지방자치의 의미를 충분히 실현할 수 있는 실천적 대안이 도출될 수 있을 뿐만 아니라 지방자치 일반에 대한 이론적 인식의 폭도 좀 더 넓어지고 깊어질 것이다.

이 책은 크게 두 개의 부로 구성되었다. 먼저 제1부는 정치·행정·경제 부문을 다룬 네 편의 글로 구성된다. 첫 번째 글에서 양승주는 전남에서 지방자치가 이룬 업적을 주민 복리 증진, 조직, 인사, 재정, 입법의 측면에서 검토하고, 향후 20년을 위한 준비로서 에너지 민주화, 경제민주화, 정치 행정 민주화라는 세 가지 과제를 제시하고 있다.

제2장에서 박찬표는 전남도의회 20년의 성과를 성실성, 입법·의결 기능, 예결산 심의 기능, 집행부 통제 기능, 주민 대표 기능 등에 초점을 두어 평가하고 있으며, 지방의회 기능 강화를 위해서는 지역 일당 지배 구조의 극복이 무엇보다 시급함을 강조한다.

장시복은 제3장에서 전남 경제의 낙후성의 원인의 하나인 소득의 역외 유출 실태와 그 원인을 분석하고, 역외 유출을 제어하기 위한 대안으로 내생적 발전 전략 수립, 지역 경제의 선순환 구조 형성 등을 제시한다.

제4장에서 조준범은 전남의 난개발 문제를 다루는데, 수도권 중심의 대도시 지역과 달리 전남의 난개발은 지방자치단체가 지역 활성화를 명분 삼아 인위적으로 개발 수요를 창출하는 팽창형 도시계획에서 비롯되었다고 밝히고 있다.

제2부는 사회복지와 교육, 문화 관광 부문을 다룬 네 편의 논문으로 구성되었다. 그 첫째 논문인 제5장에서 김영란과 최정민은 전남 지방자치 20년의 사회복지 실태와 문제점을 분석하였다. 복지 환경은 나빠지고 복지 수요는 많아지는 상황에서 복지 공급은 미미하게 증가하는 실태를 분석하고, 이런 문제들에 대처하기 위한 정책적 대안을 제시하고 있다.

고두갑은 제6장에서 지방 교육재정의 제도와 현황을 살펴보고, 전남 교육청 사례 분석을 통해 지방 교육재정의 안정적 확보와 효율적 운영에 기여할 수 있는 대안을 제시하고 있다.

제7장에서 심원섭은 전남 지방자치 20여 년의 관광정책의 성과를 민

선 1기부터 5기까지 각 시기별 관광정책과 주요 관광사업의 내용을 통해 고찰하고, 이를 바탕으로 기존 정책의 한계와 극복 과제를 제시하고 있다.

하상복은 제8장에서 지역 축제에 대한 비판적 고찰을 시도한다. 지방자치제 실시 이후 지역 축제의 수가 급증하고 있지만, 축제에 대한 경제적 접근이 지배하게 된 결과 축제의 종교적·공동체적 기반이 약화되고 있는 문제점을 비판적으로 분석하고 있다.

이 책에 실린 8편의 논문 중 5편은 2014년 4월 지방자치연구소와 한국정치학회가 공동으로 주최한 학술회의에서 발표되고 논평을 거쳐 수정·발전된 것들이며, 나머지 3편은 새로이 작성되었음을 밝힌다. 아무쪼록 이 책이, 전남의 지방자치가 처해 있는 문제들을 실천적으로 천착하고 대안을 모색하는 생산적 토론의 장을 마련하는 데 하나의 계기가 됨으로써 지역과 지역민들의 삶을 개선하는 데 도움이 되기를 바란다.

마지막으로 어려운 여건에도 불구하고 이러한 비상업적 책의 출판을 기꺼이 맡아 준 폴리테이아 출판사와, 난삽한 원고들을 하나의 근사한 책으로 묶어 준 편집진의 노고에 깊이 감사드린다.

2016년 2월
저자들을 대신하여
박찬표

제1부

정치·행정·경제 부문

|1장|
전남 지방자치 20년의 명암

양승주

1. 시작하는 말

1991년 지방의회가 부활한 지 20여 년이 지나고 있다. 이제 지방자치는 헌법에서 보장하고 있는 통치 구조의 중요한 한 축으로 지역 발전의 초석이 되고 있다. 지방자치제도는 전라남도에서도 여타 다른 광역자치단체와 마찬가지로 많은 변화와 발전을 이끌어 왔다. 일각에서는 지방자치의 부작용을 들먹이며 무용론까지 제기하고 있지만, 앞으로 잘못된 점들을 잘 개선해 나간다면 지방자치제도의 완성도를 높여 나갈 수 있지 않을까 생각한다. 전라남도에서 지방자치가 지난 20년 동안 이룬 공과를 살펴보고, 다가오는 20년을 위해서 어떤 변화가 필요한지 살펴보는 일은 매우 의미 있는 일이라 생각된다.

2. 전라남도 지방자치 20년의 공과

지난 20년 동안 전라남도에서 지방자치가 이룬 업적을 주민 복리 증진, 조직, 인사, 재정, 입법의 측면에서 살펴보기로 한다.

1) 주민 복리 증진

주민의 복리 증진은 지방자치단체가 달성해야 할 목표다.[1] 그렇다면 주민의 복리 증진이란 구체적으로 무엇을 의미하는 것일까? 그것은 재화와 용역, 즉 의료, 교육, 주거, 문화, 레저, 생필품 등에 대한 구매력을 증가시키는 소득 증대,[2] 질 좋은 교육 서비스의 제공,[3] 좋은 환경의 조

---

[1] 헌법에 나와 있는 국가의 목표를 크게 두 가지로 정리하면, 하나는 국민의 생명과 재산 보호이고, 다른 하나는 국민의 복리 증진이다. 전자는 국가가 군 조직이나 경찰 조직(육지 경찰과 해양 경찰), 소방방재청 조직을 통해서 거의 전적으로 책임지고 있으나, 후자는 국가가 혼자서 달성하기 어렵기 때문에 지방자치단체에 거의 대부분을 위임하고 있다. 즉 국가는 국민의 복리 증진을 위하여 중요한 정책 결정 기능을 담당하고, 지방자치단체는 이를 각기 지역 실정에 잘 맞게 계획하여 집행하는 기능을 담당하도록 되어 있다. 이처럼 지방자치단체는 국가로부터 위임받아 처리하는 국민의 복리 증진 사무를 핵심 사무로 하고 있기 때문에, 지방자치단체의 목표는 주민의 복리 증진이 되는 것이다.

[2] 주민의 소득을 높이기 위해서는 일자리를 많이 만들어야 한다. 일자리도 보수가 높은 일자리가 많을수록 좋다. 그러기 위해서는 지역 경제를 활성화시켜야 하는데, 특히 제조업이나 첨단산업 분야의 경제를 활성화시키는 것이 필요하다.

[3] 이를 위해서 주민들이 자녀를 보내고 싶어 하는 좋은 교육기관을 많이 만들어야 한다. 물론 교육에 관한 사무는 지방자치단체의 사무에서 분리되어 교육감이 책임지는 사무로 되어 있지만, 그렇다 하더라도 자치단체의 장들은 주민의 복리 증진 차원에서 자기 지역

성,4) 수준 높은 문화 서비스의 제공,5) 생활 기반 시설과 재난 방지 시설의 완비6) 등을 들 수 있다. 우리는 이런 요소들의 변화 추이를 통해서 전라남도 도민의 복리 수준이 얼마나 향상되었는지 파악할 수 있다. 그러나 이런 각각의 요소들을 설명할 수 있는 자료가 제한적이기 때문에, 이런 요소들의 총체적 결과로 나타나는 인구 변화의 추이를 통해 전라남도의 도민 복리 수준이 얼마나 향상되었는지를 간접적으로나마 살펴보고자 한다.7)

전라남도 인구는 1990년 250만 7천 명에서 2010년 174만 1천 명으로 76만 6천 명이 줄어들어 30.5%의 감소율을 보이고 있다. 이는 세종특별자치시를 제외한 16개 광역 자치단체 가운데 가장 높은 감소율이다.8) 전라남도는 전국 평균 증가율로 계산했을 때 280만 5천 명이 되

에 있는 교육기관들이 좋은 교육기관이 될 수 있도록 최대한 협력을 해나가야 한다.

4) 환경은 자연환경과 생활환경으로 나눌 수 있는데, 전자는 지하·지표·지상의 모든 생물과 이를 둘러싸고 있는 비생물적인 것을 포함한 자연의 상태를, 후자는 대기, 물, 폐기물, 소음·진동, 악취 등 사람의 일상생활과 관계되는 것을 말한다. 지방자치단체는 자연환경의 훼손을 막고, 생활환경의 오염이 최소화될 수 있도록 하여 주민들이 좋은 환경 속에서 삶을 영위해 나갈 수 있도록 해야 한다.

5) 지자체는 주민들이 여가를 선용할 수 있도록 문화 공간을 제공하고 다양한 프로그램을 갖추는 것이 필요하다. 주민들이 한편으로는 지역사회에 이어져 내려오는 유·무형의 문화를 향유하고 계승·발전시키면서, 다른 한편으로는 새로운 문화를 배우고 익힐 수 있는 기회를 가짐으로써 행복한 삶을 살아갈 수 있도록 하는 것이 중요하다.

6) 도로, 전기, 상하수도와 같은 생활 기반 시설을 확충하고, 화재, 태풍, 가뭄, 지진 등의 재난을 방지하기 위한 시설과 대책을 마련하는 것이 필요하다.

7) 인구의 증감을 통한 평가는 지난 20년 동안 자치단체별로 복리 수준이 어느 정도 증가했는가를 설명하지는 못하고, 상대적으로 더 좋아진 자치단체를 설명한다는 한계가 있다.

8) 광역 자치단체별로 인구의 증감 추이를 살펴보면, 경기도가 84.9% (522만 4천 명)의 가

었어야 하는데, 174만 1천 명이 되어 있어 실질적인 체감 감소율은 더 크다고 할 수 있다(부록 표 1 참조). 이런 현상은 전라남도 주민의 복리 수준 향상이 다른 광역 자치단체의 주민 복리 향상 수준보다 상대적으로 낮았음을 간접적으로 시사해 주는 것으로 볼 수 있다. 이런 전남의 인구 변화를 22개 시·군별로 살펴보면 다음과 같다. 지난 20년 동안 인구가 증가한 곳은 목포시와 순천시 두 곳 뿐이다. 그것도 아주 조금 증가했는데, 목포시는 1.8%, 순천시는 1.0%의 증가율을 보이고 있다. 이런 수치는 같은 기간 우리나라 평균 인구 증가율 11.9%에 훨씬 못 미친다. 인구가 50% 이상 감소한 곳은 신안군(55.2%)과 보성군(53.8%)이고, 40% 이상 감소한 곳은 고흥군(44.6%), 나주시(42.3%), 함평군(41.0%), 강진군(40.6%), 해남군(40.1%) 등 다섯이며, 30% 이상 감소한 곳은 진도군(37.6%), 장흥군(37.4%), 완도군(36.0%), 곡성군(35.0%), 담양군(34.4%), 구례군(33.4%), 영광군(32.3%) 등 일곱이다. 그리고 장성군은 23.2%, 화순군은 19.1%, 무안군은 16.1%, 영암군은 6.5%, 여수시는 3.1%, 광

장 높은 증가율을 보였고, 그 다음으로 인천(46.5%, 84만 5천 명), 대전(43.1%, 45만 2천 명), 광주(29.5%, 33만 6천 명) 순으로 높게 나타나고 있다. 이들 광역 자치단체는 같은 기간 전국 평균 증가율 11.9%를 훨씬 상회하고 있어 소득, 교육, 환경, 문화 등의 복리 수준이 다른 광역 자치단체들보다 상대적으로 더 좋아졌다고 할 수 있다. 반면에 전남은 -30.5%(-76만 6천 명)의 가장 높은 감소율을 보였고, 그 다음으로 전북(-14.1%, -29만 2천 명), 경남(-13.9%, -51만 2천 명), 부산(-10.1%, -38만 4천 명), 경북(-9.1%, -26만 명), 서울(-7.7%, -81만 8천 명), 강원(-6.9%, -10만 9천 명)순으로 높게 나타나고 있다. 전남의 경우는 전국 평균 증가율로 계산했을 때 280만 5천 명이 되었어야 하는데, 174만 1천 명이 되어 있어 실질적인 체감 감소율은 더 크다고 할 수 있다. 경남의 경우는 1997년 7월 15일에 울산시와 인근 지역이 울산광역시로 분리해 나감으로써 감소율이 세 번째로 높게 나타났다. 그러나 울산광역시의 인구를 경남 인구에 합산해 계산하면 15.5%가 증가하여 전국 평균 증가율을 상회하고 있음을 알 수 있다.

양시는 2.4% 감소한 것으로 나타났다(부록 표 2 참조). 이런 인구 변화 추이를 통해 지난 20년간 22개 시·군의 복리 수준을 평가해 보면, 22개 시·군 모두 전국 평균 복리수준 향상에 미치지 못한다고 할 수 있으며, 22개 시·군만 놓고 볼 때는 목포시, 순천시, 광양시, 여수시, 영암군 등이 다른 시·군에 비해 주민 복리 수준이 더 많이 향상된 것으로 볼 수 있다.9)

2) 조직 및 관리

전라남도의 기초 자치단체는 지난 20년 동안 27개에서 22개로 감소했다. 지방의회가 부활한 1991년에는 27개 시·군(6시, 21군)이었으나, 1995년 민선 자치단체장의 선출 등 본격적인 지방자치 시대에 대비하기 위해 전국적으로 추진되었던 시·군 통합 과정에서 순천시와 승주군을 합쳐 순천시로, 동광양시와 광양군을 합쳐서 광양시로, 나주시와 나주군을 합쳐 나주시로 만들어 24개 시·군(6시 18군)시대를 열었다. 그리고 3년 후인 1998년에 여수시와 여천시와 여천군을 합쳐 통합 여수시를 출범시킴으로써 오늘날과 같은 22개 시·군(5시·17군)이 되었다.

전라남도의 조직10) 가운데, 먼저 본청을 살펴보면, 1991년에는 1부

---

9) 목포시와 영암군은 대불국가공단과 현대삼호중공업이 있기 때문이고, 순천시·광양시·여수시는 광양제철과 여천석유화학공업단지가 있기 때문인 것으로 해석된다.

10) 지방자치단체의 조직과 운영은 법률로 정하도록 헌법에서 규정하고 있다(제118조). 이에 따라 지방자치법에서 자치단체장과 지방의회 의원은 선거로 선출하고, 자치단체

지사, 1실(기획관리실), 9국(내무국, 보건사회국, 가정복지국, 농림국, 식산국, 수산국, 지역경제국, 건설국, 민방위국)이 2011년에는 2부지사(행정부지사, 경제부지사), 1실(기획조정실), 8국(투자정책국, 경제산업국, 행정지원국, 관광문화국, 보건복지여성국, 농림식품국, 해양수산국, 건설방재국), 1본부(소방본부)로 개편되었다. 부지사의 경우는 1995년 7월 1일자로 개정된 지방자치법시행령 제39조에 의거 2명으로 되었다. 국의 경우는 9국이 8국 1본부(소방본부)로 개편되었는데, 2002년부터는 "소득 창출로 잘사는 전남 실현"이라는 도정 목표를 효과적으로 달성하기 위해 투자 유치와 경제 관련 국이 신설되어 직제 순위 상위로 배치되었으며, 내무국은 행정지원국으로, 보건사회국과 가정복지국은 보건복지여성국으로, 농림국과 식산국은 농림식품국으로, 수산국은 해양수산국으로, 지역경제국은 경제산업국으로, 건설국과 민방위국 일부는 건설방재국으로 개편되었다. 그리고 민방위국의 소방 업무를 분리해 1992년부터 소방본부로 개편했다.

다음으로 도의회를 살펴보면, 1991년 7월 1일 조례 제2114호에 의거 5상임위원회, 의회사무국, 총무과, 의사과, 전문위원으로 출발했는데, 2011년에는 7상임위원회, 의회사무처, 의정지원관, 입법지원관, 전문위원으로 확대되었다. 도의회가 부활한 원년인 1991년 7월에 개원된 제4대 의회(1991. 7~1995. 6)에서는 운영위원회, 내무위원회, 문교사회위원회, 농림수산위원회, 산업건설위원회로 출발했다. 그 후 1992년 3

의 부단체장과 지방의회의 의장 및 부의장은 법률이 정하는 바에 따라 구성하며, 그 밖에 집행기관의 행정 기구·소속 행정기관·하부 행정기관, 그리고 의결기관의 위원회와 사무 기구는 대통령이 정하는 기준에 따라 각 자치단체의 조례로 정하도록 하고 있다.

월에 재경위원회와 상공수산위원회가 증설되어 7개의 상임위원회가 되면서 위원회 간 업무조정에 따라 농림수산위원회는 농림위원회로, 산업건설위원회는 건설위원회로 명칭이 변경되었다. 제5대 의회(1995. 7~1998. 6)에서는 운영위원회를 의회운영위원회로, 재경위원회를 기획위원회로 명칭을 바꾸는 변화만 있었다. 제6대 의회(1998. 7~2002. 6)에서는 국제통화기금(IMF)으로부터 금융지원을 받아야 하는 경제위기를 극복하기 위한 노력의 일환으로 7개의 상임위원회가 6개로 축소되었다. 그 내용을 보면 농림위원회와 상공수산위원회가 통합되어 농림수산위원회가 되었고, 상공업무가 건설위원회에 합쳐지면서 경제건설위원회가 되었다. 그리고 기획위원회가 기획재정위원회로, 내무위원회가 행정자치위원회로 명칭 변경되었다. 제7대 의회(2002. 7~2006. 6)에서는 위원회의 서열만 변동이 있었는데 6위에 있던 경제건설위원회가 3위로 배치되었데, 이는 도의 경제 우선 정책과 궤를 같이하는 것으로 보인다. 제8대 의회(2006. 7~2010. 6)에서는 변화가 있었지만 상임위원회 수는 6개를 유지했다. 기획재정위원회와 행정자치위원회가 합쳐져 기획행정위원회로, 경제건설위원회가 분리되어 경제관광문화위원회와 건설소방위원회로, 농림수산위원회가 친환경 먹거리가 부각되면서 농수산환경위원회로 바뀌었다. 제9대 의회(2010. 7~2014. 6)에서는 기획행정위원회가 기획사회위원회와 행정환경위원회로 재편되면서 상임위원회수가 7개로 늘어났으며, 가장 주목할 만한 변화는 교육사회위원회가 교육위원회로 바뀐 것이다. 이는 도교육자치의 의결기관인 도교육위원회를 도지방자치의 의결기관인 도의회와 합치는 제도 변경에 의해 이루어진 것으로 교육위원회는 도교육의원 5명과 도의원 4명 총 9명으로 구성되어 있다.11)

도의회사무국은 1991년 7월 1일 조례 제2114호에 의거 신설되었는데, 이는 지방자치의 부활과 궤를 같이하는 것으로 그 안에 사무국장, 총무과, 의사과, 전문위원을 두고 있다. 1992년에는 의회사무국을 의회사무처로, 총무과를 총무담당관실로, 의사과를 의사담당관실로 승격시키는 직제 개편이 이루어졌고, 2013년 12월 현재는 사무처장, 2지원관, 8수석전문위원, 7담당, 6전문위원으로 확대 되었다.

3) 인사

지방공무원의 인사와 관련해서도 많은 변화와 진전이 있었다. 먼저 선출직 공무원인 자치단체장과 지방의원에 대해서 살펴보자. 지방의회가 30년 만에 부활한 1991년에는 자치단체장을 중앙정부가 임명했는데, 1995년 6.27선거부터 주민이 직접 선거로 선출하도록 했다. 그 결과 전라남도 도지사에는 민주당 허경만 후보가 73,4%의 득표율로 31대 민선 도지사에 당선되었고, 24개 기초 자치단체장에는 민주당 후보가 22명, 무소속 후보가 2명 당선되었다. 2006년 5월 31일 치러진 지방선거에서는 기초 의회 의원까지 정당 공천제가 도입되었는데,12) 그

---

11) 교육위원회는 도 교육·학예 사무에 관한 심의·의결기관으로 (지방교육자치에 관한 법 제4조) ㉠ 조례안, ㉡ 예산안 및 결산, ㉢ 특별부과금·사용료·수수료 등 징수, ㉣ 기채안, ㉤ 기금의 설치·운용, ㉥ 주요 재산의 취득, ㉦ 공공시설의 관리·처분, ㉧ 예산외 의무 부담 및 권리 포기, ㉨ 청원의 수리·처분, ㉩ 외국 지방자치단체와의 협력, ㉪ 기타 법령과 조례에 의한 동 위원회의 권한에 속하는 사항을 의결하는데, 그중 ㉤~㉪ 사항의 의결은 시·도의회 본회의 의결로 본다(지방교육자치에 관한 법 제11조).

12) 1988년 4월 6일 최초로 제정된 지방의회의원선거법에서는 정당 공천에 관한 내용이

결과 지방 정치를 중앙 정치에 예속되게 했다는 비판이 제기되고 있다. 이런 비판 속에서 2012년 12월에 치러진 대통령 선거에서 여야 모두 기초 자치단체의 경우 무공천을 공약으로 내세웠다. 그러나 2014년 6월 지방선거를 앞두고 여당이 기초 자치단체 무공천 약속을 철회하고 공천하기로 하자 야당도 공천하는 쪽으로 돌아서고 말았다.

전라남도 공무원 수는 1991년 12월 말 도 2,538명, 시·군 25,414명 등 총 27,952명이었던 것이, 2011년 12월 말 현재 도 3,944명, 시·군 19,703명 등 총 23,647명으로 전체적으로는 15.4% 감소했으나, 도는 55.40% 증가, 시·군은 22.47% 감소한 것으로 나타났다. 시·군의 경우는 주민 수의 감소에 따라 공무원 수도 감소한 것으로 보이나, 도의 경우는 오히려 1,400명이 증가했는데, 이는 주로 소방 행정 수요의 증가에 따라 소방 공무원이 증가한 때문인 것으로 나타났다.[13]

전라남도는 민선 제1기 도지사 시대(1995년 7월~1998년 6월)를 맞아 인사 행정의 목표를 공정하고 합리적인 인사, 세계화를 지향하는 인사, 투명하고 객관적인 인사, 사기진작을 위한 고충 처리의 활성화로 설정했다(전라남도 1998, 159). 먼저 공정하고 합리적인 인사 행정을 위해 보직 관리에서 지연·학연·혈연의 정실을 배제하기 위한 노력을 기울였고, 인사위원회를 서면 심의 등 편의주의를 지양하고 법적 절차에 따라 개

없고, 후보자 등록 시 당원은 정당의 추천서를, 당원이 아닌 사람은 일정 수 이상의 선거권자 추천장을 첨부하도록 하고 있다. 그 후 1994년 3월 16일 제정된 「공직선거및선거부정방지법」에서는 모든 선거에 정당 공천을 허용했으나, 그 이듬해인 1995년 4월 1일 일부 개정 「같은 법」 제47조 제1항에서 기초 의원의 정당 공천을 배제하도록 했다.

13) 전라남도의 소방 공무원은 1991년 12월 말 597명에서 2011년 12월 말 1985명으로 20년 간 1388명이 증가했다.

최하도록 했으며, 지방공무원법과 지방공무원임용령 등을 보완하기 위한 전라남도지방공무원인사관리규칙과 전라남도인사관리규정을 만들어 승진·전보·신규 임용·근무평정·결원 보충·보직 관리 등의 기준을 확립했다. 다음으로 세계화 시대에 부응하기 위해 12명(통상 전문가 5명, 도시계획 전문가 2명, 전문 언론인 2명, 수산 전문가 2명, 지방 세무 전문가 1명)의 전문 인력을 임용해 경쟁력 제고에 힘썼고, 조직의 대외 경쟁력을 위해 8명(중국 2명, 일본 4명, 미국 1명, 영국 1명)을 해외 연수시켰으며, 우수 인력의 충원을 위해 행정고시 32명과 지방 행정고시 17명을 채용했다. 세 번째로 투명하고 객관적인 인사를 위해 총무과·자치행정과·소방행정과에서 충원 계획을 수립하도록 하고, 지방공무원 공채 시험은 편집실에서 관리하도록 했다. 그리고 특별 임용 시험은 해당 직위에 임용 예정자를 배치하지 않으면 그 직무를 수행할 수 없는 경우에 한해 실시하도록 했다. 네 번째로 일반 직원의 사기진작을 위해 고충 처리 제도를 활성화하고, 직소 민원실을 운영했으며, 행정 직렬에 비해 상대적으로 불이익을 받고 있는 기술직 직원의 사기진작을 위해 복수 직렬의 경우 기술직 위주의 인사를 추진했다(전라남도 1998, 159-163).

제2기 민선 도지사 기간(1998년 7월~2002년 6월)에는 인사 행정의 목표를 공정하고 합리적인 인사, 투명하고 객관적인 인사, 사기진작을 위한 고충 처리의 활성화에 두었고, 구체적인 내용은 민선1기 때와 거의 궤를 같이 하고 있다(전라남도 2000, 145-149). 2000년에는 개방형 직위 제[14])가 도입되어, 전문성이 특히 요구되거나 효율적인 정책 수립을 위

---

14) 개방형 직위에 대하여는 대통령령이 정하는 바에 따라 직위별로 직무의 내용·특성 등을 고려하여 직무 수행 요건을 설정하고, 그 임용 후보자의 선발을 일반 선발 시험과 별

해 공직 내부 또는 외부에서 적격자를 선발하여 임용할 필요가 있다고 판단되는 직위에 대해서는 지자체가 이를 개방형 직위로 지정해 운용할 수 있게 했다(지방공무원법 제29조의 4). 이에 따른 전라남도의 개방형 직위 운영 현황을 살펴보면, 2002년에 4개 직위를 지정한 후 2010년에 12개 직위까지 늘렸다가, 2013년 10월 말 기준으로 10개로 축소했으며, 이 가운데 7개 직위(투자유치본부장, 보건환경연구원장, 감사관, 외지유치담당, 농산물수출담당, 지식기반담당, 시장개척담당)를 민간인으로 충원했다.

제3기 민선 도지사 기간(2002년 7월~2006년 6월)에는 인사 행정의 목표를 공정하고 예측 가능한 인사, 능력과 실적을 가미한 인사, 투명한 인사, 인사 운영의 합리화에 두었다. 민선 2기 때와 구별되는 것은 실적주의 인사 제도를 도입하고 있는 점이다. 이 제도는 행정의 생산성과 경쟁력을 높이고 열심히 일한 공무원을 우대하기 위해 도입했는바, 투자 및 기업 유치, 농산물 판촉, 관광 개발, 친환경 육성 등 도의 역점 부서에서 근무하는 공무원에 대해서는 최저 1.0점에서 최고 2.5점의 실적 가점을 부여하도록 하고 있어, 근무 의욕을 북돋우는 데 기여한 것으로 판단된다.

제4기 민선 도지사 기간(2006년 7월~2010년 6월)에는 인사 행정의 목표를 공정하고 예측 가능한 인사, 실적주의 인사, 투명한 인사, 인사 운영의 합리화에 두어 민선 3기의 목표를 이어가고 있는 것으로 보인다. 특이한 사항으로는 다면 평가 방법을 종전의 수작업 점수 부여 방식에서 전산 작업 점수 부여 방식으로 개선해 구성원들에게 신뢰감을 확보

도로 해당 지방자치단체의 인사위원회에서 행하도록 하고 있다(최창호·강형기 2011, 480).

한 점을 들 수 있다. 이 외에도 근무 성적 평정 방법을 개선해 공정성과 투명성을 확보한 점도 높이 평가할 만하다.

제5기 민선 도지사 기간(2010년 7월~2014년 6월)에는 인사 행정의 목표를 성실하고 창의적인 자세로 일하는 공무원이 우대받는 능력과 일 중심의 인사 풍토 조성에 두고, 엄격한 성과 평가를 통한 성과주의 인사 시스템을 강화함은 물론, 소속 직원이 업무에 전념할 수 있는 분위기를 만드는 데 역점을 두었다. 또한 직원과 인사 부서 간의 양방향 의견 교환 통로를 구축하여 공정하고 투명한 인사 시스템을 만들었으며, 각종 인사 정보 공개 등 예측 가능한 인사로 인사 불신을 해소하고 인사의 신뢰도를 높이는 데 주력하고 있다. 2012년에는 지방자치단체 인사 업무의 객관성과 공정성을 높이기 위해 민간 참여를 확대하는 방향으로 지방 공무원법이 개정됨에 따라(지방공무원법 제7조), 전라남도는 인사위원회를 확대 개편했다. 2012년 11월 12일 이전에는 내부 위원 4명(행정부지사, 국장 3명), 외부 위원 4명(변호사 1명, 교수 1명, 퇴직 공무원 2명) 총 8명으로 구성되었으나(이 가운데는 여성 2명, 의회 추천 1명이 포함되어야 함), 2012년 11월 12일부터 2013년 9월 23일까지는 내부 위원 6명(행정부지사, 국장 5명), 외부 위원 11명(변호사 3명, 교수 5명, 퇴직 공무원 3명) 등 총 17명으로 확대 되었다(이 가운데는 여성 4명, 의회 추천 2명이 포함되어야 함). 그리고 2013년 9월 24일부터 현재까지는 내부 위원 6명(행정부지사, 국장 5명), 외부 위원 14명(변호사 4명, 교수 7명, 퇴직공무원 3명) 등 총 20명으로 늘어났으며, 이 가운데 여성 6명, 의회 추천 2명이 반드시 포함되도록 했다. 도인사위원회는 위원수가 20명으로 늘어나면서 풀(Pool)제로 운영되고 있다. 즉 인사위원회의 운영은 회의 시마다 위원장과 위원장이 지정하는 8명의 위원(총 9명)으로 구성하고, 구성원 3분의 2 출석과 출석 위원 과반수 찬성으로 의결토록 하고 있다. 인사위원회의 기능과 인사위원 위촉직의 자격 요건은 변동이 없는 것으로 나타났다.

인사 행정과 관련해서 지난 20년 동안 드러난 문제점도 적지 않았다. 기초 자치단체의 부단체장 임명과 관련하여 여전히 상급 자치단체와 갈등이 있으며, 광역 자치단체와 기초 자치단체 간 인사 교류에 있어서도 마찬가지다. 또한 자치단체장과 지방의원, 그리고 지방공무원의 비리 문제가 끊임없이 발생하고 있으며,15) 승진 임용과 관련해서도 잡음이 계속되고 있다.16) 심지어 신규 채용에 있어서 지자체 채용 기준까지 바꾸어 공무원을 선발하는 일이 벌어져 언론의 비판을 받고 있다.17) 그뿐만 아니라 기초 자치단체의 경우 특채로 지방공무원을 채용하는 사례도 늘고 있어 문제점으로 지적되고 있다.18) 지방의회의 사무 기구 직원 인

---

15) 민선4기의 경우 기초 자치단체장은 전체의 48%(118명)가 비리 또는·뇌물 수수 등의 혐의로 기소되어, 이 가운데 45명이 중도에 직위를 잃었으며, 광역의원은 10%가, 기초 의원은 5%가 비리로 처벌 받은 것으로 나타났다(육동일 2011, 33-34). 지방공무원의 비리는 2012년에 발생한 여수시청 8급 공무원의 76억 횡령 사건이 압권이다.

16) 구례군 서기동 군수는 사무관 승진 인사, 요양원 건립 공사와 관련해 각각 수천만 원을 받은 혐의로 2010년 구속 기소됐다가 보석으로 풀려났으나 2011년 7월 1심 재판에서 징역 7년을 선고받고 법정 구속되었다. 전남의 경우는 아니지만 전직 서울 용산구청장은 측근 등 특정인에게 유리하도록 근무평정 순위를 정하거나 임의로 특정인에게 만점을 부여하도록 지시했고, 또 전직 서울 중구청장은 비서실장 등 측근의 승진 후보자 순위가 승진 심사 대상에 포함되지 않은 것을 알고 승진 인사를 미루도록 지시하고 근무평정에 부당하게 개입해 측근들을 승진시킨 것으로 2011년 감사원 감사 결과 밝혀졌다.

17) 광주광역시장은 2010년 8월 비서를 채용하면서 채용 자격을 특정인에게 유리하게 변경한 것으로 감사원 감사 결과 드러났다.

18) 감사원은 37개 자치단체에서 채용 담당자 등이 자신의 친·인척을 비공개로 채용하는 등 무기 계약직이나 비정규직을 특채의 방편으로 악용했다고 2011년 감사 결과를 발

사와 관련해서는 아직도 개선되어야 할 부분이 남아 있다. 즉 전국 지방
의회에서 가장 심각한 문제점으로 지적하고 있는 인사권의 독립이 바로
그것이다.

4) 재정

지방자치단체의 재정과 관련해서도 여러 가지 변화와 발전이 있었다.
우선 중앙정부의 예산 편성 지침서 폐지를 들 수 있다. 2005년 지방재
정법의 개정으로 지방자치 부활 이후 계속되었던 중앙정부의 지방 자치
단체 예산 편성 지침 하달 제도가 폐지되어 지방자치단체가 자율적으로
지역 실정에 맞는 예산 편성 지침을 만들고 이를 토대로 예산 편성을 할
수 있게 되었다. 그러나 지방재정의 건전한 운용과 지방자치단체 간 재
정 운용의 균형을 확보하는 것이 필요하여 행정안전부령으로 회계연도
별 지방자치단체 예산 편성 기준을 정해 운영하고 있다.

다음으로 지방세 제도의 개혁을 들 수 있다. 1991년에 도세에 목적
세인 공동 시설세와 지역 개발세가 신설되었다(1991년 12월 14일 개정된
지방세법 제5조의 2 제3항). 그리고 1993년에는 시·도세인 마권세가 경주
마권세로 확대되었고[19](1993년 12월 27일 개정된 지방세법 제5조 및 제5조

표했다.

19) 경륜·경정법에 의한 경주 사업자와 한국마사회법에 의한 한국마사회는 그 경륜장·경
   정장 또는 경마장 소재지의 도에 경주·마권세를 납부하도록 했다(지방세법 제152조,
   전문개정 1993.12.27). ·

의 2), 1999년에는 시·군세인 주행세가 신설되었다.[20] 2000년에는 시·도세 목적세인 지방교육세가 신설되었고(2000년 12월 29일 일부 개정 지방세법), 2001년에는 도세인 경주마권세가 레저세로 전환되었으며 (2001년 12월 29일 일부개정 지방세법), 2005년에는 종합토지세가 재산세로 흡수 통합되었다(2005년 1월 5일 일부 개정 지방세법 제5조 제2항). 2010년에는 지방소득세와 지방소비세가 신설되었는데(2010년 1월 1일 개정된 지방세법 제5조의 2), 전자는 소득 과세 성격이 짙은 기존 소득할 주민세와 종업원할 사업소세를 통합해 만들었고, 후자는 지역 경제 활성화 및 지방 재정 확충을 위해 국세인 부가가치세의 일부를 지방세로 전환해 만들었다. 2011년에는 취득과 관련 없는 등기·등록의 경우 등록세와 면허세를 통합하여 등록면허세로 했고, 취득과 관련된 등기·등록의 경우는 취득세로 통합했다(2011년 1월 1일자로 제정된 지방세기본법 제7조 제2, 3항). 같은 해에 목적세인 공동 시설세와 지역 개발세를 통합하여 지역 자원 시설세로 했으며, 도시계획세는 유사한 세목 통합에 따라 재산세로 통합되었다. 현재는 보통세 9개 세목과 목적세 2개 세목을 도세와 시·군세로 나누어 운영하고 있다.[21]

---

20) 주행세는 비영업용 승용 자동차에 대한 자동차세의 납세지를 관할하는 시·군에서 휘발유·경유 및 이와 유사한 대체 유류(이하 이 절에서 "과세물품"이라 한다)에 대한 교통세의 납세의무가 있는 자(교통세법 제3조의 규정에 의한 납세의무자를 말한다)에게 부과하며, 주행세의 세율은 과세물품에 대한 교통세액의 1,000분의 32로 한다(1999년 12월 28일 개정된 지방세법 제196조의 16, 17).

21) 지방세기본법 제7조(지방세의 세목) ① 보통세의 세목: 취득세, 등록면허세, 레저세, 담배소비세, 지방소비세, 주민세, 지방소득세, 재산세, 자동차세(9개), ② 목적세의 세목 : 지역자원시설세, 지방교육세(2개)
제8조(지방자치단체의 세목) ① 특별시세와 광역시세: 취득세, 레저세, 담배소비세, 지

이런 노력에도 불구하고 전남 지방자치단체의 재정 자립도는 대부분이 열악한 상태를 벗어나지 못하고 있어, 진정한 의미의 지방자치 실현이 사실상 어려운 실정이다. 2005년부터 2014년까지 재정 자립도 변화 추이를 보면, 도 평균으로는 2.5% 감소를 보였는데, 도 본청은 1.9% 증가를 보였다. 22개 시·군 가운데는 화순군, 영암군, 무안군 등 3개 군만 각각 3.5%, 3.2%, 3.6% 증가를 보였고, 나머지 19개 시·군은 감소했다. 가장 높은 증가율을 보인 곳은 무안군(3.6%)이고, 가장 많은 감소를 보인 곳은 광양시(18.7%)다. 2005년도 기준으로 재정 자립도 상위 시·군은 광양시(49.4%), 여수시(33.0%), 목포시(29.7%), 순천시(26.4%), 영광군(18.4%) 순이며, 2014년 기준으로는 광양시(30.7%), 여수시(26.4%), 목포시(21.1%), 화순군(19.2%), 순천시(18.3%) 순을 보여, 화순군이 4위로 올라서고, 순천시는 4위에서 5위로 내려갔으며, 영광군은 상위 5위에서 멀어진 것으로 나타났다(〈부록 표 4〉 참조).

뿐만 아니라 자치단체의 채무가 증가한 것도 큰 부담으로 남게 되었다. 행정안전부 지방 채무 현황에 따르면, 2011년 우리나라의 지방 채무는 28.2조 원에 달해 2005년 17.4조 원에 비해 무려 62.1%나 증가한 것으로 나타났다. 전라남도의 채무는 2011년 11,891억 원으로 2005년 5,240억 원보다 무려 126.9%의 증가율을 보여 전국 평균보다 2배나 더 증가한 것으로 나타났다. 또한 전남 22개 시·군 가운데 2005

방소비세, 주민세, 지방소득세, 자동차세(이상 보통세 7개), 지역자원시설세, 지방교육세(이상 목적세 2개); ② 도세 : 취득세, 등록면허세, 레저세, 지방소비세(이상 보통세 4개), 지역자원시설세, 지방교육세(이상 목적세 2개); ③ 구세 : 등록면허세, 재산세(이상 보통세 2개); ④ 시·군세(광역시의 군세 포함) : 담배소비세, 주민세, 지방소득세, 재산세, 자동차세(이상 보통세 5개)

년부터 2011년까지 채무액 증가가 높은 순으로 살펴보면, 여수시(801억 원), 순천시(393억 원), 장흥군(147억 원), 신안군(119억 원) 순이며, 2011년 현재 채무액이 많은 순으로 살펴보면, 여수시(1,267억 원), 목포시(1,241억 원), 순천시(742억 원), 신안군(690억 원), 나주시(435억 원) 순이다(〈부록 표 5〉 참조). 이와 같은 지방 채무의 증가 원인으로는 사회복지 지출 확대와 대규모 SOC사업 등이 지적되고 있다(한국경영자총협회, 2012.10: 58).

5) 입법

지방자치의 활성화를 위한 입법 활동은 중앙정부와 지방정부 차원에서 활발히 진행되었다. 우선 중앙정부 차원에서 제정된 법으로는 경제자유 구역의 지정 및 운영에 관한 법률(2002년), 국가균형발전특별법(2004년), 주민투표법(2004년), 주민 소환에 관한 법률(2006년), 제주특별자치도 설치 및 국제 자유도시 조성을 위한 특별법(2006년), 공공 기관 지방 이전에 따른 혁신 도시 건설 및 지원에 관한 특별법(2007년) 등이 있고, 지방자치법과 지방공무원법, 지방세법, 지방재정법 등 지방자치와 관련된 법과 시행령의 개정이 다수 이루어졌다. 다음으로 지방정부 차원에서 제정된 입법 내용 가운데 지방자치 발전에 큰 공을 세운 것으로는 1992년 1월 4일 청주시 의회에서 제정한 「행정정보공개조례」, 같은 해 7월 26일 부천시 의회에서 통과시킨 「담배자동판매기설치금지조례」, 2004년 3월 25일 광주광역시 북구 의회에서 제정한 「주민참여예산조례」를 들 수 있다. 첫 번째 조례와 세 번째 조례는 법보다 조례가 먼저 만들어졌고, 두 번째 조례는 상위 법규를 개정하도록 한 후 만들어졌다. 다시 말해, 조례를 통해 법률이 제정되거나 개정된 사례로, 그리고 조례 제정을 위하여 상위 법규를 개정토록 한 사례로 우리나라 지방자치 발전사에 길이 남을 만한 업적이라 하겠다(양승주 외 2013, 21).

전라남도 의회에서 제정한 조례 가운데에도 우리나라 지방자치 발전에 기여한 것이 다수 있는데, 몇 가지만 소개하기로 한다. 우선 2008년 9월 26일에 제정·공포된 "전라남도친환경지역개발조례"를 들 수 있다. 이 친환경 지역개발 조례는 전국 최초로 제정된 것으로 도민의 삶의 질 향상에 크게 기여한 것으로 보인다. 이 조례는 친환경 지역개발에 관한 사항을 세 분야로 나누어 규정하고 있다. 먼저 지역개발 분야의 경우 각종 지역개발 사업에 친환경 자재(목재, 흙 등)를 우선적으로 사용하도록 하고, 친환경 에너지의 활성화를 위해 도시 및 택지 개발계획 수립부터 신재생 에너지 이용 계획을 의무화하고 있다. 다음으로 건축물 분야의 경우 공장·사업장 등에 대해 태양·풍력·바이오·수력·해양·지열·폐기물·연료전지·수소 전지 등 신재생 에너지를 이용·설치할 것을 권고하고, 신축 건물에 대해서는 남향 또는 남동향 배치와 중수도 및 빗물 이용 시설의 설치를 권장하고 있다. 특히 공공 건축물은 친환경상품진흥원에서 환경 마크를 부여받은 자재를 사용하도록 하고 있다. 세 번째로 에너지 분야의 경우 공장·사업장 등에 대해 산·학·연간 협력을 바탕으로 친환경 에너지 개발에 진력하여 화석 에너지 사용을 줄이고 이산화탄소 배출을 최소화하여 환경오염을 감소시켜 나가도록 하고 있다. 한편 2010년 5월 13일 제정·공포된 "전라남도장애인차별금지및인권보장에관한조례"도 전국에서 처음 만들어진 조례로 장애인들에 대한 차별을 금지하고 장애인 편의 시설을 갖추지 않아 인권을 침해하는 일이 없도록 제도화하고 있다. 그동안 국가가 장애인들의 완전한 사회참여와 평등권 실현을 위하여 "장애인차별금지및권리구제등에관한법률"을 만들어 시행해 오고 있었으나, 조례가 제정되지 않아 실효성이 낮은 상태였다. 그러나 전라남도에서 제일 먼저 주민들의 참여 방법, 민·관 협력 체계 구축, 위원회 구성과 운영 등에 대한 구체적인 내용을 담은 조례를 제정함으로써, 이 법의 실효성 제고에 크게 기여한 것으로 평가받고 있다. 그뿐만이 아니라 2012년 12월에는 전국 최초로 "전라남도공공건축물등장애물없는생활환경인증에관한조례"를 제정해 장애인들의 인권 보호에 한 걸음 더 나가고 있는데, 그 내용은 다음과 같다. 즉 전라남도 산하 공공 기관이나 비영리 법인 등이 건축물을 신축 또는 증·개축할 때 장애물 없는 생활환경 인증을 받도록 하여 장애인, 노인, 어린이, 임산부가 편리하게 이용할 수 있는 환경을 조성하도록 하는 내용이다. 이 외에도 전국 광역 자치단체 가운데 최초로 조례를 제·개정하여 지방자치 발전에 크게 기여한 사례가 많이 있다.[22]

이와 같은 조례안 발의를 통한 지방의회의 정책 의제화는 적극적인 정책 형성을 하는 것으로 지방의회가 지역 주민의 대표로서 수행해야 할 중요한 권한이다. 그런데 지방의회의 조례안 발의가 점점 나아지고 있기는 하지만, 아직도 소극적인 정책 의제 형성에 머무르고 있다고 볼 수 있다(육동일 2011, 58). 이런 현상은 집행부의 정보 독점과 행정의 전문성에 기인하는 측면도 있으나, 한편으로는 지방의회의 전문성 부족과 활동 의지 부족이 그 원인이 되고 있다는 것을 간과 할 수 없다.

---

22) 본문에서 소개한 조례를 제외하고 전국 광역 자치단체 가운데 최초로 제정·개정한 조례: 전라남도의회의원윤리강령및윤리실천규범등에관한조례일부개정조례('09. 7. 31), 전라남도동물복지형친환경녹색축산육성조례('11. 5. 13), 전라남도출연기관등의관리및운영에관조례('12. 10. 12), 전라남도경관조례일부개정조례('13. 4. 5) 등

3. 향후 20년을 위한 준비

이제 전라남도는 살기 좋은 지역, 주민의 행복 지수가 높은 지역으로 변화하기 위한 노력을 해야 한다. 그렇게 되기 위해서는 무엇보다도 에너지 민주화를 추진해 깨끗한 생활환경을 만들고, 경제민주화를 통해 모두가 골고루 잘 사는 사회를 만들며, 정치·행정의 민주화를 실천해 도민 모두가 진정한 주인이 되도록 하는 것이 중요하다고 하겠다.

1) 에너지 민주화

에너지 민주화는 에너지 소비자가 직접 에너지를 생산하여 사용한다는 의미를 담고 있다. 지금 우리가 사용하는 화석 에너지는 생산자와 소비자가 나누어져 있다. 소비자는 생산자가 정하는 가격에 에너지를 구입할 수밖에 없다.[23] 그런데 화석 에너지는 시간이 흐를수록 자원이 고갈될 수밖에 없고, 이에 따른 가격 상승은 불가피하다. 화석 에너지의 가격 상승은 새롭게 떠오르고 있는 신재생 에너지의 경쟁력을 높이게

---

23) 석유는 분배가 고르지 못하고 추출하기도 어렵다. 수송에 비용이 많이 들고 정유 과정도 복잡한 데다 이용 형태마저 다양하기 때문에 탐사 및 생산 자금을 끌어 들이고 최종 소비자에게 이르는 물류 시스템까지 조절하기 위해서는 애초부터 고도로 중앙 집중화된 명령, 통제 체제가 필요했다. 고도로 중앙 집중화한 석유 인프라는 비슷하게 조직된 기업들을 낳을 수밖에 없었다(리프킨 2003, 110-111). 이와 같이 고도로 중앙 집중화될 수밖에 없었던 석유 인프라는 산업사회의 모든 기업과 정부 조직을 같은 모습으로 만들어 나갔다. 이런 조직들은 산업사회에서 국가와 사회의 발전에 크게 기여했다.

되고, 그 결과 보급 속도가 더욱 빨라져, 향후 지식 정보화 사회의 주력 에너지는 신재생 에너지가 될 것으로 보인다.24) 따라서 전라남도는 신 재생 에너지의 생산과 보급을 위한 정책을 수립하고 실천해 나가야 한 다.

지금까지 전라남도가 수립하여 실천하고 있는 신재생 에너지 정책을 살펴보면 다음과 같다. 전라남도는 2000년부터 신재생 에너지 보급 사 업에 1,169억 원을 투자해 태양광 발전 시설 96건, 태양열 급탕 시설 42건, 지열 이용 시설 34건, 폐열 이용 시설 7건, 기타 소형 풍력과 폐 기물, 소수력 이용 시설 설치 사업 등에 28건을 지원했고, 2007년부터 2010년까지 집적화된 신재생 에너지 이용 도시 건설과 지역민에게 에 너지 비용 경감 등 직접적인 혜택 부여를 위해 추진된 남악신도시 선- 시티(Sun-City) 사업은 총 175억 원을 투자하여 전라남도청 사가 위치 한 남악 신도시에 태양광 시설 9개소, 태양열 시설 2개소, 공동주택 태 양광 광발전 시설 9개소를 설치했다(전남도정백서 2012, 1006). 그리고 전라남도는 미래 신재생 에너지 성장 산업 기반 마련을 위해 민간 사업 자와 도·시군 간 지속적인 협약을 통해 2012년 말까지 태양광 시설 900개소, 소수력 10개소, 매립지 가스 4개소, 풍력 5개소, 조류 2개소, 바이오 가스 1개소 등 총 922개소의 신재생 에너지 발전 사업을 허가했 다(전남도정백서 2012, 1007). 이런 노력으로 태양광발전의 경우 2012년

---

24) 지금까지 신재생 에너지의 생산을 위해 태양광을 이용하는 방법, 풍력을 이용하는 방 법, 수력(조력)을 이용하는 방법, 지열을 이용하는 방법 등 여러 방면에서 노력하고 있 지만, 그중에서도 태양광을 이용하는 방법이 가장 주목받고 있다. 제러미 리프킨은 향 후 30년 동안에 모든 상업용 건물과 주거용 건물이 태양광 에너지를 생산하는 미니 발 전소로 변할 것이라고 예측하고 있다(리프킨 2012, 70-71).

말 기준으로 전국의 36%를 점유하여 신재생 에너지의 메카로 발돋움하고 있다. 뿐만 아니라 신재생 에너지를 신성장 동력 산업으로 발전시키기 위해 서남권청정에너지기술연구원을 설립, 국내 최초의 태양광 특화 전문 연구 기관으로 육성하고 있다. 2014년에는 신재생 에너지 보급으로 에너지를 자립화한다는 목표 아래 공공 기관 청사에 90MW 태양광 발전 시설 설치 및 신재생 에너지 주택 1천 가구 보급, 풍력 시스템 테스트-베드(Test-bed) 센터 구축 및 에너지 저장장치(ESS) 육성 계획 수립, 태양광·지열·목재 펠릿을 활용한 에너지 확보, 국가 해양 에너지 실해역 실증 센터 유치를 추진하고 있다. 그리고 2020년까지 전라남도 내에 있는 212개의 유인 도서를 에너지 자립 섬으로 조성하기로 하고, 2014년에는 13개 섬[25]의 에너지 자립화를 추진하고 있다(전라남도백서 2014, 20). 여기에 더해 에너지 관련 기업을 지속적으로 유치해 오고 있는데, 2004년부터 2013년까지 151개 기업[26]에 34,988억 원의 투자액을 유치했다(전라남도백서 2014, 20).

이와 같이 전라남도는 풍부하고 경쟁력 있는 신재생 에너지원을 활용하여 에너지 자립화를 위해 노력해 온 결과 신재생 에너지의 메카로 부상하고 있는데, 이런 노력을 중단 없이 지속한다면 경제민주화의 근원이 되는 에너지 민주화를 17개 광역 자치단체 중에서 가장 먼저 이루는 날도 멀지 않을 것으로 사료된다.

---

25) 해남군 상·중·하마도, 완도군 청산·노화도, 신안군 비금·안좌·팔금·자은·장산도, 여수시 하화도, 진도군 가사도·가사혈도.

26) 태양광 128개 기업, 풍력 15개 기업, 기타 8개 기업.

2) 경제민주화

경제민주화는 재화가 소수에게 집중하지 않고 도민 대다수에게 고르게 분배되는 것을 의미한다. 그렇게 되기 위해서는 저소득층의 가계 소득을 늘려 줘야 하고 동시에 가계에서 지출되는 돈을 줄여 줘야 한다.

우선 저소득층의 가계 소득을 늘려 주기 위해서는 양질의 일자리를 많이 만들어 제공해야 한다. 이를 위해 전라남도는 단순 취로 일자리 제공에서 탈피해 마을 기업과 사회적 기업의 육성을 통해 취업 기회를 제공함으로써 안정적 일자리를 제공하는 사업으로 긍정적인 평가를 받고 있다(전라남도백서 2012, 168-176).

먼저 마을 기업27)에 대하여 살펴보자. 전라남도는 2010년 19개 사업, 2011년 28개 사업, 2012년 28개 사업을 마을 기업으로 선정하고, 42억 원의 사업비를 투입하여 추진했다. 이런 마을 기업은 지역 주민 주도로 지역의 인재와 자원을 활용하여 지역 문제를 해결하고 지역공동체를 활성화시키는 사업으로, 지역 주민이 지방정부의 행정·재정적 지원에 의존하지 않고 지역공동체에 기초하여 안정적 소득 및 일자리를 창출하는 사업이다. 따라서 전라남도는 마을 기업의 이런 특징을 제대로 발휘할 수 있도록 마을 기업 담당자를 교육시키고, 경영 컨설팅 기관을 지정하여 조직·운영·회계·마케팅 등 종합적인 컨설팅 지원을 했으며, 성공한 마을 기업의 경영 노하우를 공유할 수 있도록 우수 사례 발

---

27) 마을 기업은 행정안전부가 지역 공동의 문제 해결과 지역 일자리 창출을 위해 2010년 11월부터 커뮤니티비지니스(Community Business) 시범 사업을 도입하여 추진하다가 2011년부터 '마을 기업'으로 명칭을 변경하여 추진하고 있는 사업이다.

표 대회와 사업 경진 대회를 실시했다. 그 결과 2014년 6월 말 기준으로 98개 마을 기업을 육성하여 1,937명(2013년 말 누적)의 고용 창출과 85억 원(누적)의 매출을 올렸다. 이런 마을 기업 사업은 주민들이 자조(自助)적으로 추진하는 지역 살리기 사업으로 지역사회에 활력을 불어넣고 지역민들이 공동의 관심사에 함께 협력하는 계기를 제공했다고 평가할 수 있다. 특히 지역을 떠난 주민들에게 고향에 돌아와 마을 기업을 통해 생활이 가능하다는 희망을 안겨 준 것은 큰 성과라고 할 수 있다. 전라남도는 매년 20개씩 마을 기업을 육성하여 지역민에게 일자리를 제공하고 소득을 창출할 수 있도록 노력하고 있는데, 이런 노력이 지속적으로 이루어져 모든 마을들이 마을 기업을 통해 높은 소득을 올려 경제민주화가 속히 이뤄지기를 기대해 본다.

이어서 사회적 기업[28]에 대하여 살펴보자. 사회적 기업이란 취약 계층에게 사회 서비스 또는 일자리를 제공하여 지역 주민의 삶의 질을 높이는 등의 사회적 목적을 추구하면서 재화 및 서비스의 생산·판매 등 영업 활동을 수행하는 기업을 말한다(사회적 기업육성법 제2조 제1호). 영

---

28) 유럽, 미국 등 선진국에서는 1970년대부터 활동하기 시작했으며, 영국에는 55,000여 개의 사회적 기업이 다양한 분야에서 활동 중이다[전체 고용의 5%, GDP의 1% 차지, 총 매출액 약50조 원(2006)]. 국내에서는 2007년 7월부터 노동부가 주관하여 시행되고 있다. 세계적으로 유명한 사회적 기업으로는 요쿠르트 회사인 '그라민-다농 컴퍼니', '피프틴' 레스토랑, 잡지 출판 및 판매를 통해 노숙자의 재활을 지원하는 '빅이슈', 가전제품을 재활용하는 프랑스의 '앙비', 저개발국 치료제 개발 및 판매 기업 '원월드헬쓰' 등이 있으며, 국내에서도 재활용품을 수거·판매하는 '아름다운가게', 지적장애인이 우리밀 과자를 생산하는 '위캔', 폐타이어 등 재활용품을 활용하여 만든 악기를 통해 소외 계층을 위한 공연을 하는 '노리단', 컴퓨터 재활용 기업 '컴윈', 친환경 건물 청소업체 '함께일하는세상', 장애인 모자 생산 업체 '동천모자' 등이 있다(두산백과).

리 기업이 이윤 추구를 목적으로 하는데 반해, 사회적 기업은 사회 서비스의 제공 및 취약 계층의 일자리 창출을 목적으로 하는 점에서 영리기업과 큰 차이가 있다. 주요 특징으로는 취약 계층에 일자리 및 사회 서비스 제공 등의 사회적 목적 추구, 영업 활동 수행 및 수익의 사회적 목적 재투자, 민주적인 의사 결정 구조 구비 등을 들 수 있다. 전라남도에서는 지역 특성에 맞는 사회적 기업을 집중 발굴한 결과 2014년 6월 말 현재 47개가 고용노동부 인증을 받았고, 62개를 예비 사회적 기업으로 지정하여 육성해 오고 있다(「전라남도 일자리 창출과 2014년 전남 사회적 기업 육성 계획(안)」). 이처럼 전라남도는 사회적 기업을 적극적으로 유치하고 뿌리내리도록 하기 위해 사회적 기업 유치 T/F팀을 확대 개편하고, 브랜드·로고 개발, R&D, 마케팅 비용 등을 지원하고, 생산된 제품의 판로 확보를 돕고, 사회적 기업 간 네트워크 구축을 통해 경영 노하우가 공유되도록 하고 있다. 그 결과 전라남도 사회적 기업의 년도 별 매출액이 2010년 115억 원, 2011년 128억 원, 2012년 165억 원, 2013년 217억 원이며, 고용자 수는 2010년 399명, 2011년 335명, 2012년 145명, 2013년 171명으로 취약 계층의 소득 증대에 다소나마 기여하고 있는 것으로 보인다. 다른 한편으로 전라남도는 예비 사회적 기업을 선정하여 사회적 기업으로 육성하고 있다.

다음으로 저소득층의 가계에서 지출되는 돈을 줄여 주기 위해서는 자치단체에서 에너지를 주민들이 직접 생산하여 사용할 수 있도록 도와주고, 자녀 교육으로 들어가는 비용을 국가와 함께 줄여 주는 것이 필요하다. 이런 목표를 달성하기 위해서는 많은 재원이 있어야 한다. 전라남도는 그런 소요 재원을 어떻게 조달할 수 있을 것인가? 이를 위해서는 첨단산업의 비율을 높여 나가야 한다. 다시 말해 첨단산업의 유치를 위해 준비를 해야 한다. 첨단 기업들이 전라남도에 들어올 수 있도록 공장 용지를 아주 저렴하게 제공해 주고, 필요한 인력을 양성하여 공급해 주며, 제품을 수출하고 원료를 조달하는 데 편리하도록 공항을 키워 나가야 한다. 그렇게 하여 많은 세원이 확보되면, 그 재원을 바탕으로 저소득층에게 에너지 제로 하우스를 공급하고 자녀들의 교육비를 뒷받침해 주는 정책을 꾸준히 밀고 나가야 한다. 이런 노력으로 빈부의 격차를 줄여 나간다면 경제민주화를 실현시킬 수 있을 것으로 보인다. 이런 경제민주화의 구현은 진정한 의미의 정치·행정의 민주화를 가능하게 만들 것이다.

3) 정치·행정의 민주화

앨빈 토플러는 이미 30년 전부터 산업사회에서 구축된 정치·행정 구조는 새로운 사회의 도래로 인하여 발생하는 여러 가지 사회문제들을 해결하지 못하는 무능한 조직이 되고 말았기 때문에, 새로운 지식 정보화 사회에 적합한 틀로 바꾸어야 한다고 언급하고 있다(토플러 2012, 575). 실로 풀어야 할 문제는[29] 산적해 있지만 국회나 행정부는 속수무책이다. 전문가들은 이제 정치권이나 공무원이 주도해서 문제를 해결해 나갈 수 있는 시대는 지나갔다고 보고 있다. 즉 협력을 강조하는 이론들은[30] 문제의 해결을 위해서는 문제의 중심에 있는 당사자들 모두가 머

---

29) 인류의 생존권을 위협하는 지구온난화 문제, 갈수록 심해지는 빈부 격차의 문제, 초고령 사회로의 진입으로 발생하는 노인 문제, 첨단 산업사회의 도래로 시작된 청년 실업 문제, 에너지 수요의 증가에 따라가지 못하는 에너지 공급 문제 등

리를 맞대어 해법을 찾고 협력해서 실천하지 않으면 안 된다는 것이다.

이렇게 되기 위해서는 진정한 정치적 민주화가 이루어져야 한다. 정치인과 관료에게 집중된 권한이 도민 개개인에게 골고루 배분되어야 한다. 이 일을 위해 전라남도는 어떤 일을 해왔을까? 전라남도는 우리나라 다른 광역 자치단체와 마찬가지로 도민에게 정치·행정적 권한을 배분해 준 것은 거의 전무한 상태다. 당연히 도민에게 넘겨줘야 할 정치적 권한이라 할 수 있는 지역구 국회의원 및 자치단체장이나 교육감, 지방의회 의원의 공천권은 각 정당에서 독점하고 있으며, 정책 결정 과정에 참여하여 영향을 미치고 책임을 지도록 해야 하는 행정 권한도 전혀 도민에게 배분되지 않고 있다. 참여 예산 제도가 도입되어 일부 예산 편성권이 배분되고 있기는 하지만, 이 제도 또한 형식적으로 진행되는 경우가 많아 별 성과를 보지 못하고 있다. 지역의 정치인과 행정가들이 생각과 말과 행동을 바꾸어 정치권력과 행정 권력이 도민 개개인에게서 나오도록 해야 진정한 정치·행정의 민주화가 이루어 질 수 있다.

4. 마무리하는 말

전라남도가 앞으로 지방자치의 발전을 위해 나가야 할 방향을 몇 가

---

30) 거버넌스 이론(정용덕 2001, 10; 이종수·윤영진 외 2005, 178), 파머(D. Farmer)의 반관료제론, 폭스(C. J. Fox)와 밀러(H. T. Miller)의 담론 이론 등이 같은 맥락에서 제시된 이론이다(김종술 1999; 조만형 1999).

지 제시해 보았다. 물론 단기적으로 국가적 차원에서 해결해야 하는 것으로는 지방일괄분권법을 제정해 시행하는 일, 전국을 획일적으로 통제하는 지방자치법을 신축적·협력적 자치제도로 개편하는 일, 지방의 권한과 기능을 제약하는 법령을 개정해 지방의 자율과 자치를 강화하는 일, 지방정부에 대한 시대착오적 중앙정부의 통제 제도를 개편하는 일, 분권과 자치 발전을 저해하고 국민 의식을 왜곡시키는 자치 환경을 개선하는 일 등을 들 수 있다(최봉기 2011, 29-34).

그러나 중·장기적으로는 진정한 의미의 정치 민주화를 위하여 정치권력과 행정 권한을 주민에게 돌려주는 것이 필요하다. 간접 민주적인 정치 구조를 직접 민주적인 틀로 바꾸고, 새로운 사회의 도래로 발생하는 산적한 문제들을 주민들이 협력해서 해결하도록 하기 위해서 그렇게 해야 한다. 또 사회적 기업의 육성, 교육·의료·주거 등과 관련된 복지 제도의 확대, 필요한 에너지의 자가 생산 및 소비 체계 구축을 통해 경제민주화의 실현이 필요하다. 주민들이 골고루 잘 살아야 사회문제 해결에 동참하게 된다. 주민들이 자치단체로부터 서비스를 받기만 하는 것이 아니라 스스로 생산도 하고 소비도 하는 시스템으로 바뀌어야 한다. 마지막으로 화석 에너지의 사용으로 발생하는 문제와 화석 에너지의 가격 상승으로 발생하는 문제를 해결하기 위하여 모든 건물을 태양광 미니 발전소로 만드는 정책을 구축하는 것이 필요하다. 이는 축전 기술이 발전하고 인터넷을 통하여 주민 각자가 생산한 에너지를 사고 팔수 있는 기술이 완성되면 에너지 민주화를 실현시키는 초석이 될 것이다. 이런 에너지 민주화는 경제적 민주화를 이룩하는 데 도움이 되고, 경제적 민주화는 진정한 의미의 정치·행정적 민주화를 낳게 될 것이다. 정치·행정적 민주화는 새로운 사회의 도래로 발생하고 있는 산적한 문제를 해결하는 길을 열어 줄 것이다.

| 참고문헌 |

강용기. 2008.『현대지방자치론』. 서울 : 대영문화사.

곽채기. 2006. "주민참여예산제도의 운영 성과-광주광역시 북구 사례를 중심으로." 『한국지방재정학회세미나자료』.

김남수. 2011. "제주특별자치도 지방자치의 성과와 발전과제." 『제주특별자치도의회 20년의 성과와 발전과제. 제주특별자치도의회 지방의회부활 20년 기념세미나 발표논문집』.

김상미. 2008. "삼권분립 절차에 의한 지방정치: 청주시행정정보공개조례를 중심으로." 『한국공공관리학보』 제22권. 제4호. 357-384.

김순은. 2001. "지방의회의정활동(1991-2001)의 평가와 과제." 한국행정학회 하계학술대회 발표논문.

김종술. 1999. "포스트모더니즘을 통해서 본 행정학의 이해." 『정부학연구』 5(1).

리프킨, 제러미. 1992.『엔트로피』. 김명자·김건 옮김. 서울: 동아출판사.

_____. 2003.『수소혁명』. 이진수 옮김. 서울: 민음사.

_____. 2012.『3차산업혁명』. 안진환 옮김. 서울: 민음사.

박재창 엮음. 2012).『지방분권과 시민사회』. 서울 : 대영문화사.

송광운. 2009.『주민참여예산제도의 활성화 방안에 관한 연구-광주광역시 북구를 중심으로』. 박사학위논문. 조선대학교 대학원.

송광태. 2010. "지방의회출범 20년의 평가와 향후과제." 『자치의정』 13(1). 자치학회보. 제23권 제3호. 5-37.

오환인. 2001. "기초의회 10년의 회고와 성과: 지방의회의 의정활동을 중심으로." 『지방자치정보』. 121.

육동일. 2011. "지방의회 의정활동의 기능성에 대한 평가와 과제-경상북도의회를 중심으로." 『경상북도의회 의정활동의 성과와 발전과제』.

이기우. 2011. "지방의회의 권한 제고방안." 『자치의정』 14(1). 지방의회발전연구원.

이종수·윤영진 외. 2005.『새행정학』. 서울: 대영문화사.

전라남도. 1995-2013.『도정백서』.

정용덕. 2001.『현대 국가의 행정학』. 서울 : 법문사.

정일섭. 2010.『한국지방자치론』. 서울 : 대영문화사.

조만형. 1999. "포스트모더니즘과 행정이론." 『하계학술대회발표논문집』. 서울행정학회.

최봉기. 2011. "한국지방자치 20년의 회고와 지방자치 선진화 과제." 『한국지방자치학회보』23(3). 5-37.

최창호·강형기. 2011.『지방자치학』. 서울: 삼영사.

토플러, 엘빈. 1990.『권력이동』. 이규행 감역. 서울: 한국경제신문사.

_____. 2006.『부의 미래』. 김중웅 옮김. 경기: 청림출판.

_____. 2012.『제3의 물결』. 원창엽 옮김. 서울: 홍신문화사.

한국경영자총협회. 2012.『경영계』. 통권 제400호.

한상우. 2009. "지방의회의 인사권독립과 의정보좌관제 도입방안."『지방자치의정논
총』제2집. 서울특별시의정회.

단위 : 천 명, %

구분	1990	1995	2000	2005	2010	증감률	증감수
전국	43,410	44,608	46,136	47,278	48,580	11.9	5,170
서울	10,612	10,231	9,895	9,820	9,794	-7.7	-818
부산	3,798	3,814	3,662	3,523	3,414	-10.1	-384
대구	2,229	2,449	2,480	2,464	2,446	9.7	217
인천	1,817	2,308	2,475	2,531	2,662	46.5	845
광주	1,139	1,257	1,352	1,417	1,475	29.5	336
대전	1,049	1,272	1,368	1,442	1,501	43.1	452
울산	-	-	1,014	1,049	1,082	6.7	68
경기	6,155	7,649	8,984	10,415	11,379	84.9	5,224
강원	1,580	1,466	1,487	1,464	1,471	-6.9	-109
충북	1,389	1,396	1,466	1,460	1,512	8.8	123
충남	2,013	1,766	1,845	1,889	2,028	0.7	15
전북	2,069	1,902	1,890	1,784	1,777	-14.1	-292
전남	2,507	2,066	1,996	1,819	1,741	-30.5	-766
경북	2,860	2,676	2,724	2,607	2,600	-9.1	-260
경남	3,672	3,845	2,978	3,056	3,160	-13.9	-512
제주	514	505	513	531	531	3.3	17

주: 울산의 1990년과 1995년 인구는 경상남도의 인구에 포함되어 있음.
출처: 통계청, 인구주택총조사(1990, 1995, 2000, 2005, 2010).

부록 표 2 | 전라남도 22개 시·군의 인구 변화 추이

단위 : 명, %

구분	1990	1995	2000	2005	2010	증감률	증감수
전남	2,507,439	2,186,808	2,134,629	1,976,465	1,940,455	-22.6	-566,984
목포시	243,064	239,571	245,831	242,988	247,442	1.8	4,378
여수시	305,532	329,367	324,217	302,391	295,878	-3.1	-9,654
순천시	271,558	251,316	270,698	271,961	274,195	1.0	2,637
나주시	158,694	116,322	108,962	98,770	91,540	-42.3	-67,094
광양시	150,291	129,177	138,097	138,730	146,679	-2.4	-3,612
담양군	73,855	61,260	55,459	50,844	48,448	-34.4	-25,407
곡성군	49,707	41,780	41,276	34,343	32,290	-35.0	-17,417
구례군	41,398	36,454	33,663	29,687	27,565	-33.4	-13,833
고흥군	134,294	112,399	101,071	84,023	74,375	-44.6	-59,919
보성군	106,742	70,061	61,423	53,291	49,256	-53.8	-57,486
화순군	86,697	70,788	78,850	74,195	70,149	-19.1	-16,548
장흥군	68,284	60,135	53,487	45,758	42,732	-37.4	-25,552
강진군	70,592	55,052	49,313	42,828	41,910	-40.6	-28,682
해남군	134,279	104,660	99,359	86,488	80,394	-40.1	-53,885
영암군	68,833	62,400	65,495	62,857	64,334	-6.5	-4,499
무안군	90,498	75,049	70,467	62,385	75,928	-16.1	-14,570
함평군	63,091	51,703	45,369	40,437	37,186	-41.0	-25,905
영광군	85,483	76,199	72,910	61,684	57,885	-32.3	-27,598
장성군	61,838	58,964	56,223	49,710	47,486	-23.2	-14,352
완도군	85,751	74,033	67,033	59,065	54,869	-36.0	-30,882
진도군	54,609	47,262	42,263	36,627	34,077	-37.6	-20,532
신안군	102,409	62,856	53,164	46,519	45,837	-55.2	-56,572

주: 1) 1990년은 상주인구조사 자료, 1995년부터는 12. 31 현재 주민등록인구 자료.
   2) 여수시 1990, 1995년 인구는 여수시+여천시+여천군 인구임.
   3) 순천시 1990년 인구는 순천시+승주군 인구임.
   4) 나주시 1990년 인구는 나주시+나주군 인구임.
   5) 광양시 1990년 인구는 동광양시+광양군 인구임.
출처: 전라남도 통계연보.

부록 표 3 | 전라남도 자치단체 공무원 변화 추이

단위 : 명, %

구분	1991	2011	증감률	증감수
전라남도(도공무원)	2,538	3,944	55.40	1,406
시·군 합계	25,414	19,703	△22.47	△5,711
목포시	1,621	1,271	△21.6	△350
여수시	2,646	1,674	△36.7	△972
순천시	1,993	1,559	△21.8	△434
나주시	1,672	1,191	△28.8	△481
광양시	1,281	1,040	△18.8	△241
담양군	936	743	△20.6	△193
곡성군	864	712	△17.6	△152
구례군	703	483	△31.3	△220
고흥군	1,280	993	△22.4	△287
보성군	1,043	776	△25.6	△267
화순군	1,032	861	△16.6	△171
장흥군	901	714	△20.8	△187
강진군	871	682	△21.7	△189
해남군	1,204	998	△17.1	△206
영암군	912	822	△9.9	△90
무안군	836	602	△28.0	△234
함평군	806	665	△17.5	△141
영광군	991	782	△21.1	△209
장성군	919	744	△19.0	△175
완도군	1,052	855	△18.7	△197
진도군	726	615	△15.3	△111
신안군	1,125	921	△18.1	△204

주: 1) 여수시 1991년 인구는 여수시+여천시+여천군 인구임.
    2) 순천시 1991년 인구는 순천시+승주군 인구임.
    3) 나주시 1991년 인구는 나주시+나주군 인구임.
    4) 광양시 1991년 인구는 동광양시+광양군 인구임.
출처: 전라남도 통계연보. 1992, 2012.

부록 표 4 | 전라남도 자치단체별 재정 자립도 추이(2005~14)

단위 : %

구분	'05	'06	'07	'08	'09	'10	'11	'12	'13	'14	증감
도평균	19.9	20.2	20.1	21.4	19.4	20.6	20.7	21.4	21.7	17.4	△2.5
도본청	11.9	13.6	10.6	11.0	10.4	11.5	13.5	14.6	16.3	13.8	1.9
목포시	29.7	27.7	28.2	23.4	23.8	25.1	27.8	26.6	22.2	21.1	△8.6
여수시	33.0	30.6	30.0	30.6	30.3	28.9	28.3	30.2	31.9	26.4	△6.6
순천시	26.4	28.8	27.0	21.9	19.8	20.8	20.6	20.7	21.8	18.3	△8.1
나주시	13.8	11.4	11.1	10.9	15.1	15.4	15.0	17.9	18.2	13.6	△0.2
광양시	49.4	48.7	46.6	48.1	46.3	37.8	40.0	39.5	35.3	30.7	△18.7
담양군	12.2	13.2	13.2	14.7	15.7	14.1	16.4	16.3	17.0	9.7	△2.5
곡성군	9.7	8.7	9.9	10.7	12.0	8.7	9.4	9.7	8.6	6.9	△2.8
구례군	10.7	11.1	10.8	11.5	9.3	11.4	11.0	10.2	9.5	6.0	△4.7
고흥군	9.1	9.2	8.5	7.6	8.6	8.6	8.8	8.1	10.2	5.7	△3.4
보성군	10.2	10.5	8.3	8.8	8.2	8.9	11.1	10.8	10.2	5.8	△4.4
화순군	15.7	17.2	25.8	26.8	24.6	23.1	21.6	23.6	24.5	19.2	3.5
장흥군	8.2	8.5	9.6	9.7	9.8	9.2	9.9	9.6	9.5	5.7	△2.5
강진군	8.3	7.8	9.3	9.1	8.6	9.2	9.3	10.0	7.3	6.5	△1.8
해남군	10.0	10.4	10.5	8.5	12.0	11.9	9.7	9.0	8.5	6.0	△4.0
영암군	12.7	12.8	12.2	12.8	15.0	18.2	21.0	22.8	20.3	15.9	3.2
무안군	6.9	10.3	10.3	10.2	12.0	10.7	11.0	10.2	11.7	10.5	3.6
함평군	11.3	9.4	11.1	10.2	14.1	10.3	8.1	8.0	7.9	6.0	△5.3
영광군	18.4	18.1	20.3	17.1	15.6	13.1	10.4	11.3	12.2	9.3	△9.1
장성군	11.0	11.1	14.2	13.0	12.3	10.7	10.7	15.3	12.3	7.6	△3.4
완도군	10.1	11.3	10.2	6.4	7.2	9.5	9.6	9.9	10.8	5.0	△5.1
진도군	11.0	10.4	13.1	10.6	10.6	11.1	11.7	11.4	11.7	5.2	△5.8
신안군		8.6	8.6	6.4	8.0	12.7	7.6	9.3	8.4	5.1	△3.5

출처: 전라남도청 홈페이지 정부3.0정보공개.

부록 표 5 | 전라남도 자치단체별 채무 변화 추이(2005~11)

단위 : 억 원, %

구분	2005	2008	2011	증감
합계	10,812	13,750	19,051	8,239(76.2)
전라남도	5,240	7,497	11,891	6,651(126.9)
목포시	1,305	1,092	1,241	△64(4.9)
여수시	466	932	1,267	801(171.8)
순천시	349	399	742	393(112.6)
나주시	391	315	435	44(11.2)
광양시	431	311	278	△153(35.4)
담양군	179	237	110	△69(38.5)
곡성군	11	9	94	83(754.5)
구례군	0	0	30	30(-)
고흥군	210	157	215	5(2.3)
보성군	39	11	50	11(28.2)
화순군	251	203	305	54(21.5)
장흥군	14	5	161	147(1,050)
강진군	192	170	92	△100(52.0)
해남군	173	168	276	103(59.5)
영암군	238	181	128	△110(46.2)
무안군	386	670	426	40(10.3)
함평군	242	226	109	△133(54.9)
영광군	195	180	175	△20(10.2)
장성군	174	225	126	△48(27.5)
완도군	102	46	2	△100(98.0)
진도군	224	145	208	△16(7.1
신안군	-	571	690	119(20.8)

출처: 전라남도청 홈페이지 정부3.0정보공개.

| 2장 |

전남도의회 20여 년의
평가와 과제

박찬표

1. 서론

우리 헌법은 '지방자치단체에 의회를 둔다'(헌법 제118조 제1항)라고
하여 지방의회를 헌법상의 지방자치단체의 필수적 기관으로 규정하고
있다. 지방의회가 지방자치제의 운영에서 필수불가결한 핵심적 기관임
을 말해 주고 있는 것이다. 그렇다면 지방의회가 지방자치제에서 어떤
의미를 갖기에 이처럼 하나의 '헌법기관'으로 규정되어 있는 것인가?

● 이 논문은 2014년 4월 한국정치학회와 목포대학교 지방자치연구소 등이 공동 개최한 춘
계 특별학술회의의 〈지방정치와 지방자치〉 패널에서 발표한 "전남 지방의회 의정활동의
성과와 향후 과제"를 수정·보완한 것이다.

지방의회가 갖는 의미와 중요성은 무엇인가? 이에 답하기 위해 우선 지방자치의 의의를 살펴보고 그 속에서 지방의회가 갖는 위상을 살펴보고자 한다.

우리가 지방자치에 대해 생각하는 가장 일차적인 정당화 논리는, '지방자치는 지역의 발전이나 지역민의 복리 증진에 기여한다'는 것이라 할 수 있다. 지방자치는 우선 그것이 가져다줄 어떤 좋은 결과 즉, '산출물'과 관련하여 주창되어 왔던 것이다. 그렇다면 지방자치는 과연 지역 '발전'을 가져다주는가? 지역 주민의 복리 증진 혹은 '복지 확대'에 친화적인가? 이에 대해 많은 연구들은 상반된 논리와 실증 결과를 보여주고 있다.

먼저 지역 발전과 관련해 살펴보면, 지방자치제 하에서는 지역 상황에 맞는 지역별 맞춤 발전 전략 수립이 가능하여 지역 발전에 유리하다는 주장이 존재하지만, 민선 자치단체장의 정책 능력의 취약함, 선거로 인한 포퓰리즘의 폐해, 전시 행정의 문제, 무책임한 사업 추진 등등으로 인해 발전에 부정적 결과를 가져올 수 있다는 반론도 존재한다. 복지와 관련해서도, 지방자치를 실시하면 지역 주민의 요구가 보다 많이 정책 결정 과정에 반영될 수 있기 때문에 주민 다수가 원하는 복지의 확대에 긍정적으로 기여하게 될 것이라는 논리가 존재하지만, 다른 한편에서는 지방자치가 복지에 반드시 친화적이지 않다는 주장도 존재한다. 지방분권(특히 재정적 지방분권)은 중앙정부의 재분배 역할을 제약할 것이며, 분권화된 제도에서는 자본 유치를 위한 지역 간 조세 인하 경쟁으로 인해 중앙집권적 제도의 경우보다 세율이 낮아지는 경향이 생기게 되며,[1] 또한 지방자치단체(장)의 경쟁적 '발전주의'로 인해 복지 확대에 부정적인 결과를 가져올 가능성도 있다는 것이다. 이런 논란은 결국 지방자치가 그 자체로 반드시 어떤 좋은 결과를 보장하는 것은 아니라는 점을 말해 준다(박찬표 2015, 125-126).

지방자치에 대한 또 다른 정당화의 논리는 '공급측'의 입장에서 제시되고 있다. 지방자치를 행정권의 배분 차원에서 정의하는 논리가 그것이다. 중앙정부에 대한 지방 행정단위의 자치, 중앙 권력에 대한 지방 권력의 자치, 중앙 권력의 지방 이양(=분권화) 등을 지방자치와 동의어로 생각하는 것이다. 이런 관점에 입각할 경우 지방자치 성공의 열쇠는 더 많은 분권과 권한 이양이 될 것이다. 특히 자치단체장이나 자치 의회 등은 지방자치단체 주도의 지방재정 및 분권 확충 노력이 더 필요하다는 주장을 하고 있다. 하지만 이 역시 지방자치의 궁극적 목표는 아니라고 할 수 있다. 분권이나 권한 이양은 지방자치의 궁극 목적이 아니라, 주민 자치의 실현을 촉진하기 위한 수단으로 이해되어야 한다. 지방 권력에 대한 견제 장치가 미약한 상태에서 권한만 지방으로 이양될 경우 지방자치단체 차원의 권위주의나 단체장의 독선으로 귀결될 위험성이 높다(박찬표 2015, 126).

그렇다면 지방자치의 의의는 어디에서 찾을 것인가? 그것은 지방자치단체별로 공적 의사 결정을 한 것의 결과나 그 내용이 아니라, 그런 공적 의사 결정의 방식 그 자체에서 찾아야 할 것이다. 공적 의사 결정이 중앙정부에 의해 단일하고 중앙집권적으로 이루어지는 것이 아니라, 지방자치단체별로 개별적이고 분권적으로 이루어지는 것이 바람직하

---

1) 유럽과 미국의 복지국가 수준의 차이를 설명한 알레시아와 글레이저는, 지방분권은 중앙정부의 소득 재분배 정책 도입에 부정적으로 작용할 가능성이 높으며, 미국의 낮은 복지국가 수준을 가져온 중요한 정치적 요인의 하나도 바로 이것(즉 연방제)에 있다고 주장한다. 유럽 각국에서 지방분권에 반대하는 사람들의 핵심적인 주장은 지방분권이 소득 재분배를 저해한다는 점이다(알레시나·글레이저 2002).

다는 것이다. 왜냐하면, 그것이 '옳은' 의사 결정이나 '좋은 결과'를 보장해 주지는 못하더라도 절차 면에서 '정당'하기 때문이다. 그리고 그런 정당성의 근거는 결국 민주주의에서 찾을 수 있다. 지방자치는 민주주의의 이상인 자치(autonomy)의 실현을 촉진할 수 있다고 판단되기 때문에 정당화될 수 있는 것이다.

이 문제와 관련해서, 민주주의는 집합적 의사 결정의 절차임에 주목할 필요가 있다. 민주주의가 '좋은 결정이나 안정된 정부' 등을 가져다준다고 보장할 수는 없다. 다만 민주주의는 시민들이 참여할 수 있는 권리를 존중하는, 정치권력을 분배하는 가장 공정한 방식이기 때문에 지지받는 것이다. 즉, 민주적 결정이 가져다 줄 결정의 올바름(correctness)이 아니라 결정 과정의 정당성(legitimacy)이라는 측면에서 민주주의는 지지받는 것이다.

그렇다면 지방자치는 어떤 근거에서 민주주의 친화적이며, 민주주의의 이상인 자치의 실현을 촉진할 수 있는가? 첫째, 지방자치는 시민 참여의 기회를 확대시켜 준다. 대의제 민주주의 하에서 지방자치는, 전국적 단위의 참여 기회(대선, 총선)에 지역 단위의 참여 기회(지방선거)를 추가해 준다. 선거권, 피선거권 양면에서 참여의 기회를 보다 많이 제공하는 것이다. 보다 중요한 점은, 지방자치에서는 의사 결정 단위가 소규모이고 주민의 실생활과 밀착된 의제를 다루기 때문에 주민의 관심과 이해가 높아지게 되고, 그에 따라 참여 의사는 물론 참여에 필요한 효능감 등도 높아지게 된다는 점이다. 지방자치는 시민 참여의 양적 확대뿐만 아니라 질적 심화를 가져다준다는 것이다.

이와 관련하여 우리는 민주주의란 산출의 측면이 아니라 투입 측면에서 정당화된다는 점을 상기할 필요가 있다. 정치는 필연적으로 '누가 무엇을 언제 어떻게 갖느냐'를 둘러싼 갈등을 수반하기 때문에, 자신의 이익이 무엇인지를 가장 잘 아는 시민 개개인이 정치과정에 '참여'하는 것이 자신의 이익을 지키기 위해 필요한 것이다. 나아가 참여는 이런 타산적 효과뿐만 아니라, J. S. 밀이 『자유론』에서 강조한 도덕적·교육적 이점을 제공한다. 시민 개개인은 공적 문제에 대한 참여를 통해 자신의 식견을 계발하며 도덕적이고 지적인 자기 계발의 계기를 가질 수 있는 것이다.

둘째, 지방자치는 정치권력의 대표성, 책임성, 반응성을 제고하는 데 유리하다. 현대의 대의 민주주의는 '피치자에 대한 통치자의 책임성을 보증하는 장치'로 정의된다. 모든 인간처럼 통치자도 권력을 자신의 이익을 위해 사용할 위험이 있는데, 이를 막기 위해서는 권력으로 하여금 유권자에게 책임지도록 할 필요가 있다. 지방자치는 이 점에서 장점이 있다고 할 수 있다. 권력이 시민에 보다 더 근접해 있고, 정책 의제에 대한 주민들의 이해나 관심도 더 높을 것이기 때문에 정치권력의 책임성도 높아질 것으로 기대된다. 또한 규모가 작기 때문에 시민들이 자신의 요구를 정부에 전달하기 용이하고, 정부 역시 주민과 근접해 있기 때문에 보다 신속하고 효율적으로 주민의 요구에 반응할 것이라고 기대된다.

지방자치가 민주주의와 관련하여 갖는 중요성을 강조한, 민주주의 이론의 고전으로서 토크빌의 『미국의 민주주의』를 들 수 있다. 토크빌은 민주주의의 확대, 평등의 관념과 대중 참여의 확대 등은 역사의 거스를 수 없는 흐름이라고 강조한다. 하지만 평등 의식에 기초한 대중적 민주주의가 초래할 수 있는 위험을 동시에 지적한다. 대중적 민주주의가 오히려 권력 집중을 초래함으로써 사회 구성원들의 자유를 위협할 수 있다는 것이다.[2] 그렇다면 이런 위협은 어떻게 극복될 수 있는가? 토크빌이 제시하는 것은, 중앙정부(국가)와 개인 사이에 존재하는 중간 권위체(intermediate authorities)의 존재이다. 중간 권위체는 사회 구성원들의 참여를 보장해 주는 한편으로 나름대로의 자율성을 바탕으로 중앙집권화된 권력에 의해 행해질 수 있는 독단을 제어하는 기능을 한다. 미국은 과도한 권력 집중을 막을 수 있는 독립적 사법부가 있을 뿐 아니라, 중간 권위체로서 타운 미팅(town meeting) 같은 지방자치체, 변호사회 같은 전문 단체, 각종의 자발적 시민 결사체가 발달해 있는데, 이것이 미국 민주주의의 기초가 되고 있다는 것이다(김병준 1998, 18-21). 특히 지방자치에 대해 토크빌은 다음과 같이 지적한다. "자유에 대해 타운 미팅이 지니는 의미는 학문과 관련하여 초등학교가 지니는 의미와 같다. 타운 미팅은 자유를 시민의 손이 닿을 수 있는 곳에 가져다 줄 뿐 아니라, 자유를 어떻게 누리고 어떻게 활용할 수 있는지를 가르쳐 준다" (Tocqueville 1990, 61).

이상에서 보듯이 지방자치의 의미는 정책의 산출이 아닌 투입의 측면에서, 공급자가 아닌 수요자의 입장에서 찾아야 한다. 지방자치는 '공적 의사 결정 과정에 대한 시민 참여의 확대 및 질적 심화에 기여하고, 시민들에 대한 정치권력의 대표성과 책임성과 반응성을 제고함으로써 민주주의 이상인 자치의 실현을 촉진한다'는 점에서 그 의의와 중요성을 찾을 수 있는 것이다. 지방자치의 의의를 이렇게 정의할 때, 지방자

---

2) 토크빌의 논리는 다음과 같다. 먼저, 민주주의는 사회를 수평화·평등화시킨다. 정부가 민중을 대신하여 전통적 지위나 위계질서, 특권 등을 폐지하게 된다. 나아가 국가는 자비로운 기구라는 가정 하에 공공복지와 진보적 변화를 보장하는 것으로 간주되기 때문에 국가의 기능이 팽창하게 된다. 평등을 추구하는 사람들은 하나의 최고 권력에 복종함으로써 평등하게 되고자 하며, 중앙집권적 권력은 다수인 사회 하층·약자가 평등을 이룩하는 효과적 수단으로 인식된다. 그 결과 민주주의 하에서 권력은 하나의 최고 권력으로 집중되며, 이로 인해 개인의 정치적 자유와 독립성이 위협받을 수 있다(헬드 2010, 169).

치에서 지방의회의 존재와 역할은 필수적임을 알 수 있다. 지방자치 역시 직접민주주의 형태가 아닌 대의 민주주의 형태를 취하고 있는 한, 지역 주민의 다양한 의사와 이해가 표출되고 집약되어 지방정부의 운영에 반영되는 것은 일차적으로 지역 주민의 대표 기구인 의회를 통해서 이루어지기 때문이다. 헌법에서 지방의회를 지방자치단체의 필수적 기관으로 규정하고 있는 근본적 이유는 여기에서 찾을 수 있을 것이다.

우리나라에서 지방의회는 1961년 5.16 쿠데타로 해산된 이후, 87년 민주화의 성과로 1991년 3월에 기초 의회(시·군·구위회) 선거가 그리고 6월에 광역 의회(시·도의회) 선거가 실시됨으로써 30년 만에 부활하게 되었다. 이후 1995년 6월에 광역 및 기초 자치단체의 의회 선거와 자치단체장 선거가 동시에 실시됨으로써, 주민의 직접선거로 선출된 자치단체장과 의회를 모두 갖춘 본격적인 지방자치 시대의 실현을 보게 되었다.

지방의회는 민주화 이후만을 따져도 1991년 부활 이후 지금까지 6번의 의회기를 거쳤고, 2014년 6월 지방선거로 7번째 의회기를 맞게 되었다. 그렇다면 민주화 이후 20여 년이 넘는 기간을 거치면서 6번의 의회기 경험을 축적해 온 현실의 지방의회는, 지방의회에 부여된 권능을 제대로 수행하고 있는가? 민주주의 발전과 관련하여 지방의회가 갖고 있는 긍정적 기능을 제대로 실현하고 있는가?

이에 대한 대답은 아직까지 부정적인 것이 현실이다. 그 이유로는, 대선이나 총선과 비교해 지방선거 투표율이 대체로 낮고 지방의원의 사회경제적 배경 역시 주민의 구성을 제대로 반영하지 못하기에 대표성에서 결함이 있다는 원천적인 구성상의 문제부터 시작하여, 지방의회가 당초 의회에 부여된 기능과 역할을 제대로 수행하지 못한다는 기능상의 문제 등이 지적될 수 있을 것이다. 무엇보다도 지역주의 정당 체제로 인해 단일 정당이 계속해서 지방의회를 거의 전적으로 장악하게 되는 결과가 나타나게 되었고, 이로 인해 자치단체장에 대한 견제는 물론이고 의회 내에서의 여야 간 견제나 의회 권력의 교체 등이 수도권을 제외하면 거의 이루어지지 못하기 때문에 지방자치가 사실상 동질적인 지역 토호들의 무대가 되고 있다는 신랄한 비판까지 제기되고 있다.

하지만 일부에서 제기하듯이, 지방의회는 무용한 것으로 비용만 축내기 때문에 차라리 폐지하는 것이 바람직하다는 주장(기초 의회에 한정된 것이긴 하지만)은 타당하지 않다고 생각된다. 지방의회 없이 지방 자치단체장만 직선으로 선출될 경우 단체장의 독주를 견제할 아무런 제도적 장치가 없게 되어 더욱 심각한 문제가 발생할 수 있기 때문이다. 또한 지역 주민의 의사를 수렴할 그 나마의 통로마저 없어지는 결과가 초래될 것이기 때문이다.

이 글은 지방의회에 대한 현실적 비판론과 당위적 필요성 간의 딜레마를 염두에 두면서 전라남도 의회를 평가해 보고자 한다. 전남 도의회는 다른 광역 의회와 마찬가지로 1991년 제4대 의회로 부활한 이후 지금의 제10대 의회에 이르기까지 6번의 의회기를 거쳐 왔다. 그 과정에서 전남도 의회는 지방의회에 요구되는 여러 기능들을 어느 정도 충실히 수행해 왔는가? 20여 년의 경험을 거치면서 어떤 발전상을 보여 주었는가? 6번의 의회 중에서 어느 의회가 의정 활동 면에서 가장 긍정적이었다고 평가될 수 있는가? 다른 광역 의회와 비교할 때 전남도 의회의 의정 활동은 어떻게 평가될 수 있는가? 이런 질문들을 중심으로 전남도 의회 20여 년의 성과를 되돌아보고자 한다.

2. 연구 대상과 방법

전남도 의회를 분석 평가함에 있어서 가장 먼저 당면하는 과제는 의회의 어떤 기능과 역할을 평가 대상으로 삼을 것이며, 어떤 것을 평가의 지표로 삼을 것인가이다.

이에 대한 1차적인 대답은 「지방자치법」에 열거되어 있는 의회의 권한을 제대로 수행했는가의 여부가 될 것이다. 지방자치법에 의하면 지방의회의 권한은 다음과 같다.

- 의결권(제39조) : 조례의 제정·개정 및 폐지, 예산의 심의·확정 및 결산의 승인, 청원의 수리와 처리, 그 외 각종 사항(법령에 규정된 것을 제외한 사용료·수수료·분담금·지방세 또는 가입금의 부과와 징수, 기금의 설치·운용, 대통령령으로 정하는 중요 재산의 취득·처분, 대통령령으로 정하는 공공시설의 설치·처분, 법령과 조례에 규정된 것을 제외한 예산 외의 의무 부담이나 권리의 포기, 외국 지방자치단체와의 교류 협력에 관한 사항, 그 밖에 법령에 따라 그 권한에 속하는 사항) 등
- 지방자치단체장에 대한 서류 제출 요구권(제40조)
- 지방자치단체 행정사무에 대한 감사권 및 조사권(제41조)
- 행정사무 감사 또는 조사 보고에 대한 처리 및 시정 요구권(제41조의 2)
- 행정사무처리 상황에 대한 보고 청취 및 질문 응답권(제42조)
- 내부 운영에 대한 규칙 제정 권한(43조).

한편 지방자치법에 열거된 의회 기능의 이런 법적 구분과는 다른 차원에서 지방의회의 권능은 통상적으로 주민 대표 기능, 의결 기능, 입법 기능, 재정 통제 기능, 집행부 감독 기능 등으로 분류된다. 〈표 1〉에서

표 1 | 지방의회의 기능 분류 및 측정 지표

연구자	기능		세부 항목 또는 측정 지표
조순제 (2012)	의결 입법 기능		의안 처리(조례안, 예결산안, 청원, 건의, 결의) 조례 입법 - 의원 발의 건수 및 비율, 원안 가결, 수정 가결
	집행부 감독 견제 기능		행정 사무 감사 조사 예산안 삭감률
차재권, 김영일 (2011)	입법 및 의결 기능		의안 처리 실적 동의안 처리 실적 조례안 처리 실적
	견제 및 감시 기능		행정사무 감사 조사 예산안 처리 실적 시정 질문, 5분 발언
	주민 대표 기능		투표율 및 득표율 청원 처리 현황 진정 처리 현황
이정훈, 김진윤 (2010)	의결 및 입법 기능		조례안 처리 현황
	예산 심의 기능		예결산 처리 현황
	행정 감시 기능		행정사무 감사 및 조사 시정 질의
강인호, 백형배, 이계만, 김창남 (2010)	입법 기능	예결산 심의	예결산 처리건수, 예산안 수정 가결수
		조례 제·개정	조례안 처리건수, 의원 발의 총수
	통제 기능	행정 사무 감사 및 조사	행정사무 감사건수, 행정 사무 감사 증가율
		시정 질의	시정 질문 건수, 시정 질문 내용 및 성격 비율
	주민 대표 기능	민의 반영	청원 심사 건수
권영주 (2009)	입법 기능		연평균 조례안 처리 건수, 지방의회의 발의 조례안 비율, 조례안 수정 발의 비율, 연평균 건의안 수, 연평균 결의안 수, 연평균 동의 승인안 수
	예산 기능		연평균 예결산안 심의수, 예산안 수정가결 비율
	통제 기능		연평균 감사 대상 기관의 수, 연평균 행정 사무 감사 지적 건수, 연평균 의견 청취수, 연평균 시정 질문건수
	주민 대표 기능		연평균 청원 접수 건수, 청원 채택 비율, 연평균 진정 처리 건수

보듯이 지방의회에 대한 기존의 연구들은, 대체로 지방의회의 역할과
기능을 정치적 기능별로 분류하고, 각 기능의 구체적 세부 항목들을 기

능 측정의 지표로 삼고 있다.

이 연구 역시 기존의 연구 성과를 바탕으로 입법 및 의결 기능, 예산 통제 기능, 집행부 통제 기능, 주민 대표 기능 등으로 나누어 전남도 의회의 의정 활동을 평가해 보고자 한다. 그리고 각 기능을 평가하는 구체적 지표로는 다음과 같은 세부 사항을 사용하고자 한다.

- 의정 활동의 성실성 : 회기일수, 개의일수, 출석률
- 입법 및 의결 기능 : 안건 처리 실적, 조례안 처리 실적(발의자별 비율, 발의자별 처리 결과, 1인당 발의건수, 단체장 제출 조례안 수정 비율)
- 예산 통제 기능 : 예산안 처리 현황(수정 비율)
- 집행부 통제 기능 : 행정 사무 감사 실적, 도정 질문 실적 (+단체장 제출 조례안 수정 비율)
- 주민 대표 기능 : 청원 처리 실적, 진정 처리 실적

의회의 의정 활동을 평가할 때 직면하는 또 다른 문제는 평가의 기준을 어떻게 정하느냐의 문제이다. 예컨대 집행부가 제출하는 조례안이나 예산안에 대해 어느 정도의 통제력(수정)을 발휘해야 의회가 제 기능을 수행했다고 평가할 수 있는가? 조례안 중에서 의회 발의안의 비중이 어느 정도일 때 의회가 입법 주도권을 행사했다고 할 수 있는가? 이런 질문에 대해 객관적 기준을 설정하는 것이 불가능하기 때문에, 평가는 자칫 연구자의 주관적 기준에 따라 행해질 위험이 높다.

이런 점을 극복하기 위해, 이 글에서는 비교의 방법을 사용하고자 한다. 먼저 전남도 역대 의회를 그 자체 내에서 비교해 보고자 한다. 제4대부터 9대 의회까지 6번에 걸친 전남도 의회의 의정 실적을 서로 비교해 봄으로써, 어느 의회가 상대적으로 좋은 의정 실적을 남겼는지 평가

할 수 있을 것이다. 또한 이를 통해서, 지방의회의 경험을 축적하면서 전남도 의회의 기능이 보다 활성화되고 개선되었는지에 대한 평가 역시 가능할 것이다.

다음으로는 전남도 의회를 다른 광역 의회와 비교하고자 한다. 여러 의회 기능 면에서의 상대적 순위는 결국 전남도 의회의 실적을 객관화 시켜 평가할 수 있는 하나의 지표가 될 수 있다고 보기 때문이다.

3. 전라남도 의회 의정 활동에 대한 평가

1) 의정 활동의 성실성

의회는 의결기관이라는 특징 때문에, 집행기관과 달리 연중 활동하는 것이 아니라 구체적인 활동 기간을 정하여 정해진 회기 동안 활동한다. 따라서 의회의 회기일수는 의회가 어느 정도 성실하게 권능을 수행했는지를 평가할 수 있는 제1차적인 지표가 될 수 있다.

제1기 지방의회가 출범할 당시 시도의회의 회기는 연간 총회기일수 100일로 제한되어 있었다. 즉 100일을 초과하여 활동할 수 없었던 것이다. 1994년 3월 개정된 지방자치법에서 연간 총회기일수는 120일 이내로 확대되었다. 2006년 4월 개정된 지방자치법에서는 연간 총회기일수에 대한 제한 규정을 삭제하고 지방자치단체의 조례로 정하도록 하여 회의 운영의 완전한 자율성이 보장되었다(행정안전부 2011, 119-120).

〈표 2〉에서 각 의회기별 총회기일수를 비교해 보면 제5대가 현저히

표 2 | 전남도 의회의 회기일수

	총회기일수	총회기회수	회기당 회의일수	연간 회기일수
4대(91.7-95.6)	458	38	12.1	114.5
5대(95.7-98.6)	328	29	11.3	109.3
6대(98.7-02.6)	494	40	12.4	123.5
7대(02.7-06.6)	490	42	11.7	122.5
8대(06.7-10.6)	455	35	13.0	113.8
9대(10.7-14.6)	523	37	14.1	130.8

출처: 전라남도의회 2013, 224, 355, 464, 583, 671; 전라남도의회 2014, 8.

표 3 | 광역 의회의 회기일수

	4대	5대	6대	7대	8대	계
전남	458	328	494	490	455	2,225
전북	431	370	481	438	507	2,227
경북	421	353	484	481	472	2,211
충남	411	352	480	472	460	2,175
충북	415	357	487	476	478	2,213
경기	425	346	487	483	543	2,284
서울	424	351	502	458	503	2,238
부산	395	368	538	474	497	2,272
대구	405	356	489	472	543	2,265
광주	443	356	482	467	524	2,272

출처: 전라북도의회 1996, 131; 1999, 137; 2003, 128; 2006, 151; 2010, 169; 경상북도의회 2012, 1262; 충청남도의회 2013, 77, 102, 124, 145, 175; 충청북도의회 2012, 212, 251, 282, 319, 365; 경기도의회 1992, 1256; 1993, 984; 1994, 1092; 1995, 1190; 1996, 1196; 1997, 1094; 1998, 1163; 2001, 1045-6; 2006, 1071-2; 2010, 1245-6; 서울특별시의회 1995, 69; 1998, 116; 2002, 141; 2006, 171; 2010, 117; 부산광역시의회 2013, 230, 245, 270, 281, 303, 322, 354. 372, 418, 437; 대구광역시의회 1995, 400; 1998, 40; 2002, 49; 2006, 929; 2010, 1225; 광주광역시의회 2011, 89.

낮음을 알 수 있다. 이는 제5대 의회의 임기가 3년이었기 때문이다. 따라서 연간 평균 회기일수를 비교해야 하는데, 이 역시 제5대 의회가 109.3일로 최저를 기록하고 있다. 다음으로 제8대 의회, 제4대 의회가 약 114일로 비슷한 회기일수를 보여 주며, 그 외에는 모두 연간 회기일

표 4 | 전남도 의회의 개의일수

	6대	7대	8대	9대
본회의	113	111	88	97
위원회계	733	636	564	**738**
의회 운영	72	79	66	72
기획 재정	115	99	88 (경제관광문화)	108 (경제관광문화)
				103 (기획사회)
행정 자치	121	89	97 (기획행정)	98 (행정환경)
교육 사회	126	93	86	105 (교육)
농림 수산	115	95	97 (농수산환경)	96 (농수산)
경제 건설	99	98	73 (건설소방)	77 (건설소방)
예산 결산	63	46	45	43
기타 특별	8	37	12	36

자료: 전라남도의회 2002, 9; 2006a, 80; 2010a, 9; 2014, 8.

수 120일을 초과하고 있다. 특히 제9대 의회는 연간 회기일수 130.8일로 역대 최고를 기록했다.

〈표 3〉은 10개 광역 의회의 회기일수를 비교한 것이다. 10개 광역 의회 중에서 전남도 의회의 순위를 보면, 4대 의회 1위, 5대 의회 10위, 6대 의회 3위, 7대 의회 1위, 8대 의회 10위의 순위를 보여 준다. 그리고 전체적으로는 10개 광역 의회 중 회기일수에서 7위를 기록했다. 큰 차이는 아니라고 할 수 있지만, 회기일수로만 볼 때 다른 광역 의회보다 성실하게 의정 활동을 했다고 평가하기는 어렵다고 할 것이다.

회기일수보다 중요한 것이 개의일수이다. 의회를 소집(개회)만 하고 실제 회의를 개최하지 않은 채 회기만 낭비할 수도 있기 때문이다. 〈표 4〉를 보면, 개의일수에서 역대 의회 간에 상당한 편차가 발견된다.

표 5 | 전남도 의회 출석률

	본회의 출석률	정례회 출석률	임시회 출석률
4대	84.2	82.5	84.7
5대	87.9	92.5	86.4
6대	92.7	94.8	92.2
7대	91.2	92.6	90.7
8대	82.9	84.8	81.9
9대	90.8	91.0	90.7

출처: 전라남도의회 2013, 196-223, 337-354, 439-463, 557-582, 651-671, 726-738; 2014 등에 기초하여 산출.

본회의 개의일수를 보면 제6대, 7대 의회가 각각 113일과 111일로 모두 110일을 상회하는 데 비해, 8대 의회는 88일에 불과하다. 위원회 개의일수 역시 6대 의회가 총 733일, 7대 의회가 총 636일임에 비해 8대 의회는 564일에 불과했다. 제8대 의회가 회기일수에서도 최저였으며, 실제 개의일수에서도 본회의 및 위원회 모두 최저의 개의일수를 기록하고 있는 것이다. 제9대 의회는 본회의 일수는 97일로 제6대와 7대 의회보다 적지만, 위원회 개의일수는 738일로 역대 최다를 기록했다. 의회의 심의 과정이 상임위원회 중심으로 진행되는 '위원회 중심주의'가 정착한 것으로 볼 수도 있지만, 제8대에 이어 9대 의회에서도 본회의 개의일수가 이전보다 감소한 것은 긍정적으로 평가하기 어렵다고 생각된다.

개의일수와 함께 주목해야 할 것이 출석률이다. 회의를 개의는 했지만 의원들의 출석이 저조할 겨우 의정 활동을 성실히 했다고 볼 수 없기 때문이다. 〈표 5〉를 보면, 역대 의회의 본회의 출석률에서 8대 의회가 82.9%로 최저를 기록했고, 제4대 의회가 그 다음으로 84.2%를 보이고 있으며, 이 두 의회를 제외하면 모두 출석률 90%를 상회하고 있다. 정례회와 임시회를 구분하여 살펴볼 경우, 정례회의 경우 제4대 의회와 8

대 의회가 85%에 못 미친 반면, 나머지 의회는 모두 90%를 상회하고 있다. 임시회 역시 제8대 의회는 81.9%에 불과했고, 다음이 4대 의회 84.7%, 제5대 의회 86.4%를 기록한 반면, 그 외 의회는 모두 90%를 상회했음을 알 수 있다.

의회의 성실성을 보여 주는 지표인 회기일수, 개의일수(본회의 및 상임위), 출석률(본회의) 등을 종합적으로 고려할 때, 제6대 의회가 성실도 측면에서 가장 뛰어났다고 평가할 수 있고, 다음이 제7대, 제9대 의회의 순서를 보인다. 이와 달리 제8대 의회는 의회기, 개의일수, 출석률 등 모든 면에서 최저를 기록해 의정 활동의 성실성 면에서 가장 낮게 평가될 수 있을 것이다.

2) 입법 및 의결 기능

지방의회는 지방자치단체의 최고 의사 결정 기관으로서 지방자치단체의 정책과 입법, 주민의 부담, 기타 지방자치단체의 운영에 관한 사항을 심의하여 결정하는 지위를 갖는다. 이런 지방의회의 의결 기능을 확인할 수 있는 지표가 〈표 6〉의 안건 처리 현황이다.

역대 전남도 의회에서 의결·처리한 안건을 보면, 가장 많은 비중을 점하는 것이 조례안이고, 그 다음이 각종 건의안 및 결의안, 동의·승인안, 예·결산안의 순서를 보여 준다.

역대 의회별로 비교하면, 제4대 의회가 501건의 안건을 처리했고, 이후 400건 전후로 감소했다가 제8대 의회에 와서 다시 500여건으로 증가했고, 특히 제9대에 와서는 처리 안건수가 800건 이상으로 급증했음을 보여 준다. 그리고 처리 안건의 증가는 주로 조례안과 결의안의 증

표 6 | 전남도 의회 안건 처리 실적

	4대	5대	6대	7대	8대	9대
조례안	281	242	274	231	317	457
규칙안	11	8	7	9	10	9
예산안	40	32	27	25	28	24
결산안			14	10	15	16
동의안	63	38	40	35	19	37
승인안			22	22	4	10
건의안	50	40	13	4	13	31
결의안			21	46	57	105
기타	56	36	30	29	34	123
합계	501	396	448	411	497	812

출처: 전라남도의회 2013, 781; 전라남도의회 홈페이지 의안통계(http://www.jnassembly.go.kr.8080/assem/view. 검색일 2014.7.13.)

가에 의한 것임을 알 수 있다. 안건 처리 건수의 증가는 의회의 활발한 활동을 보여 주는 일차적 지표라고 할 수 있기에, 제8대, 9대 의회에 와서 의원들의 의정 활동이 보다 활성화되었다는 해석이 가능할 것이다.

처리 안건수와 함께 보아야 할 것이 안건의 주도권이 누구에게 있느냐이다. 의회에서 처리된 안건의 다수가 자치단체장이나 교육감 제출 안건일 경우, 처리 건수의 증가는 의회 견제력의 축소를 의미할 수도 있기 때문이다. 제9대 의회만을 볼 경우, 처리 안건 급증의 주원인은 조례 안의 증가이고, 이는 뒤에서 보듯이 대부분 의원 제출안의 급증에 따른 것이었다. 그리고 결의안 역시 이전에 비해 급증했는데 이 역시 모두 의원이나 위원회가 발의한 것이었다. 이렇게 볼 때 일단 최근에 와서 도의회 의정의 활성화와 함께 내용면에서도 의회의 주도성이 보다 강화되는 방향으로 발전하고 있다는 해석이 가능할 듯하다.

하지만 이런 해석의 타당성을 검증하기 위해서는 조례안을 대상으로 보다 자세한 분석이 필요하다. 도의회의 조례안 처리 실적은 지방의회

표 7 | 전남도 의회의 조례안 발의자별 현황

	4대	5대	6대	7대	8대	9대	계
도지사	192 (68.3)	180 (74.4)	182 (66.2)	143 (61.9)	150 (47.3)	127 (27.4)	974 (53.8)
교육감	56 (19.9)	35 (14.5)	64 (23.3)	40 (17.3)	41 (12.9)	64 (13.8)	300 (16.6)
위원회	26 (9.3)	22 (9.1)	21 (7.6)	34 (14.7)	24 (7.5)	19 (4.1)	146 (8.1)
의원	7 (2.5)	5 (2.1)	8 (2.9)	14 (6.1)	102 (32.2)	254 (54.7)	390 (21.5)
계	281 (100.0)	242 (100.0)	275 (100.0)	231 (100.0)	317 (100.0)	464 (100.0)	1810 (100.0)

출처: 전라남도 의회 홈페이지 의안정보(http://www.jnassembly.go.kr.8080/assem/view. 검색일 2014.7.13.

의 핵심 기능에 관한 가장 중요한 지표라고 할 수 있다. 지방자치단체는 헌법에 의하여 보장된 자치권의 일환으로 자치 입법권을 가지는데, 이런 자치 입법권의 실현인 조례 제정권은 지방의회의 핵심 기능이기 때문이다.

먼저 〈표 7〉에서 전남도 의회의 조례안 처리 실적을 보면, 제4대 의회부터 9대 의회까지 총 1,810건의 조례안을 처리했음을 알 수 있다. 역대 의회의 실적을 보면, 제9대 의회가 464건으로 최다를 기록했고, 8대 의회가 317건으로 다음을 잇고 있으며, 이어 제4대, 6대, 5대, 7대의 순을 보여 준다. 일단 최근 들어 입법 기능이 활성화되었다는 해석이 가능할 것이다.

지방의회의 입법 기능을 평가하는 보다 중요한 지표는 조례안의 발의자별 현황이다. 조례안에 대한 의결권은 지방의회가 갖지만, 조례안 제출 또는 발의권은 지방의원, 지방의회 위원회, 자치단체장, 교육감 등이 함께 갖기 때문이다. 조례안 발의자별 비중은 조례 제정의 주도권을 누가 행사했는가를 보여 주는 중요한 지표가 된다.

그림 1 | 전남도 의회 조례안 발의자별 구분 (발의건수)

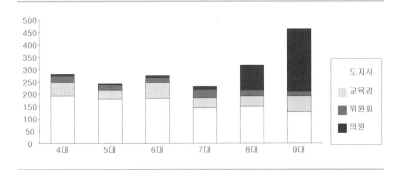

그림 2 | 전남도 의회 조례안 발의자별 비중(점유율)

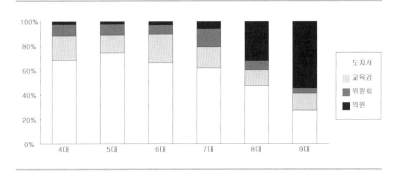

　　제4대 의회부터 제9대 의회까지의 누계를 보면 가장 많은 조례안을 제출한 것은 도지사로서 전체 조례의 53.8%를 점하고 있다. 교육감 제출안 16.6%를 합하면, 전체 조례의 70.4%가 집행부 제출안이었음을 알 수 있다. 이에 반해 의원 발의안 비중은 21.5%에 불과하다. 도의회 위원회 제출안 비중 8.1%를 더하더라도, 전체 조례 중에서 의회가 주도한 것은 29.6%에 불과하다. 결국 이는 조례안 제정의 주도권을 집행부가 행사해 왔음을 보여 주는 것이며, 지방정부의 입법 기능이 의회보다

집행부 중심으로 이루어져 왔음을 보여 주는 지표라 할 수 있다.

하지만 최근 주목할 만한 변화가 보인다. 〈그림 1〉과 〈그림 2〉에서 보듯이 의원 발의 조례안이 제8대부터 급증하여, 제9대 의회에서는 의회(의원, 위원회) 발의안이 집행부 제출안을 능가하게 된 것이다. 제8대 의회에서 의원 발의안은 102건으로 증가했다. 그 이전 의회에서 10여 건에 불과했음에 비해 거의 10여배 이상 폭증한 것이다. 제9대 의회에서는 254건으로 증가했다. 그 결과 의원 발의건수가 전체 처리건수에서 차지하는 비율이 8대 의회의 경우 32.2%로 증가했고, 9대 의회에서는 54.7%를 점하게 되었다. 위원회 제출 조례를 더할 경우 의회(의원+위원회) 발의안이 차지하는 비율이 9대 의회의 경우 58.8%를 차지하고 있다. 수치상으로는 제9대부터 의회가 입법 기능의 주도권을 행사하게 되었다는 해석이 가능할 것이다.

의회의 입법 기능과 관련해, 발의자별 구분과 함께 보아야 할 것이 처리 결과에 대한 자료이다. 조례안 처리 결과에 대한 자료는, 심의 과정에 대한 보다 세부적 정보를 제공해 주기 때문이다. 〈표 8〉은 조례안의 발의자별 처리 결과를 집계한 것이다.

이 표에서 우선 주목해야 할 것은 도지사 및 교육감 제출 법안의 통과 비율, 원안 통과 비율, 수정 통과 비율 등이다. 이는 집행부에 대한 지방의회의 견제 기능을 보여 주는 지표인 동시에 조례안을 얼마나 충실하게 심의했는가를 보여 주는 지표라고 할 수 있다.

이를 살펴보기 위해 〈표 8〉을 보다 간단히 정리한 것이 〈표 9〉이다. 도지사와 교육감을 '집행부'로, 의원과 위원회를 '의회'로 합계하여 각 발의 주체별 가결률 및 원안 가결률을 비교한 것이다. 이를 보면, 집행부에서 제출한 조례안 중 95.8%가 가결되어 조례로 성립되었다. 특히 제출된 조례안의 78.4%가 원안 그대로 가결되었음을 보여 준다. 집행

표 8 | 전남도 의회 조례안 발의자별 처리 결과

		계	원안 가결	수정 가결	부결	폐기	철회	기타
4대	의원	7	3	4				
	위원회	26	25		1			
	도지사	191	158	21	2	5	5	
	교육감	56	45	10	1			
	계	280	231	35	4	5	5	
5대	의원	5	4			1		
	위원회	22	20			1	1	
	도지사	180	141	30		3	5	1(반송)
	교육감	35	30	4		1		
	계	242	195	34		6	6	1
6대	의원	8	5	1		2		
	위원회	21	21					
	도지사	182	133	38		1	10	
	교육감	63	49	10	3	1		
	계	274	208	49	3	4	10	
7대	의원	14	6	5		2	1	
	위원회	34	33		1			
	도지사	143	101	34		3	5	
	교육감	40	34	6				
	계	231	174	45	1	5	6	
8대	의원	102	86	11		1	4	
	위원회	24	24					
	도지사	150	115	32		1	2	
	교육감	41	39	2				
	계	317	266	45		2	6	
9대	의원	254	195	44	6	1	3	5(계류)
	위원회	19	19					
	도지사	127	102	23			2	
	교육감	64	50	11	1			2(계류)
	계	464	366	78	7	1	5	7

출처: 전라남도의회 홈페이지 의안정보(http://www.jnassembly.go.kr:8080 검색일 2014.7.13).

부 제출 조례안의 원안 가결률의 추이를 보면, 제4대와 5대 의회가 80% 전후를, 제6대와 7대 의회가 74% 전후를, 다시 제8대와 9대 의회

표 9 | 전남도 의회 조례안 발의자별 처리 결과 비교

		제출건수	가결건수 (가결률)	원안 가결건수 (원안 가결률)
4대	의회	33	32 (97.0)	28 (84.8)
	집행부	247	234 (94.7)	203 (82.2)
5대	의회	27	24 (88.9)	24 (88.9)
	집행부	215	205 (95.3)	171 (79.5)
6대	의회	29	27 (93.1)	26 (89.7)
	집행부	245	230 (93.9)	182 (74.3)
7대	의회	48	44 (91.7)	39 (81.3)
	집행부	183	175 (95.6)	135 (73.8)
8대	의회	126	121 (96.0)	110 (87.3)
	집행부	191	188 (98.4)	154 (80.6)
9대	의회	273	258 (94.5)	214 (78.4)
	집행부	191	186 (97.4)	152 (79.6)
계	의회	536	506 (94.4)	441 (82.3)
	집행부	1,272	1,218 (95.8)	997 (78.4)

출처: 전라남도의회 홈페이지 의안정보(http://www.jnassembly.go.kr:8080 검색일 2014.7.13)에 기초하여 산출.

에서 80% 전후를 기록하고 있다. 원안 가결률과 집행부에 대한 견제력은 반비례한다고 가정하면, 전체적으로 제6대와 7대 의회의 집행부 견제 기능이 높았고, 제8대와 9대 의회에서 다시 낮아졌다고 할 수 있을 것이다.

한편 의회에서 발의한 조례안의 경우 전체 가결률(원안 가결률+수정 가결률)은 94.4%, 원안 가결률은 82.3%를 기록했다. 의회와 집행부를 비교하면, 가결률에서는 집행부 제출안이 의회 발의안보다 높은 수치를 기록하고 있다. 즉 입법 성공률에서 의원 발의안이 집행부보다 떨어지는 것이다. 이는 의회(특히 개별 의원)의 입법 능력이 집행부에 비해 낮은 것을 보여 주는 지표라 할 것이다.

하지만 이와 반대로, 원안 가결률에서는 의회 발의안이 집행부 제출

표 10 | 광역 의회 의원1인당 조례안 발의건수(처리건수 기준)

	4대	5대	6대	7대	8대
전남	0.45	0.36	0.53	0.94	2.47
경북	0.48	0.09	0.18	0.42	1.47
충남	0.93	0.21	0.89	1.08	2.71
충북	1.21	0.33	2.85	1.33	4.26
경기	0.36	0.16	0.64	0.31	1.94
강원	–	–	–	–	1.65
서울	0.39	0.36	0.88	0.71	–
부산	0.75	0.23	0.33	0.52	1.51
대구	2.5	0.98	0.62	1.33	4.93
광주	1.43	0.5	2.24	3.05	4.27
대전	1.65	0.42	1.05	1.37	3.95

출처: 전라북도의회 1996, 141; 1999, 149; 2003, 152; 2006, 176; 2010, 169; 경상북도의회 2012, 1360-1; 충청남도 의회 2013, 253; 충청북도 의회 2012, 213, 252, 284, 319, 366; 경기도의회 1992, 1315; 1993, 1047; 1994, 1147; 1995, 1241; 1996, 1217; 1997, 1119; 1998, 1177; 2001, 1059; 2006, 1087; 2010, 1259; 강원도의회 2008, 68; 2010, 49; 서울특별시의회 1995, 76; 1998, 52; 2002, 63; 2006, 86; 2010, 94; 부산광역시의회 2013, 228, 242, 268, 279, 300, 320, 352, 370, 416, 435; 대구광역시의회 1995, 407; 1998, 44; 2002, 53; 2006, 934; 2010, 1230; 광주광역시의회 2011, 69; 대전광역시의회 1999, 650; 2012, 206, 379, 460-1, 538.

안 보다 높은 현상을 보여 준다. 이는 의회에서 발의한 안에는 위원회안이 포함되어 있는데, 이는 대개 위원회 내부의 합의를 거쳐 제출된 것이기에 본회의에서 원안 그대로 통과되는 것이 보편적인 데 따른 것으로 해석할 수 있다. 하지만 달리 해석하면, 동료 의원이나 위원회에서 제출한 것이기에 상대적으로 심의가 부실 또는 소홀해질 개연성을 보여 주는 것으로도 해석될 수 있다.

입법 기능과 관련하여 전남도 의회의 상대적 수준은 어느 정도일까? 이를 살펴보기 위해서는 다른 광역 의회의 입법 실적과 비교해 볼 필요가 있다. 먼저 〈표 10〉은 의원 1인당 조례안 발의 건수를 비교한 것인데, 10개 광역시도 중에서 전남도 의회의 순위를 보면, 제4대 의회가 8

표 11 | 광역 의회 통과 조례안 중 의원 발의안의 비율

	4대	5대	6대	7대	8대	평균
전남	11.7	11.2	10.6	20.8	39.7	19.6
전북	19.1	8.2	8.8	28.1	22.3	18.0
경북	13.9	5.0	4.6	11.6	27.6	13.8
충남	14.6	6.2	11.2	17.9	31.8	17.2
충북	15.8	6.4	24.1	15.3	38.6	21.9
경기	9.9	8.1	16.3	9.0	40.9	19.5
강원	-	-	-	-	22.8	
서울	12.4	14.9	17.0	15.6	-	
부산	9.6	5.3	4.7	7.2	16.3	9.3
대구	16.7	18.1	5.8	13.4	37.1	19.2
광주	10.6	4.9	11.5	20.4	26.6	15.8
대전	11.2	3.5	5.1	8.1	17.2	9.6

출처: 전라남도의회 2013, 786; 전라북도의회 1996, 141; 1999, 149; 2003, 152; 2006, 176; 2010, 169; 경상북도의회 2012, 1360; 충청남도의회 2013, 84, 109, 131, 153, 183, 237; 충청북도의회 2012, 213, 252, 284, 319, 366; 경기도의회 1992, 1315; 1993, 1047; 1994, 1147; 1995, 1241; 1996, 1217; 1997, 1119; 1998, 1177; 2001, 1059; 2006, 1087; 2010, 1259; 강원도의회 2008, 68; 2010, 49; 서울특별시의회 1995, 76; 1998, 52; 2002, 63; 2006, 86; 2010, 94; 부산광역시의회 2013, 228, 242, 268, 279, 300, 320, 352, 370, 416, 435; 대구광역시의회 1995, 416-448; 1998, 52-69; 2002, 62-85; 2006, 934; 2010, 1230; 광주광역시의회 2011, 70; 대전광역시의회 1999, 650; 2012, 206, 379, 460-1, 538.

위를 기록했고, 이후로 제5대 의회 4위, 제6대 의회 8위, 제7대 의회 6위, 제8대 의회 6위 등을 각각 기록하고 있다. 의원 1인당 조례안 발의 실적에서는 중하위권 수준이라고 할 수 있을 것이다.

〈표 11〉은 의회에서 통과된 전체 조례안 중에서 의원 발의 건수가 차지하는 비율인데, 입법의 주도권 수준을 보여 주는 지표라 할 수 있다. 이를 보면, 11개 광역시도 중에서 전남도의회의 순위는 제4대 의회 7위, 제5대 의회 3위, 제6대 의회 6위 등을 기록하여 초기에는 다른 광역 의회와 비교해 입법 주도성 면에서 뒤떨어진 실적을 보여 주었다. 하지만 제7대 의회와 제8대 의회에서는 각각 2위를 차지했다. 그 결과 제4대부터 제8대 의회까지 통과된 총 조례안 중에서 의원 발의안이 차지하

표 12 | 광역 의회 조례안 수정 가결률

	4대	5대	6대	7대	8대	평균
전남	12.1	14.2	18.1	19.9	14.2	15.4
전북	20.0	25.0	25.8	17.5	20.0	21.4
경북	11.5	18.4	15.6	11.4	19.6	15.2
충남	11.1	17.7	16.8	10.6	13.9	13.9
충북	8.2	12.9	14.4	33.2	14.0	16.0
경기	9.2	17.6	25.8	21.0	29.8	21.4
강원	-	11.0	-	11.1	20.0	-
서울	14.6	22.8	25.3	1.2	35.5	21.5
부산	11.2	28.1	23.1	20.3	-	-
대구	8.0	19.9	19.7	22.8	24.4	18.3
광주	14.6	-	-	-	15.7	-
대전	11.2	14.8	25.2	27.2	26.2	21.0

출처: 전라남도의회 2013, 785; 전라북도의회 1996, 141; 1999, 149; 2003, 152; 2006, 176; 2010, 169; 경상북도의회 2012, 1366; 충청남도의회 2013, 84, 109, 131, 153, 183, 232; 충청북도의회 2012, 465-6; 경기도의회 1992, 1315; 1993, 1047; 1994, 1147; 1995, 1241; 1996, 1217; 1997, 1119; 1998, 1177; 2001, 1059; 2006, 1087; 2010, 1259; 강원도의회 1997, 101; 1998, 104; 2004, 99; 2006, 86; 2008, 66; 2010, 47; 서울특별시의회 1995, 76; 1998, 52; 2002, 63; 2006, 86; 2010, 94; 부산광역시의회 2013, 228, 242, 268, 279, 300, 320, 352, 370, 416, 435; 대구광역시의회 1995, 416-448; 1998, 52-69; 2002, 62-85; 2006, 934; 2010, 1230; 광주광역시의회 1996, 975; 2010, 55; 대전광역시의회 1999, 650; 2012, 206, 379, 460-1, 538.

는 비중을 보면 10개 광역시도 중에서 2위를 기록했음을 알 수 있다.

〈표 12〉는 조례안 수정 가결률 비교표이다. 이는 두 가지 측면을 보여 준다. 첫째는, 심의의 충실성이다. 물론 수정 가결률이 높다고 해서 반드시 심의가 충실했다는 해석은 성립될 수 없기에 높은 수정 가결률이 심의의 충실성을 보여 주는 충분조건이 될 수는 없을 것이다. 하지만 일단 필요조건은 될 수 있다고 생각된다. 수정되었다는 것은 심의를 전제로 하기 때문이다. 두 번째는 집행부에 대한 견제력이다. 조례안의 다수를 집행부가 제출하는 현실에서 수정 가결은 곧 집행부 제출안에 대한 견제로 연결될 수 있기 때문이다.

〈표 12〉를 보면, 조례안 수정 가결률에서 제4대 의회는 11개 광역 의

표 13 | 광역 의회 단체장 제출 조례안의 원안 통과 비율

	4대	5대	6대	7대	8대	평균
전남	84.0	80.0	72.4	71.3	77.2	77.3
전북	62.4	64.6	66.5	67.9	66.8	65.6
충북	86.3	80.6	77.2	57.5	75.0	76.0
경기	83.7	76.1	67.8	71.0	57.3	71.1
서울	80.3	69.2	66.8	94.3	57.8	73.1
부산	82.5	57.8	72.2	70.3	85.8	74.6
대구	88.2	70.5	73.9	68.1	63.4	75.0
광주	82.1	–	–	–	87.3	
대전	83.8	78.7	66.3	66.3	77.8	74.4

출처: 전라남도의회 2013, 226-239, 357-368, 466-479, 585-594; 전라북도의회 1996, 141; 1999, 149; 2003, 152; 2006, 176; 2010, 169; 충청북도의회 2012, 213, 252, 284, 319, 366; 경기도의회 1992, 1315; 1993, 1047; 1994, 1147; 1995, 1241; 1996, 1217; 1997, 1119; 1998, 1177; 2001, 1059; 2006, 1087; 2010, 1259; 서울특별시의회 1995, 76; 1998, 52; 2002, 63; 2006, 86; 2010, 94; 부산광역시의회 2013, 228, 242, 268, 279, 300, 320, 352, 370, 416, 435; 대구광역시의회 1995, 416-448; 1998, 52-69; 2002, 62-85; 2006, 934; 2010, 1230; 광주광역시의회 1996, 975; 2010, 55; 대전광역시의회 1999, 650; 2012, 206, 379, 460-1, 538.

회 중 4위를 기록했고, 제5대 의회는 9위를 기록했다. 제6대 의회는 10개 광역 의회 중에서 7위를, 그리고 7대와 8대 의회는 11개 광역 의회 중에서 각각 6위와 8위를 기록했다. 4대부터 8대까지의 평균을 보면, 시계열 자료가 온전한 전체 9개 광역 의회 중에서 전남도 의회는 7위를 기록하고 있다.

조례 제정 과정에서 단체장에 대한 의회의 견제력을 보다 정확히 보여 주는 것이, 단체장 제출 조례안의 원안 가결률이다. 원안 가결률이 높을수록 통제력이 약했다고 해석할 수 있을 것이다. 〈표 13〉에서 역대 전남도의회의 실적을 보면, 제4대 의회는 9개 광역의회 중에서 3위의 원안 통과율을 보여 준다. 이어서 제5대, 6대, 7대 의회는 8개 광역 의회 중에서 각각 2위, 3위, 2위의 높은 원안 통과율을 기록했다. 제8대 의회 역시 9개 광역 의회 중에서 네 번째로 높은 원안 통과율을 기록했

다. 그 결과, 제4대부터 제8대까지 단체장 제출 조례안의 원안 통과율 평균을 비교했을 때, 전남도의회는 8개 광역 의회 중에서 가장 높은 원안 통과율을 보여 준다.

　전남도의회의 입법 실적을 다른 광역 의회와 비교해 본 결과, 뚜렷이 대비되는 두 가지 특징이 드러난다. 하나는 의원 발의안 비중이 다른 광역 의회에 비해 상대적으로 높다는 점이다. 다른 하나는 낮은 수정 가결 비율이다. 전체 조례안을 대상으로 한 수정률에서도 다른 광역 의회에 비해 낮을 뿐만 아니라, 단체장 제출 조례안에 대한 수정·저지 비율은 8개 광역 의회 중에서 가장 낮은 것으로 나타났다. 의원들의 입법 기능은 상대적으로 활발하지만, 집행부 견제력에서는 현저히 떨어지는 상반된 양상이 동시에 나타난 것이다. 이를 긍정적으로 보면 의회와 집행부가 협력적 관계 속에서 입법 기능을 수행했다는 해석이 가능하지만, 달리 보면 심의 과정의 부실 내지 낮은 집행부 견제력을 보여 주는 것으로 해석이 가능할 것이다.

3) 예결산 심의 기능

　지방의회의 예산 심의 과정은 재정 민주주의를 실현하는 과정이라 할 수 있다. 예산이 주민의 의사에 부합되는 방향으로 합리적으로 배분되고 집행되도록 하는 것이 지방의회에 예산 심의권을 부여한 기본 정신이기 때문이다. 또한 의회의 예산 심의 기능은 집행부에 대한 통제 기능의 주요 부분이기도 하다. 지방정부의 행정 활동은 예산 편성을 기초로 하여 예산 심의가 완료됨으로써 집행에 돌입할 수 있기 때문에, 예산 심의를 통해 재정적 측면뿐만 아니라 정책 내용 면에서도 집행부를 통

표 14 | 전남도의회 예산안 처리 현황

	4대	5대	6대	7대	8대	9대	계
원안	3	9	8	5	11	7	43
수정	26(89.7)	13*(61.9)	19(70.4)	20**(80.0)	17(60.7)	17(70.8)	112(72.7)
계	29	21	27	25	28	24	154

주: * 1건은 폐기, ** 1건은 철회.

표 15 | 광역 의회 예결산안 수정 가결률

	4대	5대	6대	7대	8대	계
전남	65.0	40.6	48.8	55.8	39.5	49.7
전북	87.3	64.7	40.5	36.8	53.7	59.0
경북	62.5	67.9	50.0	51.4	55.6	57.0
충남	52.6	38.7	31.6	53.3	29.8	40.7
충북	58.8	48.6	46.8	53.1	59.6	53.7
경기	45.2	70.4	70.6	45.1	61.7	56.7
서울	50.0	60.9	58.1	14.8	59.3	48.5
부산	55.3	60.5	50.9	49.0	44.2	51.4
대구	53.7	56.7	63.4	60.5	57.2	58.3
광주	61.1	65.5	80.0	48.8	35.8	56.8
대전	63.3	68.2	70.0	69.2	60.9	65.6

주: 폐기, 철회 건수도 수정 건수에 포함.
출처: 전라남도의회 2013, 783; 전라북도의회 1996, 141; 1999, 149; 2003, 152; 2006, 176; 2010, 169; 경상북도의회 2012, 1270; 충청남도의회 2013, 84, 108, 130, 153, 183; 충청북도의회 2012, 213, 253, 284, 320, 366; 경기도의회 1992, 1315; 1993, 1047; 1994, 1147; 1995, 1241; 1996, 1217; 1997, 1119; 1998, 1177; 2001, 1059; 2006, 1087; 2010, 1259; 서울특별시의회 1995, 76; 1998, 52; 2002, 63; 2006, 86; 2010, 94; 부산광역시의회 2013, 537; 대구광역시의회 1995, 407; 1998, 44; 2002, 53; 2006, 934; 2010, 1230; 광주광역시의회 2011, 292-3; 대전광역시의회 1999, 650; 2012, 206, 379, 460-1, 538.

제할 수 있는 것이다.

전남도 의회의 예산 심의 기능은 일차적으로 예산안에 대한 수정 가결 비율을 통해 평가할 수 있다. 전남도 역대 의회를 비교하면, 제4대 의회가 89.7%라는 가장 높은 예산안 수정률을 기록한 반면, 제8대 의회는 60.7%라는 가장 낮은 수정률을 보여 주었고, 제6대와 제9대 의회는 70% 대의 수정률을 기록했다. 제4대 의회에서 9대 의회까지의 평균 수정률은 72.7%였다.

〈표 15〉는 전남도의 예산 심의 기능 및 재정 통제력의 수준을 평가하기 위해 다른 광역 의회와 비교한 것이다. 예산안만을 대상으로 한 자료가 부재하기 때문에 예결산안 수정 가결률을 대상으로 하여 11개 광역 의회를 비교했다. 이를 보면, 전남도 의회는 11개 광역 의회 중에서 제4대 의회가 2위, 제7대 의회가 3위를 기록하여 높은 수치를 보여 주지만, 나머지 의회는 제5대 10위, 제6대 8위, 제8대 9위 등으로 상대적으로 저조한 실적을 보여 준다. 그 결과 전체적으로 예결산안 수정 가결률에서 11개 광역 의회 중 9위를 기록했다. 결국 이를 기준으로 한다면, 전남도의회의 재정 통제 기능은 다른 광역 의회에 비해 상당히 취약한 편에 속한다고 평가할 수 있을 것이다.

4) 집행부 통제 기능

우리나라 지방자치제도는 견제와 균형의 원리를 기본으로 하는 기관 대립의 원칙에 따라 구성되어 있다. 의회와 집행부를 모두 주민 직선으로 선출하고 양 기관 간의 견제와 균형을 통해 수평적 책임성을 실현하도록 하고 있는 것이다. 집행부 권력에 대한 의회의 견제는 조례 제정이나 예산 심의 과정 등을 통해서도 실현되지만, 집행부의 행정 기능에 대한 통제 역시 집행부 통제 기능의 주요 부분을 점한다. 이와 관련된 주요 지표는 행정 사무 감사 현황, 도정 질문 실적 등이다.

먼저 행정 사무 감사 실적을 보면, 제6대 의회가 1,166건의 감사 건수를 기록하여 가장 활발한 감사 기능을 펼친 것으로 나타난다. 이어서

표 16 | 전남도의회 행정 사무 감사 실적

		4대	5대	6대	7대	8대	9대 전반기
감사 건수		703	907	1,166	767	839	609
결과 조치 건수	시정 요구	262	234	214	96	61	24
	건의	158	159	109	12	44	31

출처: 전라남도의회 2013, 787.

표 17 | 전남도의회 도정 질문 실적

	4대	5대	6대	7대	8대	9대(전반기)
질문자	111	84	–	85	62	41
질문건수	953	987	478*	773	447	200
재적 의원당 질문수	13.8	13.2	8.7	15.2	8.8	3.9

출처: 전라남도의회 1995, 121; 1996, 115; 1998, 55; 2006a, 139; 2008, 132; 2010b, 126; 2012, 121; 2013, 789.

제5대 의회 907건, 8대 의회 839건, 제 7대 의회 767건 등의 실적을 보여 준다. 시정 요구 건수에서는 4대 의회가 262건으로 수위를 기록했다.

집행부를 대상으로 한 정책 질문은 집행기관의 행정 기능에 관한 통제권이기도 하지만 이를 통해 주민의 의사를 지방정부 정책에 반영시키는 통로라는 점에서도 중요한 의미를 가진다. 전남도 역대 의회의 도정질문 건수를 보면 총 질문건수로는 제5대 의회가, 의원 1인당 질문건수로는 7대 의회가 최고를 기록하여 활발한 모습을 보인 반면, 그 외의 의회는 500건 미만의 질문 건수를 나타내고 있다. 특히 역대 의회별 추세를 볼 때, 1인당 질문건수는 점차 감소하여, 제8대와 9대 의회에 이르러서는 의원 1인당 1년에 2건 정도의 도정 질문밖에 하지 않은 것으로 나타난다.

5) 주민 대표 기능

지방의회의 본질은 주민 대표 기관이라 할 수 있으며, 이런 점에서 조례 제정, 예산 심의, 집행부 통제 등 의회의 모든 기능 수행 과정에서 주민 대표 기능이 요구된다고 할 수 있다. 주민의 의사를 수렴하여 의사 결정 과정에 반영해야 하는 것은, 의회의 모든 기능 수행 과정에서 요구되는 바이기 때문이다.

여기에서는 주민의 의사를 보다 직접적으로 수렴하는 두 가지 제도를 중심으로 주민 대표 기능을 평가하고자 한다. 그 첫째는 청원 및 진정 처리 건수이다. 청원과 진정은 주민 의사를 듣는 직접적인 소통의 창구라 할 수 있다. 청원은 피해의 구제, 공무원의 위법·부당한 행위에 대한 시정이나 징계의 요구, 조례·규칙 등의 제정·개정 또는 폐지, 공공의 제도 및 시설의 운영, 그 외 국가기관의 권한에 속하는 모든 사항에 대하여 할 수 있다. 진정 역시 주민의 권리나 이익이 행정기관 등에 의해 침해된 경우에 이를 구제하여 줄 것을 요청하거나 또는 국가기관에 대한 건의나 요구 사항을 표시하기 위하여 제출할 수 있는데, 청원과 달리 의원의 소개가 필요 없고 의회의 의결을 필요로 하지 않는다는 점에서 주민들 입장에서는 훨씬 용이하게 활용할 수 있는 제도라 할 수 있다.

이런 점을 고려할 때, 청원 및 진정건수는 의회의 주민 대표 기능을 보여 주는 지표인 동시에, 지방의회에 대한 지역 주민의 기대 정도를 보여 주는 지표로도 해석 가능할 것이다. 기본적으로 청원 및 진정은 지역 주민들의 주도로 제출되는 것이기에, 청원 및 진정건수의 규모는 지역 주민들이 의회를 어느 정도나 자신들의 진정한 대표 기구로 생각하고 있는지, 또한 지방의회가 어느 정도나 그런 요구를 해결해 줄 수 있는 능력을 가졌다고 생각하는지를 보여 주는 지표가 될 수 있는 것이다.

표 18 | 전남도의회 청원 처리 실적

		4대	5대	6대	7대	8대	9대
접수		6	3	5	4	4	2
처리	채택	3	1	1	2		
	폐기	1	-	-	1	1	
불수리, 반려		2	2	4	1	1	2

출처: 전라남도의회 2013, 790; 2014, 19.

표 19 | 전남도의회 진정 처리 건수

의회기	4대	5대	6대	7대	8대	9대
진정건수	451	279	269	153	101	83

출처: 전라남도의회 1995, 121; 1996, 115; 1998, 55; 2002, 24; 2006b, 138; 2008, 131; 2010b, 125; 2014, 21.

〈표 18〉과 〈표 19〉는 역대 전남도 의회의 청원 및 진정 처리 건수를 보여 준다. 먼저 청원 심사 건수를 보면 모든 의회가 5건 내외에 불과하여 사실상 청원 제도가 크게 역할을 하지 못했음을 보여 준다. 특히 미미한 청원 건수마저 갈수록 감소하여 제9대 의회에서는 2건에 불과하여, 제4대 의회에 비교할 때 1/3로 축소되었음을 보여 준다.

동일한 양상이 진정 처리에서도 관찰된다. 진정건수는 제4대 의회의 경우 451건에 이르렀지만 이후 의회기가 축적될수록 급격히 줄어들었고, 그 결과 제9대 의회의 경우는 83건으로 제4대 의회의 18.4%에 불과한 수치를 보여 준다.

청원 및 진정건수의 이런 급감 현상은, 민주화 이후 새로이 성립된 의회에 대한 주민의 기대가 높았지만, 지방의회의 역사가 축적될수록 의회의 대표 기능에 대한, 또는 의회의 문제 해결 능력에 대한 지역민들의 기대가 약화되고 있음을 보여 주는 것으로 해석될 수 있을 것이다.

4. 전남도의회 활동 사례 분석: F1 대회 동의안 처리 과정

지금까지는 주로 집합 자료상의 수치를 통해 전남도의회 활동을 살펴보았다. 이는 장기간에 걸친 의회의 활동을 여러 영역에 걸쳐 총체적으로 파악할 수 있다는 장점이 있지만, 숫자 이면에 있는 구체적 활동 내용을 들여다볼 수 없다는 한계가 있다. 이런 문제를 보완하기 위해서는 사례연구가 필요하다. 여기에서는 제8대 의회에서 다룬 주요 의제의 하나라고 할 수 있는 F1 대회 유치 동의안 처리 과정을 살펴보고자 한다.

우리나라 지방자치는 '강단체장 약의회' 구조라 할 수 있다. 이런 구조 하에서 자치단체장들이, 재정 여건이나 사업 타당성 등에 대한 충분한 검토도 없이 무리하게 거대 사업 프로젝트를 추진함으로써 지방자치단체에 엄청난 재정 부담을 남기는 사례가 속출하고 있다. 전남도의 경우 F1 대회가 대표적 예가 될 것이다. F1 사업은 박준영 지사 시절 'J프로젝트'의 핵심 사업으로 유치가 결정되어 2010년부터 4년간 'F1코리아그랑프리'가 영암에서 개최되었지만, 결국 6,000억에 달하는 누적 적자를 남긴 채 2014년 후임 지사에 의해 사실상 중단되기에 이르렀고(『경향신문』 2014/07/01), 시민 단체에 의해 대표적인 예산 낭비 사례로 비판받고 있다.

물론 사후적 관점에서 사업 내용의 문제점을 지적하는 것은 불필요할 뿐만 아니라 부적절한 일이 될 것이다. 하지만 여기에서 우리가 살펴보아야 할 것은, 전남도의회가 자치단체장이 추진하는 거대 프로젝트 사업의 동의안을 처리하는 과정에서 의안을 제대로 심의했는지, 이를 통해서 자치단체장에 대한 견제 기능을 제대로 수행했는지의 여부이다.

전남도가 F1대회 유치를 결정한 것은 2005년 4월 말이었고, F1대회

표 20 | F1 대회 유치 동의안 처리 과정

2005.5.20. 전남도, F1 측 한국 측 사업자인 MBH, 전남도의회에서 설명회:
        도의회에서 의장단 및 상임위원장 참석

2005.10.13~17. 김철신 의장, 이종헌 송대수 위원장, 차용우, 최영호, 김한종
        의원, 중국 상해(2005년 F1 개최지) 시찰

2006.1.5. 이완식 의원, 'F1 대회 타당성 조사 용역 보고회' 참석

2006.1.20. 기획재정위, 경제건설위 위원장 및 위원, 'F1 대회 사전 타당성 조
        사 용역 결과 도의회 설명회' 참석

2006.2.14. 도지사, 유치 동의안 의회 제출

2006.2.15. 유치 동의안 건설위에 회부

2006.2.21. 권염택 의원, 'F1 국제 자동차 경주 대회 사전 타당성 조사' 용역
        최종 보고회 참석

2006.2.23. 경제건설위원회, 유치 동의안 심의

2006.2.27. 경제건설위원회, 유치 동의안 원안 가결

2006.2.27. 본회의, F1 유치 동의안 가결

유치 동의안을 의회에 정식으로 제출한 것은 2006년 2월 14일이었다. 〈표 20〉에서 보듯이, 동의안이 의회에 제출되기 이전에, 도의회가 이 안건과 관련해 취한 조치는 도청이 주최하는 사업 설명회 및 조사 용역 결과 보고회에 관련 상임위원장이나 위원들 몇몇이 참석한 것, 그리고 도의원들의 해외 시찰(F1대회 개최지 상해)이 전부였다.

동의안이 전남도 의회에 제출된 2월 14일부터 최종 통과된 2월 27일까지의 기간 동안 전남도 의회가 이 안건을 다룬 회수는 상임위 회의 2회, 본회의 1회에 불과했다. 도의회 심의 과정에서 사업의 타당성이나 문제점을 자체적으로 분석하거나, 이를 위해 전문가나 시민들이 참석하는 공청회를 개최하는 등의 시도는 전혀 찾아볼 수 없다. 한마디로 너무나 수동적이고 소극적인 태도였을 뿐 아니라 졸속 심의라고 하지 않을 수 없다.

안건을 다룬 상임위에서는, 아래에서 보듯이, 집행부의 급박한 동의 요구로 인한 심의 시간 부족 등의 문제가 지적되었고, 충분한 검토나 주민 여론 수렴을 위해 전문가 토론회나 공청회 등을 개최해야 한다는 주장이 제기되었다.

…… 이것이 일찍부터 추진해 왔다고 하는데 우리 위원들이 이해하기에는 상당히 짧은 시간이었습니다. 앞으로는 좀 더 집행부와 의회가 사업 문제들에 대해서는 좀 더 유대감을 갖고 진지한 논의를 해주시고 또한 좀 더 세밀한 검토가 있어야 된다고 생각을 합니다……(이완식 의원, 제212회 임시회 경제건설위원회회의록 제2호, 2006년 2월 27일)

…… 이 사업을 무리하게 추진함으로써 전남 재정의 위기를 초래할 가능성이 많기 때문에 충분한 타당성 분석을 더 해야 돼요. 그리고 전문가 토론회도 거치고 그 다음에 공청회를 거쳐 가지고 도민과 합의를 이끌어 내야 합니다 …… (서대석 의원. 제212회 임시회 경제건설위원회회의록 제1호. 2006년 2월 23일)

특히 안건을 최종 처리한 본회의에서는, 도청에서 주도한 타당성 조사 용역 보고서조차 의원들에게 제대로 제공되지 않은 것에 대해 항의하는 발언이 나오기도 했다.

…… 허허벌판에 J프로젝트를 기반 시설도 만들어 놓지 않은 상태에서 F1을 할 수 있는가? 아니면 F1을 개최하는 2010년도에 어느 정도의 기반 시설과 또한 전라남도가 거기에서 얻어지는 이익은 어느 정도 되는 것인지? 그런 것에 대해서 전혀 알 수 없는 현 상황에서 상임위에서 충분히 검토했

으니까 의결을 해달라, 물론 그 말씀도 맞습니다. 그러나 다시 말씀을 드립니다마는 본 의원이 용역 결과물을 보고자 했지만 보여 주지 않습니다. 담당 과장께서 전화하신 것은 이 F1 계약의 속성상 대외비로 이루어지니까 이것은 좀 곤란합니다, 그런 얘기입니다. 그러면 대외비니까 상임위에 알려줄 만한 것은 알려 주면서 왜 다른 의원들에게는 알려주지 않냐, 이 말입니다, 알고자 함에도 불구하고 …… (김창남 의원. 제212회 임시회 전라남도의회본회의회의록 제3호. 2006년 2월 27일)

결국 심의 기간이 촉박한 가운데 의원들조차 자료 접근이 불가능했을 정도의 비밀주의 속에서 졸속 심의가 이루어지고, 이에 대한 항의가 있었지만 밀어붙이기 식으로 강행 처리되는 도의회 의결 과정의 문제점이 회의록 속에 적나라하게 드러나고 있다. 한 의원은 이런 졸속 심의가 초래할 결과에 대해, 마치 예견이나 하듯이, 다음과 같이 지적하고 있다.

…… 우리 전남 지사들께서 역점 사업으로 펼쳐 오신 사업들이 지금까지 어느 하나 내놓을 만한 것이 없다는 것이 오늘의 현실입니다. 정말 그때그때 우리 도민들이 그리고 특히 도의회에서 이러이런 문제점들은 좀 더 파악해 보고 사업을 해야 된다면 해야 되지 않겠느냐고 얘기했을 때 또 문제점을 제시를 했을 때 우리 관계 국장들께서 또 실장들께서는 전남 지사의 그런 사업 의지와 곁들여서 직을 걸고 이것은 성공시키겠습니다, 정말 우리 전남도에서는 이 사업이야말로 정말 필요한 사업이라고 누구이 강조해 왔던 사업들이 거의 실패로 돌아갔고 투자된 돈은 고하간에 오히려 지금 있는 사업들이 애가슴으로 굴러다니는 이러지도 저러지도 못하는 현장의 사업들이 많이 있습니다 …… (김종철 의원. 제212회 임시회 경제건설위원회회의록 제1호. 2006년 2월 23일)

5. 결론

이 글에서는 20여 년에 걸친 전남도의회의 의정 활동을 역대 전남도 의회 간의 비교, 다른 광역 의회와의 비교, 그리고 사례연구 등을 통해 살펴보았다.

먼저 전남도 의회를 역대 의회별로 비교해 본 결과, 의회의 역사가 축적됨에 따라 여러 부문에서 점차 발전하는 긍정적 양상이 확인되었다. 가장 주목되는 것은 의회의 안건 처리 실적의 급증이다. 의원의 조례안 발의 실적을 볼 때, 제8대, 9대 의회에서 급증하고 있고 그 결과 제9대 의회에 이르러서는 의원 발의 조례안(의원회안 포함)이 전체 조례안의 58.8%를 점하게 되어 집행부 제출 조례안을 능가하게 되었다. 수치상으로만 볼 때에는 조례 제정의 주도권이 의회로 넘어왔다는 해석도 가능할 것이다. 결의안 역시 제9대 의회에서 급증했다. 이런 지표는 의회의 정책 산출 능력의 증가와 함께 지방자치단체 운영에 있어 의회의 주도성이 증가하고 있음을 보여 주는 지표로 해석된다.

하지만 여전히 개선되지 않는 부정적인 양상도 확인된다. 집행부 견제 기능이 대표적이다. 집행부 제출 조례안에 대한 수정 비율, 예산안 수정 비율 등을 볼 때 과거 의회와 크게 다르지 않거나 어떤 면에서는 후퇴한 듯한 양상도 확인된다. 이 두 항목에서는 제6대와 7대 의회가 가장 높은 수치를 기록했고, 제8대와 제9대 의회에 와서 다시 낮아짐을 볼 수 있다. 집행부 견제 기능에서 제8대와 제9대 의회는 제6대와 7대 의회에 비해 오히려 후퇴하는 양상을 보여 준 것이다. 제8대와 9대 의회에 와서 의회의 정책 산출(특히 조례) 능력이나 양적 측면에서의 입법 주도권은 강화되었지만, 집행부 견제 기능은 오히려 약화된 모순적인 양상을 보여 준 것이다.

역대 의회를 비교할 때, 또 하나 주목되는 부정적 양상은 청원 및 진정건수의 급감이다. 청원 및 진정건수는 관선 자치단체장 시절인 제4대 의회가 최고를 기록한 이후로 지속적으로 감소하는 양상을 보이고 있다. 이는 도의회의 주민 대표 기능이나 문제 해결 능력에 대한 주민들의 기대가 급감함을 보여 주는 지표로 해석될 수 있어 심히 우려되는 양상이 아닐 수 없다.

전남도의회를 다른 광역 의회와 비교해 본 결과, 전남도 의회의 특징이 보다 선명히 드러나고 있다. 먼저 주목되는 것은 전체 조례안 중에서 의원 발의 조례안이 차지하는 비중이 상대적으로 높은 수치를 보인다는 점이다. 적어도 양적인 면에서의 입법 주도권에서 전남도의회는 상대적으로 높은 평가를 받을 수 있을 듯하다. 하지만 이와 조화되지 않는 부정적 양상도 확인된다. 조례안 수정 가결률, 단체장 제출 조례안 수정률, 예결산안 수정률 등에서 다른 광역 의회에 비해 거의 최하위의 실적을 보인다는 점이다. 이는 집행부에 대한 견제력의 취약성을 보여 주는 지표라 할 수 있다. 입법 기능이나 양적인 면의 입법 주도권은 높지만 집행부 견제력은 낮은, 상반되는 이런 두 양상은 의회와 집행부가 협력적 관계 속에서 자신의 기능을 최대한 발휘하는 것으로 긍정적으로 평가할 수도 있겠지만, 지방의회가 정책 능력은 제고시켰지만 다른 측면에서 의회의 가장 중요한 기능이라 할 집행부 견제 기능은 여전히 취약하다는 것으로 해석하는 것이 보다 타당할 듯하다.

집행부 견제 기능의 취약성은 F1 대회 유치 동의안 처리 과정에서 뚜렷이 확인할 수 있었다. 지방자치단체에 엄청난 재정 부담을 안겨 줄 거대 프로젝트에 대한 동의안을 처리하는 과정에서 충실한 심의를 통한 집행부 견제 기능이나 지역 주민의 의사를 수렴하는 대표 기능 등 어느 것도 제대로 수행하지 못했던 것이다.

결론적으로 앞에서 제시한 지방의회의 3가지 기능—입법 의결 기능, 집행부 통제 기능, 주민 대표 기능—을 살펴볼 때, 전남도의회는 상충되는 측면을 동시에 보여 준다. 입법 의결 기능 면에서는, 의원 제출안의 증가나 결의안 증가 등에서 나타나듯이, 기능 강화나 의회의 주도권 강화 양상이 확인된다. 정책 능력 혹은 산출 능력 면에서 발전하고 있다고 해석할 수 있을 것이다. 하지만 집행부 통제 기능이나 주민 대표 기능은 오히려 후퇴하고 있다고 보인다. 집행부 제출 조례안 및 예산안에 대한 수정 비율을 볼 때, 집행부 통제 기능은 제8대와 9개 의회가 제6,7대 의회에 비해 떨어지는 것으로 나타났고, 다른 광역 의회와 비교할 때에도 전남도 의회의 집행부 견제 기능은 취약한 것으로 확인되기 때문이다. 또한 주민 대표 기능 역시, 청원 및 진정건수를 기준으로 할 때, 지속적으로 후퇴하는 양상이 확인되었다.

이 연구는 전남도 의회의 특징이나 문제점을 역대 의회 간의 비교 및 다른 광역 의회와의 비교를 통해 확인하는 데 일차적 목적이 있었다. 왜 그런 문제가 나타나는지, 그 원인은 무엇이며 개선 방안은 무엇인지 등에 대한 연구로까지 나아가지 못한 점에서 한계를 지닌다고 할 수 있다. 이런 한계를 보완하기 위한 대안으로서 본고는 기존의 연구 성과를 활용하여 문제의 대략적 원인과 해결책의 기본적 방향을 제시하고자 한다.

전남도의회가 당면한 여러 문제는 상당 부분 한국의 지방의회가 공동으로 처한 문제들이라 할 수 있으며, 이에 대해서는 상당한 연구가 축적되어 왔다. 기존 연구를 참고할 경우, 전남도 의회의 문제를 극복하기 위해서는 대체로 두 가지 범주의 대안을 제시할 수 있다.

첫째는 지방의회의 문제를 주로 정책 능력, 산출 능력의 부족이라는 측면에서 파악하고, 개선 방안 역시 여기에 초점을 두는 것이다. 먼저,

지방의회 의원의 전문성을 제고하는 방안으로서 비례대표제 확대, 의원 교육 프로그램 강화, 상임위원회 체재율 제고 등이 제시되고 있다. 또한 의원에 대한 정책적 지원 체제를 강화하는 방안으로서 전문위원실 보강, 의원 입법 보좌관제 도입, 의회 정책조사기관 신설, 의회사무처 인사권 독립 등도 제시되고 있다(성태규 2006; 조순제 2012, 27-28; 전라남도의회 2013, 886-908; 경상북도의회 2012, 1431-1434).

의회의 입법 기능이나 집행부 견제 기능 등은 모두 정책 능력이 뒷받침되어야 가능하기 때문에, 이런 전문성 제고 방안들에 대해서는 적극적인 검토와 도입이 필요하다고 할 수 있다. 하지만 지방의회가 지방자치와 관련해 의회에 부여된 본연의 기능을 제대로 수행할 수 있도록 하기 위해서는 이런 기술적 차원의 대안으로는 한계가 있다고 보인다. 전남도 의회에서 보았듯이 의회의 역사가 축적되면서 정책 능력이나 입법 능력 면에서는 상당한 발전이 있었지만, 집행부 견제 기능이나 대표 기능은 오히려 후퇴하는 모습을 보이기 때문이다. 이런 문제는 전문성 차원의 문제가 아닌, 정치적 의지의 문제이며 그것을 가능케 하는 정치 구조의 문제라고 할 수 있다.

의회의 기능 강화를 위한 두 번째 방안은 바로 이 점에 초점은 둔다. 구체적으로는 우리나라 지방자치단체들이 공통적으로 처해 있는 지역 패권 정당의 '일당 지배 구조'를 어떻게 극복할 것인가의 문제이다. 지방자치를 주창하는 입장에서는, 지방자치를 실시할 경우 정치권력의 책임성과 반응성이 제고되는 효과가 나타난다고 주장한다. 지방정부는 중앙정부에 비해 주민 생활에 보다 근접해 있기에 보다 신속하고 효율적으로 주민의 요구에 반응할 수 있다는 것이다. 또한 지역 주민들 역시 자신의 생활과 보다 직결된 문제들을 다루는 지방정부에 대해 중앙정부보다 더 관심을 가지고 감시하고 참여할 것이며, 이로 인해 자치단체장이나 지방의원들의 책임성도 높아질 것이라고 주장한다.

그렇다면 한국에서 과연 지방자치단체는 높은 책임성과 반응성을 보여 주고 있는가. 그렇지 못한 것이 현실이며, 그 일차적 원인은 바로 지역 차원의 일당 지배 구조에 있다. 현대의 대의 민주주의 체제에서 정치권력의 책임성과 반응성은 두 가지 메커니즘 — 수평적 책임성과 수직적 책임성 — 을 통해 확보된다. 먼저, 수평적 책임성은 '의회 vs 행정부' 간의 분립과 견제를 통해 작동한다. 하지만 한국의 지역 정당 체제하에서는 지역 패권 정당이 단체장과 의회를 모두 장악하기에 수평적 책임성이 실현되기 어렵다.

다른 한편 수직적 책임성이란 선거를 통한 권력 교체를 통해 유권자가 직접 정치권력에 대해 책임을 묻는 것을 말한다. 하지만 한국의 지역 패권 정당 체제 하에서 단체장이나 의회 모두를 지역 패권 정당이 장기간에 걸쳐 장악하고 있기에 권력 교체의 가능성이 희박한 것이 현실이다. 결국 한국의 지방자치가 처한 지역 패권 정당의 권력 독점 체제는 지방자치단체의 정치적 책임성이나 반응성이 실현되기 어려운 정치 구조를 만들어 내고 있는 것이다.

전남도 의회에서 우리가 확인한 집행부 견제 기능과 대표 기능의 취약함은 기본적으로 이런 정치 구조의 산물이라 할 수 있다. 지방의회의 기능과 지방자치단체 수준에서의 정당 경쟁 구도 간의 관계를 비교 분석한 연구에 의하면, 정당 경쟁이 치열한 광역 의회에서 입법 활동과 집행기관 견제 활동이 활발한 반면, 지역 독점적 정당 구조를 가지고 있는 광역 의회의 경우 그 활동이 저조한 것으로 나타나고 있다(조성대 2003). 전남도의회는 후자의 대표적인 사례로 보인다. 단체장 소속 정당과 동일한 정당이 지방의회를 거의 독점적으로 장악하고 있는 상황에서 단체장에 대한 의회의 견제가 제대로 실현되기는 현실적으로 어려운 것이

다. 또한 사실상 동일한 단일 정당이 20여 년 넘게 의회를 장악해 오는
상황에서는, 다가오는 선거에서의 유권자 심판을 두려워하여 의원들이
적극적으로 유권자의 의사를 수렴하여 대표하려는 제도적 유인 요인이
형성되지 못하는 것이다.

그 결과 지방자치 차원에서 단체장과 의회는, 누가 더 시민의 의사를
잘 수렴하고 대표하는가를 두고 상호 경쟁하고 견제하는 관계가 아니
라, 동일한 정치 집단에 속한 동질적 엘리트들이 유권자 의사를 무시하
면서 자신들의 기득권을 지키는 지역 엘리트 유착 구조를 형성할 개연
성이 농후해지게 된다. 한국의 지방자치를 비판하는 '토호 정치'는 바로
이를 가리키는 말이 아닐 수 없다. 또한 최근 들어서 지역 차원에서 나
타나는, 자치단체장과 지방의회 및 지역 업계 간의 이익 유착 구조(iron
triangle)는 이런 위험성이 현실화된 것에 다름 아니다.

그렇다면 이런 문제점을 극복할 대안은 무언인가. 그것은 무엇보다
특정 정당이 단체장과 의회 모두를 장기적으로 장악해 오는 지역 차원
의 일당 독점 구조를 어떻게 깰 것인가의 문제에 다름 아니다. 그 구체
적인 대안으로는, 지방 차원의 권력 교체나 권력간 견제와 균형을 확보
하기 위해 지역 정당(local party)을 허용함으로써 지역 차원의 정당 경
쟁 구도를 만드는 방안, 지역 패권 정당의 독점 구조를 깨기 위해 시민
단체의 공직 선거 참여 제한을 완화하거나 허용하는 방안 등이 제시되
고 있다. 또한 지방의회에 비례대표제를 전면적으로 확대하여 소수 정
당의 지방의회 진출을 용이하게 하자는 대안도 제시된다. 나아가 동시
지방선거를 지양하여 지방선거가 중앙 정치에 예속되는 상황을 방지하
자는 대안 등도 제시되고 있다(강원택 2014; 가상준 2014; 이용마 2014).

다른 한편, 정치 제도적·구조적 측면에 주목하는 이런 대안들은 근본
적 대안이기는 하지만 중단기적 시야에서 볼 때 당장 실현되기 어렵다

는 문제점이 존재한다. 기존의 지역 패권 정당들이 자신의 기득권에 반하는 제도 개혁을 수용하여 법제화할 것인지도 의문이다. 이런 점을 고려할 때, 당면한 단기적 처방으로 지역 시민사회의 적극적 역할이 필요하다. 우선은 시민 단체들에 의한 권력 감시 운동을 들 수 있다. 권력에 대한 견제와 감시는 '권력간 상호 감시'를 통해 확보하는 것이 기본이지만, 구조적 여건이 확보되지 못한 상황에서 시민 단체의 대안적 역할이 필요한 것이다. 지역의 시민 단체들이 지방의회에 대한 의정 감시 활동을 통해 지방의회가 집행부에 대한 견제와 감시 기능을 제대로 수행하도록 견인하는 동시에, 지역 차원의 삼자(지역 업계, 단체장, 지방의회) 유착 구조에 대해 감시의 끈을 놓지 않아야 할 것이다. 두 번째는 주민 참여 제도의 적극적 활용이다. 현재 확보된 가장 중요한 주민 참여 통로인 주민 참여 예산 제도는 물론이고 직접민주주의 장치로서 도입된 주민 소환, 주민 발의, 주민 투표 제도 등을 보다 적극적으로 활용할 필요가 있다. 마지막으로는 지역 시민사회를 조직할 필요성이다. 지방자치의 성공은 궁극적으로 시민 참여에 관건이 달려 있다고 할 수 있는데, 지역 시민의 정치 참여에 영향을 미치는 가장 중요한 변수는 지역사회의 조직화 정도이다. 주민들이 다양한 공적·사적 집단이나 공식·비공식 집단으로 조직화되어 있을 경우, 주민 참여는 보다 활성화되는 것으로 나타난다(전용주 2014). 이를 위한 지역 시민사회의 보다 적극적인 노력이 필요할 것이다.

| 참고문헌 |

〈1차 자료〉

강원도의회. 1997. 『의정백서』. 제4대 전반기.
_____. 1998. 『의정백서』. 제4대 후반기.
_____. 2004. 『의정백서』 제6대 전반기.
_____. 2006. 『의정백서』 제6대 후반기.
_____. 2008. 『의정백서』; 제7대 전반기.
_____. 2010. 『의정백서』; 제7대 후반기.
경기도의회. 1992. 『의정백서』제1집.
_____. 1993. 『의정백서』제2집.
_____. 1994. 『의정백서』제3집.
_____. 1995. 『의정백서』제4집.
_____. 1996. 『의정백서』제5집.
_____. 1997. 『의정백서』제6집.
_____. 1998. 『의정백서』제7집.
_____. 2001. 『의정백서』제5대.
_____. 2006. 『의정백서』제6대.
_____. 2010. 『의정백서』제7대.
경상북도의회. 2012. 『경상북도의회사 1952-2011』.
광주광역시의회. 1996. 『의정백서』제1대.
_____. 2010. 『의정백서』제5대.
_____. 2011. 『광주광역시의회 20년사』.
내무부. 1996. 『지방의회 백서』. 1996.
대구광역시의회. 1995. 『의정백서』제1대.
_____. 1998. 『의정백서』제2대.
_____. 2002. 『의정백서』제3대.
_____. 2006. 『의정백서』제4대.
_____. 2010. 『의정백서』제5대.
대전광역시의회. 1999. 『의정백서』 제2대.

_____. 2012.『대전의정 20년사』

부산광역시의회. 2013.『부산의정 20년사』.

서울특별시의회. 1995.『의정백서』제3대.

_____. 1998.『의정백서』제4대.

_____. 2002.『의정백서』제5대.

_____. 2006.『의정백서』제6대.

_____. 2010.『의정백서』제7대.

전라남도의회 홈페이지 의안통계(http://www.jnassembly.go.kr.8080/assem/)

전라남도의회 홈페이지 회의록 (http://www.jnassembly.go.kr:8080/assem/)

전라남도의회. 1995.『도민과 함께 한 제4대 의정4년』

_____. 1996.『도민과 함께 한 제5대 의정』

_____. 1998.『도민과 함께 한 의정 제5대 후반기』

_____. 2002.「의정활동결과보고」제173회 임시회(2002.6.27-6.28)

_____. 2006a.「의정활동결과보고」제215회 임시회(2006.6.20)

_____. 2006b.『도민과 함께 한 의정 제7대 후반기』

_____. 2008.『도민과 함께 한 의정 제8대 전반기』

_____. 2010a.「의정활동결과보고」제250회 임시회(2010.6.22)

_____. 2010b.『도민과 함께 한 의정 제8대 후반기』

_____. 2012.『도민과 함께 한 의정 제9대 전반기』

_____. 2013.『전라남도의회 60년사』

_____. 2014.「의정활동결과보고」제286회 임시회(2014.6.18)

전라북도의회. 1996.『의정백서』제4대.

_____. 1999.『의정백서』제5대.

_____. 2003.『의정백서』제6대.

_____. 2006.『의정백서』제7대.

_____. 2010.『의정백서』제8대.

충청남도의회. 2013.『충청남도 의회60년사』.

충청북도의회. 2012.『충청북도 의정60년사』.

행정안전부. 2011.『지방의회 백서』.

행정자치부. 1999.『지방의회 백서』.

〈2차 자료〉

가상준. 2014. "지방자치단체장의 정치적 책임, 어떻게 물어야 하나?". in 강원택 편. 2014.
강원택 편. 2014.『한국지방자치의 현실과 개혁과제』. 사회평론아카데미.
강원택. 2014. "지방자치를 보는 새로운 시각". in 강원택 편. 2014.
강인호·백형배·이계만·김창남. 2010. "광주광역시의회의 의정활동 평가".『한국지방
　　자치학회보』. 22권 3호.
권영주. 2009. "지방의회 의정활동의 시계열적 평가".『한국지방자치학회보』. 21권 3호.
김병준. 1998.『한국지방자치론』. 법문사.
박인수. "지방의회의 단체장 견제 강화방안.『지방자치법연구』. 7권 2호.
박재용. 2012. "지방의회 정당구성형태가 입법활동에 미치는 영향 연구".『한국지방자
　　치학회보』. 24권 1호.
박찬표. 2015. "한국의 정치과제와 민주주의의 미래 - 지방자치와 지역민주주의, '민
　　주주의의 사회적 기초'를 중심으로".『아시아문화』. 제20호.
성태규. 2006. "광역지방의회의 활동실태 및 발전방안".『한국정당학회보』. 5권 1호.
송광태. 2012. "광역지방의회의 입법기능 실태분석".『한국지방자치학회보』. 24권 2호.
알레시나·글레이저.『복지국가의 정치학』. 전용범 옮김. 2002. 생각의 힘.
이용마. 2014. "주민대표성을 제고하기 위한 지방의회 구성의 다양화". in 강원택 편.
　　2014.
이정훈·김진윤. 2010. "지방의회 의정기능의 실태와 활성화 방안".『대한정치학회보』.
　　17집 3호.
전용주. 2014. "주민참여자치: 제도적 분권, 시민참여 그리고 대안". in 강원택 편. 2014.
정명은·이종수. "지방정부의 정당구도가 지방의회 의정활동에 미치는 영향".『한국도
　　시행정학보』. 21집 1호.
조성대. 2003. "지방선거와 정당참여: 정당경쟁과 광역의회의 활동".『21세기 정치학
　　회보』. 13집 1호.
조순제. 2012. "지방의회의 기능발휘 실태와 개선방안".『대한정치학회보』. 19집 3호.
차재권·김영일. 2011. "지방의회 의정활동 평가 성과와 한계: 부산광역시의회를 중심
　　으로".『21세기정치학회보』. 21집 3호.
헬드, 데이비드. 2010.『민주주의의 모델들』. 박찬표 옮김. 후마니타스.

Tocqueville, A. 1990. *Democracy in America* Vol. 1. New York: A division of
　　random house, inc.

| 3장 |

전남의 장기 성장과
소득의 역외 유출

장시복

1. 서론

전라남도의 경제는 낙후한 상태에 머무르고 있다. 2012년 전라남도
의 명목 지역내총생산(nominal Gross Regional Domestic Product: nomi-
nal GRDP)은 64조 5,870억 원이었으며 이는 16개 시도 가운데 일곱 번
째로 높은 수치다. 2012년 지역내총생산의 지역별 비중을 보면, 서울특
별시 22.6퍼센트, 경기도 19.5퍼센트, 충청남도 7/0퍼센트, 경상남도

● 이 논문은 2014년 4월 한국정치학회와 목포대학교 지방자치연구소 등이 공동 개최한 춘
계 특별학술회의의 〈지방정치와 지방자치〉패널에서 발표한 "지방자치 시대 전남경제의
장기 성장"을 수정·보완한 것이다.

6.9퍼센트, 경상북도 6.5퍼센트, 울산광역시 5.5퍼센트를 차지했고 전라남도는 5.1퍼센트로 7위를 기록한 것이다(통계청 경제통계국 2013).

그러나 전국적으로 보면 생산은 서울특별시와 경기도, 그리고 충청남도의 수도권 지역과 경상북도, 경상남도, 울산광역시의 동남권 지역에 집중되어 있다. 따라서 지역내총생산의 순위만 본다면 전라남도의 지역내총생산은 전국의 평균 이상을 차지하고 있지만, 높은 순위와는 달리 지역내총생산의 비중은 매우 낮으며 서울, 경기 충청남도의 지역 간 산업 집중과 밀접한 생산 연관과 달리 다른 지역과의 연관성이 높지 않다.

게다가 생산의 측면이 아니라 소득의 측면에서 보면 전라남도의 경제 상황은 더 열악한 모습을 띤다. 예를 들어, 2012년 전라남도의 지역내총생산 대비 지역민 총소득의 비중은 58퍼센트로 전국 16개 시도 가운데 15위를 기록했다. 이 비중이 낮은 것은 전라남도에서 생산된 가치가 지역 내 소득으로 환류하지 못하고 타 지역 시도로 유출되어 소득의 측면에서 전라남도가 경제적으로 더 어려운 상황에 놓여 있음을 보여준다.

그런데 전라남도에서 나타나는 이런 생산과 소득의 괴리는 전라남도의 경제성장에 커다란 장애요인으로 기능하고 있다. 이른바 '소득의 역외 유출'로 전라남도 지역 내에서 생산된 부가가치가 지역의 소득으로 연결되지 못하고 타 지역의 시도로 빠져나감에 따라 생산과 소득, 소비와 저축의 불균형이 심화되고 경제의 나선형적 선순환을 가로 막고 있는 것이다.

이와 관련해서 이 논문은 전라남도 경제의 낙후성의 원인 가운데 하나라고 할 수 있는 소득의 역외 유출 문제를 분석하고 그 원인과 특징을 해명하려 한다. 우선 이 논문은 전라남도의 장기 경제성장의 특징을 분석한다. 이 분석을 통해 전라남도 경제의 성장에서 나타나는 저성장의 문제, 산업구조의 서비스화와 제조업의 정체 문제, 전라남도 내 지역 간 불균형의 문제를 파악하려 한다. 그리고 나서 이 논문은 전라남도의 저성장 문제를 소득의 역외 유출이라는 관점에서 파악하고, 전라남도의 소득의 역외 유출의 실태와 원인, 그리고 저성장과의 상관관계를 분석하려 한다.

마지막으로 이 논문은 전라남도에서 발생한 소득의 역외 유출을 최소화하기 위한 정책 방안을 제시하려 한다. 전라남도의 경제성장을 가속화하기 위해서는 생산 자체의 확대를 위한 대책과 함께, 창출된 부가가치가 지역 내에서 환류될 수 있는 방안도 중요하다. 이와 관련해서 이 논문은 소득의 역외 유출과 관련한 몇 가지 정책적 제안을 할 것이다.

2. 전라남도의 장기 생산과 그 특징

전라남도의 지역내총생산은 양적으로 꾸준히 증가해 왔다. 2005년 기준의 실질지역내총생산을 보면 전라남도의 실질지역내총생산은 1998년 34조 3,210억 원, 2000년 37조 2,539억 원, 2005년 42조 8,157억 원, 2010년 51조 3,026억 원, 그리고 2012년 53조 388억 원으로 증가했다(통계청 경제통계국 2013).

그런데 전라남도의 지역내총생산 규모의 양적인 증가에도 불구하고 〈그림 1〉에서 알 수 있듯이 전라남도의 경제가 순환적으로 변동을 거듭하면서, 점차 성장이 둔화되고 있다. 1986년 전라남도의 경제성장률은 12.3퍼센트를 기록했다. 1990년대 들어 경제성장률은 높아서 1990년

그림 1 | 1986년 이후 전라남도의 경제성장률

출처: 통계청, 『지역소득』, 각 권호.

7.7퍼센트, 1995년 7.4퍼센트를 기록했다. 1990년대만 본다면, 전라남도의 평균 경제성장률은 5.9퍼센트(전국 평균 6퍼센트)로 상당히 높은 수준을 달성했다.

그러나 2000년대 들어 전라남도의 경제성장률은 점차 하락하기 시작해서 2000년 4.2퍼센트에서 2005년 1.5퍼센트, 2012년 2.5퍼센트를 기록했다. 2000년대 전라남도의 평균 경제성장률은 3.3퍼센트(전국 평균 4.5퍼센트)를 기록했는데, 이 수치는 1990년대의 평균 경제성장률과 비교해 볼 때, 낮았다. 따라서 2000년대에 들어서서 전라남도의 경제성장은 경기순환의 효과를 제거한 추세라는 측면에서 저성장 체제로 진입했다고 평가할 수 있을 것이다.

다른 한편 전라남도의 장기 경제성장과 함께, 산업구조의 변동도 고려해 볼 필요가 있다. 다시 말해 경제성장과 함께, 농업, 제조업, 서비스업의 발전 정도가 서로 상이하게 나타날 것이며 이들 각 부문이 차지하는 비중에서 어떤 유의미한 변화를 확인할 수 있는지를 평가해 볼 필요가 있는 것이다.

이와 관련해 2003년과 2011년의 전라남도 산업구조의 변화를 살펴보자. 2003년 전라남도의 산업구조를 보면 농림·어업·광업이 전체 산업에서 차지하는 비중은 11.5퍼센트였고 제조업은 37.0퍼센트, 서비스업은 51.5퍼센트를 차지했다. 그런데 이런 산업구조의 모습은 2011년에도 큰 변화를 겪지 않았다. 다시 말해 2011년 전라남도의 산업구조를 보면 농림어업광업의 비중은 약간 떨어져 9.3퍼센트를 기록했지만, 제조업은 38퍼센트, 서비스업은 52.7퍼센트를 차지했다(김상호 2014).

이 수치를 보면 2000년대 이후 전라남도의 경제가 저성장 체제로 들어선 상황에서 산업구조도 큰 변화를 보이지 않고 있음을 확인할 수 있다. 다시 말해 전라남도의 산업구조는 농어업광업의 비중이 다른 시도에 비해 상대적으로 높고 제조업의 비중에 비해 서비스업의 비중이 매우 높으며 제조업의 비중도 2000년대 들어 크게 변화하지 않았다. 결국 산업구조의 측면에서 보면 제조업의 발전이 더딘 상황에서 전라남도의 경제성장의 모멘텀을 확보하지 못했다고 평가할 수 있을 것이다.

마지막으로 전라남도의 경제성장과 관련해 살펴봐야 할 것은 전라남도 지역 내의 불균형이 점차 심화되고 있다는 점이다.[1] 특히 목포를 중심으로 한 서남권 지역의 정체는 심각한 수준에 이르고 있는 실정이다. 전라남도 서남권 경제 규모는 2012년 11.9조 원으로 전라남도 전체의

---

[1] 이에 대한 더 자세한 분석은 정기영·박영환·김주영(2013)을 보라.

22.7퍼센트, 전국 시군의 2.1퍼센트, 국내총생산의 1.1퍼센트 수준밖에 안 되었다. 또한 전라남도 서부권의 경제성장률은 2.2퍼센트로 전국 시군 평균 4.5퍼센트의 절반에 그쳤을 뿐이며 전라남도 시군 평균 3.4퍼센트보다 낮았다. 그리고 전라남도 서남권의 지역 주민 1인당 생산액은 연평균 1,892만 원으로, 전라남도의 64.8퍼센트, 전국 시군 지역 1인당 국민총소득의 87.2퍼센트 수준에 미칠 뿐이었다(한국은행 2013).

산업구조의 측면에서도 전라남도 서남권은 제조업의 비중이 21퍼센트로 전라남도와 전국 시군의 평균 37퍼센트에 미치지 못했다. 반면 전라남도 서남권의 농림어업과 서비스업의 비중은 각각 15.2퍼센트와 52.6퍼센트로 전라남도 및 전국 시군에 비해 상대적으로 높은 비중을 차지했다. 특히 농림어업의 비중은 전라남도 평균 8.3퍼센트에 비해 두 배 수준이었으며 전국 시군에 비해 세 배가 넘는 것이었다.

지금까지의 분석을 종합해 보면, 전라남도의 경제는 점차 활력을 잃어 가고 있으며, 특히 2000년 이후에는 저성장 상태에 놓여 있다고 평가할 수 있을 것이다. 게다가 산업구조의 측면에서 제조업의 정체가 두드러지고 전라남도 지역 내의 지역 간 불균형이 심화되는 현상이 점차 구조화되는 경향을 띠면서 경제성장의 모멘텀을 확보하지 못하고 있는 실정이라고 할 수 있다.

3. 전라남도 소득의 역외 유출

그런데 2000년대 이후 전라남도의 저성장을 더욱 심화시키는 중요한 요인의 하나가 전라남도에서 발생한 소득의 역외 유출 문제다. 다시

그림 2 | 지역소득계정의 구성 요소

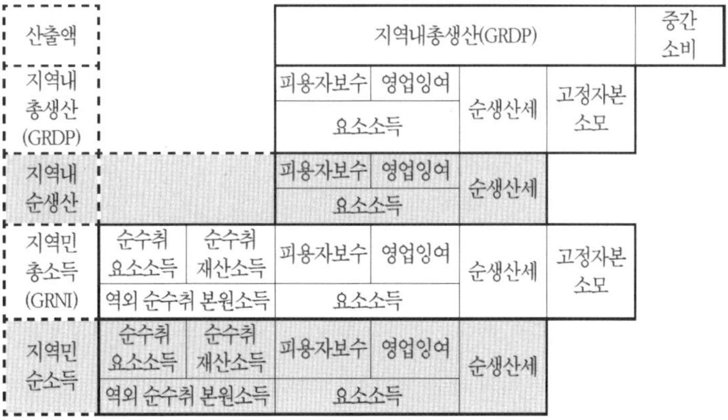

산출액	지역내총생산(GRDP)					중간소비
지역내총생산(GRDP)	피용자보수 / 요소소득	영업잉여		순생산세	고정자본소모	
지역내순생산	피용자보수 / 요소소득	영업잉여		순생산세		
지역민총소득(GRNI)	순수취요소소득 / 역외 순수취 본원소득	순수취재산소득	피용자보수 / 요소소득	영업잉여	순생산세	고정자본소모
지역민순소득	순수취요소소득 / 역외 순수취 본원소득	순수취재산소득	피용자보수 / 요소소득	영업잉여	순생산세	

출처: 정준호·김동수·변창욱(2012)에서 재인용.

말해 제조업의 정체와 서비스 중심의 산업구조, 전라남도 지역 내의 불균형이라는 구조적 문제와 함께, 생산된 부가가치가 타 지역의 시도로 빠져나가는 현상이 두드러지고 있으며 이로 인해 전라남도 경제성장의 선순환 고리가 점차 약화되고 성장을 저해하고 있는 것이다.

전라남도의 소득의 역외 유출을 분석하기 위해서는 '지역 계정'을 이해할 필요가 있다. 지역 계정은 한 나라의 국민 계정과 마찬가지로 유엔(UN)이 권고하는 국민 계정 체계(System of National Accounts: SNA)의 개념 및 체계에 따라 시도 단위의 생산·분배·지출 측면에서 각각 추계한 것이다.[2]

---

2) 통계청의 지역소득계정에서 생산 측면은 1985년부터, 지출 측면에서는 1995년부터, 분배 측면의 지역 소득은 2000년부터 공표되고 있다.

〈그림 2〉는 지역 계정의 지표를 생산·분배·지출 측면에서 어떻게 분류하는지를 보여 준다. 우선 생산과 산출의 측면에서 지역 계정은 지역내총생산(Gross Regional Domestic Product)으로 정의된다. 지역내총생산은 "일정 기간 동안에 일정 지역 내에서 새로이 창출된 최종생산물 가치의 합, 즉 부가가치의 합"이다. 이 정의에서 일정 기간은 보통 1년을 의미하며 일정 지역은 시도의 행정 단위를 뜻한다. 그리고 부가가치의 합은 최종생산물에서 중간재의 가치를 제외하고 실제로 새롭게 만들어진 가치의 합을 의미한다. 또한 지역내총생산은 피용자보수, 영업 이익, 순생산세와 고정자본 소모로 구성되는데, 이 구성에서 피용자보수와 영업 잉여는 요소 소득으로 불린다.

그런데 지역 경제는 개방 체제이기 때문에 국민경제에서 성립하는 생산·지출·분배의 3면 등가의 법칙이 적용되지 않는다. 왜냐하면 이는 지역 내에서 창출된 본원 소득이 발생지와 분배지의 차이로 인하여 지역 간에 소득이 이전되기 때문이다. 또한 지역에 배분된 소득이 지역 간 거래를 통해 타 지역에서 소비되기 때문에 3면 등가의 법칙이 성립하지는 않는다.

이 점에 착안하면 지역민총소득(Gross Regional National Income: GRNI)라는 개념을 이해할 수 있다. 이 개념은 "일정 지역 주민들에 의해 생산된 최종생산물의 합"으로 정의된다. 그리고 지역민총소득은 지역내총생산과 지역 외로부터 수취한 본원 소득에서 지역 외로 지급한 본원 소득을 제외한 값, 다시 말해 역외 순수취본원소득의 합과 같다. 이 관계를 수식으로 나타내면 다음과 같다.

GRNI(지역민총소득) = GRDP(지역내총생산) + 역외 순수취본원소득

그림 3 | 2012년 지역내총생산 대비 지역총소득의 비중

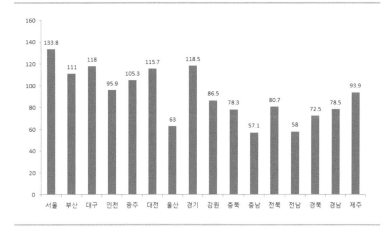

출처: 통계청. 『2012년 지역 소득』.

그런데 지역내총생산은 발생지 기준으로, 지역민총소득은 거주지 기준으로 편제되어 있기 때문에 지역내총생산과 지역민총소득은 역외 순수취본원소득의 크기만큼 차이가 나게 된다(통계청 2013). 이 관계를 수식으로 나타내면 다음과 같다.

역외 순수취본원소득 = GRNI(지역민총소득) - GRDP(지역내총생산)

우선 전라남도의 소득의 역외 유출을 타 지역과 비교하기 위해 전국 시도의 지역내총생산 대비 지역민소득의 비중을 구해 보자. 〈그림 3〉은 2012년을 기준으로 전국 시도의 지역내총생산 대비 지역총소득의 비중을 보여 주고 있다.

이 그림을 보면 서울특별시(133.8퍼센트), 경기도(118.5퍼센트), 대구광역시(118퍼센트), 부산광역시(111퍼센트), 광주광역시(105.3퍼센트) 등의

그림 4 | 2000년대 이후 전라남도의 순수취본원소득

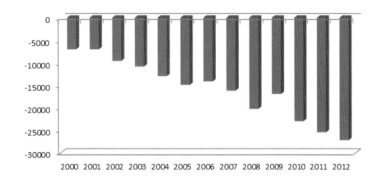

출처: 통계청. 『지역소득』. 각 권호.

대도시 권역에서는 지역민총소득이 지역내총생산보다 크다는 것을 알
수 있다. 이와는 달리 주요 도에서는 지역내총생산이 지역민총소득보다
높게 나타나고 있으며, 전라남도는 지역내총생산 대비 지역민총소득의
비중이 충청남도(57.1퍼센트)에 이어 15위(58퍼센트)를 기록하고 있다.[3]

지역내총생산 대비 지역민총소득의 비중을 전국 시도와 비교 분석해
볼 때, 전라남도의 소득의 역외 유출은 아주 심각한 상황임을 알 수 있
다. 다시 말해 전라남도는 지역 내에서 생산된 총가치에서 많은 부분이
지역 내에 머무르지 못하고 다른 시도로 빠져 나가고 있는 것이다.

그렇다면 이를 좀 더 구체적으로 이해하고 그 규모를 추정하기 위해

---

3) 이런 현상은 한국의 경제구조가 대도시권을 중심으로 편제되어 있음을 잘 보여 주는 것
   이다. 다시 말해 생산된 가치는 대도시권으로 흘러들어 가고 대도시권 인근 지역은 대도
   시권의 소득 창출에 종속되어 있는 구조를 가지고 있는 것이다.

서 순수취본원소득을 추계해 보자. 순수취본원소득은 순수취요소소득(피용자보수+영업잉여)과 순수취재산소득(이자·배당과 같은 금융소득+임대료와 같은 실물소득)의 합이다. 여기서 순수취요소소득은 생산 계정의 요소 소득과 분배계정의 요소 소득의 차이이고, 순수취재산소득은 원천재산소득과 사용 재산 소득의 차이다.

〈그림 4〉는 2000년 이후 전라남도의 순수취본원소득의 추이를 보여주고 있다. 이 그림에서 가장 눈에 띄는 특징은 2000년 이후 순수취본원소득이 마이너스를 기록하고 있다는 점이다. 이는 순수취본원소득에서 역외 유출이 계속 발생하고 있다는 것을 의미한다.

게다가 이 그림을 보면 2000년 이후 시간이 지날수록 전라남도의 소득의 역외 유출 규모가 점차 커지고 있음을 알 수 있다. 2000년 순수취본원소득의 역외 유출 규모는 7,301억이었으나 2005년 1조 4,943억 원, 2010년 2조 2,956억 원을 기록한 이후 2012년에는 그 규모가 무려 2조 7,143억 원으로 급격하게 증가했다.

마지막으로 순생산의 관점에서 전라남도의 소득의 역외 유출을 분석해 보자. 이를 위해서는 지역내순생산이라는 개념을 도입해야 한다. 지역내순생산은 지역내총생산에서 고정자본 소모[4]를 제외한 값이다. 이를 수식으로 표현하면 다음과 같다.

지역내순생산 = 지역내총생산(GRDP) - 고정자본소모

---

[4] 고정자본 소모는 고정자본 소모액이 생산과 분배 계정에서 서로가 일치되어야 함에도 불구하고 통계상의 불일치가 발생하고 있다(박경 2011). 따라서 고정자본 소모를 제외한 지역내순생산이라는 개념을 사용하는 것이 통계적으로 더 정확하다.

그림 5 | 전라남도의 지역내순생산 대비 순수취본원소득 비중

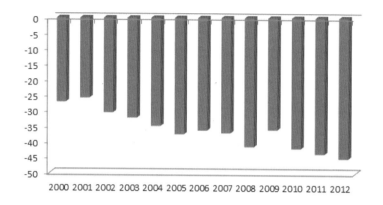

출처: 통계청. 「지역소득」. 각 권호.

이 정의에 따라 2000년 이후 지역내순생산을 추계하고 이를 순수취본원소득으로 나눈 비중이 〈그림 5〉에 제시되어 있다. 이 그림은 〈그림 4〉의 순수취본원소득 자체의 규모가 아니라 이것이 지역 내 생산에서 차지하는 비중을 보여 주고 있기 때문에 전라남도의 소득의 역외 유출의 규모를 좀 더 입체적으로 보여 주고 있다.

이 그림을 보면 전라남도의 지역내순생산 대비 순수취본원소득의 비중은 마이너스를 기록하며 2000년 27.0퍼센트, 2001년 25.8퍼센트를 기록하다가 점차 증가하기 시작해서 2002년 30.5퍼센트, 2005년 37.4퍼센트로 급격히 증가했다. 그리고 2008년 이 비중은 41.5퍼센트로 40퍼센트 대를 넘어섰고 이후 횡보를 거듭하다가 2012년 45.3퍼센트까지 상승했다.

지금까지 지역내총생산 대비 지역민총소득의 비중, 2000년 이후 순수취본원소득의 규모와 지역내순생산 대비 순수취본원소득의 비중을

추정하고 분석한 결과를 보면, 2000년 이후 전라남도의 소득의 역외 유출은 전국에서 매우 높은 상황에 있으며 지속적으로 그 규모나 비중이 증가하고 있음을 확인할 수 있다. 따라서 이런 현상은 2000년 이후 전라남도 경제의 저성장과 밀접한 상관관계를 갖는다는 점에서 소득의 역외 유출은 전라남도의 저성장의 중요한 요인으로 작용하고 있다고 평가할 수 있을 것이다.

그렇다면 전라남도의 소득의 역외 유출이 타 시도에 비해 많고 2000년 이후 지속적으로 증가하는 이유는 어떻게 설명할 수 있을까? 이와 관련해서는 두 가지의 원인을 살펴볼 필요가 있을 것이다. 첫째, 기업의 영업 잉여의 역외 유출 가능성이다. 기업의 영업 잉여의 역외 유출은 본사 및 단독 업체와 공장-지사가 서로 다른 지역에 있는 경우에 발생할 수 있다. 예를 들어 본사는 서울에 소재해 있고 공장이 전라남도에 있는 경우, 전라남도에 있는 공장에서 발생한 부가가치는 전라남도의 지역내 총생산으로 포함되지만, 영업 잉여는 서울로 이전된다. 따라서 이 경우 영업 잉여는 서울의 본사인 타 지역으로 산입되게 되는 것이다.

그런데 기업의 영업 잉여의 역외 유출을 추정하는 데 필요한 통계는 현재의 지역 계정 분류 체계에서는 얻을 수 없다. 이에 따라 간접적인 방식으로 기업의 영업 잉여의 역외 유출의 정도를 파악할 수 있을 뿐이다.

이와 관련해서 박경(2011)은 2009년 제조업을 중심으로 전국 시도의 본사 및 단독 업체와 공장-지사의 비중을 추정했다. 이 추정에 따르면 전국적으로 본사 및 단독 업체의 비중은 96.7퍼센트였고 공장-지사의 비중은 3.3퍼센트를 기록했다. 그런데 흥미롭게도 전라남도의 경우에는 본사 및 단독 업체의 비중이 92.6퍼센트를, 공장-지사의 비중이 7.4퍼센트를 기록했다. 전국 평균보다 공장-지사의 비중이 월등이 높은 것이다. 전라남도에서 공장-지사의 비중이 높다는 것은 간접적인 유추에

그림 6 | 인구총조사 인구와 주민등록상 인구의 차이

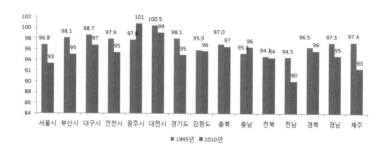

출처: 통계청, 「인구조사통계」.

지나지 않지만 그만큼 전라남도에서 타 시도로 영업 잉여가 유출될 가능성이 높다는 것을 보여 주는 것이다.

둘째, 피용자보수의 역외 유출 가능성이다. 다시 말해 주민등록상의 거주지와 소득을 얻는 직장이 다른 경우, 직장에서 얻은 소득이 타 시도의 거주지로 유출될 가능성이 존재하는 것이다. 그러나 불행하게도 기업의 영업 잉여와 마찬가지로 피용자보수의 역외 유출을 추정할 수 있는 통계는 구할 수 없기 때문에 이 또한 간접적인 방식으로 유추를 할 수밖에 없는 실정이다.

이와 관련해서 필자는 1995년과 2000년 시도별 인구총조사에 기록된 인구와 주민등록상의 인구의 비율을 추계해 보았다. 〈그림 6〉은 이를 보여 주는데 전라남도의 경우 이 비율은 1995년 94.5퍼센트를, 2000년 90퍼센트를 기록했다. 이 수치는 전라남도 이외의 타 시도에서 전라남도로 이동하는 인구가 많아지고 있음을 의미하며, 이 현상으로 볼 때 인구 이동에 따른 임금 등의 소득 유출이 더 크게 일어날 가능성이 높음을 보여 준다.

4. 결론

지금까지 이 논문은 전라남도의 장기 성장의 추이와 그 특징을 살펴보고 2000년 이후 전라남도의 저성장 체제로의 전환에서 소득의 역외 유출이 중요한 역할을 했음을 설명했다. 원론적으로 말하자면 전라남도 지역 내에서 생산된 부가가치에서 파생된 소득은 타 지역으로 유출되지 않고 그 지역 내로 환류되어 다시 생산의 확대에 사용되는 것이 가장 이상적일 것이다.

그러나 현실에서 보면 전라남도의 소득의 역외 유출은 타 시도에 비해서 매우 높으며 2000년 이후 지속적으로 증가하는 추세에 있다. 이로 인해 생산과 소득의 선순환이 점차 약화되고 전라남도의 경제성장에 많은 제약을 가하고 있는 실정이다.

사실 소득의 역외 유출은 지역 경제에서는 어쩔 수 없는 현상일 수도 있다. 그러나 그 규모가 매우 크고 점차 악화되고 있는 상황이라면, 이를 제어할 정책적 대응이 반드시 필요해 보인다. 이와 관련해서 무엇보다도 중요한 것은 전라남도의 내생적 발전 전략을 수립하고 전라남도 내로 대규모의 기업의 본사와 공장을 유치하는 것이다. 이를 위해서는 국가 차원에서는 물론 지역에서도 해당 지역의 특화 산업 또는 새로운 대체 산업의 특화 등을 고려해야 할 것이다(김종희 2010).

둘째, 대규모 기업을 유치하는 문제뿐만 아니라 법적·제도적인 부분에서 지방정부의 노력이 필요하다. 지방정부는 소득의 역외 유출을 방지하기 위한 법적인 장치를 만들어 지역 내에서 생산된 부가가치가 지역 내에서 환류될 수 있도록 해야 할 것이며, 지역으로 많은 인구를 유입시킬 수 있는 다양한 유인책을 제시해야 할 것이다.

마지막으로 소득의 역외 유출을 방지하기 위해 지역 금융을 활성화시키는 방안을 찾아야 할 것이다. 지역 금융의 확대는 지역 경제의 선순환 구조를 형성하는 데 중요한 역할을 한다. 따라서 지역 경제의 성장에 자금 공급원 역할을 하는 지역 금융을 발전시키기 위한 방안을 마련함으로써 소득의 역외 유출을 방지하고 소득의 지역 내 환류를 담보해 낼 수 있을 것이다(김군수·이상훈·문미성 2013).

| 참고문헌 |

김군수·이상훈·문미성. 2013. "지역금융의 재조명: 금융소외계층을 위한 지역금융의 역할."『이슈&진단』No. 90, 경기개발연구원.

김상호. 2014. "비교적 관점에서 지역산업구조의 변이·할당분석: 전라남도와 경상남도를 중심으로."『지방정부연구』제18권 제3호. 지방정부학회.

김종희. 2010. "GRDP(지역내 총생산) 추정을 통한 지역 간 경제력 격차 분석."『지방행정연구』제24권 제1호(통권 80호), 지방행정연구원.

박경. 2011. "우리나라의 지역 소득의 역외 유출."『공간과 사회』제21권 제4호. 한국공간환경학회.

정기영·박영환·김주영. 2013. "전남 산업구조의 변화요인 및 지역경제 성장요인에 관한 연구: 4개 권역을 중심으로." 한국은행 목포본부.

정준호·김동수·변창욱. 2012. "역외 소득의 유출입을 고려한 지역 간 소득격차 분석과 정책적 시사점." 산업연구원.

통계청 경제통계국. 2013. "2012년 지역소득." 통계청.

한국은행 목포본부. 2013. "2007년~2010년 GRDP(지역내총생산)로 분석한 지역별 경제의 특징과 전망." 한국은행 목포본부.

4장

지방자치제 실시 이후
전남의 난개발 실태와 도시계획적 대응

조준범

1. 서론

지방자치제가 부활한 것은 1991년 지방의회가 재출범하면서 부터이다. 이후 1995년 단체장이 직선제로 선출되면서 온전한 지방자치제의 형식을 갖추게 되었다. 그러나 1960년대 이후 약 30여 년 동안 중앙집권 체제에 익숙해진 상태에서 지방자치제도가 정착하기 위해서는 많은 시행착오가 수반될 수밖에 없었다.

● 이 논문은 2014년 4월 한국정치학회와 목포대학교 지방자치연구소 등이 공동 개최한 춘계특별학술회의의 〈지방정치와 지방자치〉 패널에서 발표한 "전라남도 도시·지역개발 정책의 지방자치 성과와 한계"를 수정·보완한 것이다.

지방자치제가 실시됨에 따라 지역의 문제에 접근하는 방식도 과거와 다른 형태로 바뀌어 왔다. 중앙에 집중되어 있던 권한의 많은 부분이 지방으로 이양되었다. 지방자치단체는 지속적으로 도시계획권한의 지방이양을 희망해 왔다. 도시계획이 지역사회의 생활환경을 가시적으로 변화시키는 데 직접적인 영향을 미치기 때문이다. 하지만 도시계획에 대한 이해가 부족하여, 도시계획 권한을 단순히 지역에 대한 규제 수단으로 또는 개발을 위한 수단 정도로 인식할 경우 도시환경은 혼란에 빠지게 된다. 대표적인 경우가 난개발이다. 불필요할 정도로 과도하게 도시계획시설을 개발하거나 시가지를 개발할 경우 이에 따른 피해가 고스란히 지역 주민에게 돌아갈 수 있다.

2000년대 초반 국토 및 도시 분야 법제도가 대대적으로 개편된 적이 있다. 개편의 배경은 당시 사회적 이슈가 되었던 준농림지역과 준도시지역의 난개발이었다. 1960년대부터 1990년대까지 압축 성장과 급격한 도시화 과정을 거치면서 서울을 비롯한 대도시 인구가 급격하게 증가했다. 이에 따라 주택이나 토지에 대한 수요가 급증했고, 국토의 계획적 관리 체계에 대한 고려 없이 토지공급에 집중하였다. 그 결과, 무질서한 개발, 도시용지 부족, 급속한 지가 상승과 이로 인한 자본이득 편중 등의 문제가 심각하게 대두되었다.

수도권을 중심으로 나타난 이와 같은 난개발 문제는 개발에 대한 수요 증가가 민간의 개발 압력을 높였지만, 이 과정에서 공공은 규제와 계획 시스템의 정비를 통해 민간 개발 압력을 체계적으로 관리하지 못해서 나타난 현상으로 이해할 수 있다. 즉, 지금까지 난개발 문제의 핵심 원인은 수요의 팽창과 공공의 관리 부재에 있었다고 할 수 있는데, 이 과정에서 민간은 끊임없이 개발 대상을 물색하고 제도의 빈틈을 찾아 개발 이익을 추구해 왔다. 문제는 이와 같은 난개발 상황은 대부분 인구가 급증하여 토지 및 주택에 대한 수요가 높은 지역에서 나타난다는 점이다. 인구가 끊임없이 집중되어 온 대도시권에 해당되는 이야기다. 특히, 서울을 중심으로 한 수도권이 대부분을 차지한다.

하지만 대도시에 인적 자원을 공급하는 기지의 역할을 해온 지방도시와 농촌지역에서의 난개발 상황은 대도시와 다른 양상을 보이고 있다. 개발 시대 이후 지금까지 끊임없이 인구 유출을 경험해 왔으며, 심각한 고령화로 인해 경제적 활력이 떨어질 만큼 떨어져 있는 상태이다. 또한 대도시와 같이 토지와 주택에 대한 수요도 미약하다. 수요가 없어 이익이 보장되지 않은 지방 도시에서 민간은 개발에 대한 의지가 매우 약할 수밖에 없다. 이런 상황에서 지방자치단체는 지역 활성화를 명분 삼아 인위적으로 개발 수요를 창출하고 민간의 개발을 유도하기 위해 제도적, 재정적, 물리적 지원을 아끼지 않고 있다. 수도권과는 다르게 민간과 공공의 힘의 방향이 역전되어 있는 것이다. 지역에 대한 계획적 관리 수단이 느슨해질 수밖에 없는 환경에 놓이면서 대도시와는 다른 형태의 난개발이 나타나고 있다. 이와 같은 난개발은 지방자치제 실시 이후 재선을 위한 지방자치단체장의 이해와 결합하면서 지역 곳곳에서 폭넓게 목격되고 있다.

이와 같은 문제의식에서 출발하여 전라남도의 난개발 수준과 도시계획적 대응의 한계를 살펴보았다. 전라남도 22개의 시군 가운데 21개 시군의 272개 읍면동(읍 : 33개, 면 : 196개, 동 : 43개)을 대상으로 난개발 상황을 정리했다.[1] 전체적인 내용은 난개발의 개념, 전남의 시군과 읍

---

1) 제외된 한개 지역은 목포시다. 목포시는 통계자료를 정리하는 과정에서 1995년 이후 행정동의 변화가 심하고, 행정동과 법정동 경계가 일치하지 않아 통계자료 입력에 어려움

면동 단위의 난개발 실태, 그리고 도시계획 대응으로 구성했다.

2. 난개발의 개념

난개발은 개발로 인해 사회에 부정적 영향을 발생시키는 현상을 총칭하는 의미이며 매우 복잡하고 다양하여 하나의 개념으로 정리되지 않고 있다. 권용우(2003)는 토지 수용 인구에 대한 전망과 이에 따르는 기반·공공시설의 공급이 이루어지지 않은 채 무분별하게 진행되는 토지개발 행위라고 이를 정의하고 있다. 이상현(2001)은 난개발을 도시 간의 관계와 도시 내부의 상태로 구분하여 정리하고 있다. 도시 간의 관계는 도시 건조 환경과 도시 주변 자연 환경의 부조화, 도시 건조 환경 간의 부조화, 도시 하부 구조 간의 부조화로 정의하고 있다. 도시 내에서는 도시 하부 구조와 상부 구조의 부조화, 도시 상부 구조 중에서 상호 보완적인 시설의 총량 간 불균형으로 정의하고 있다. 남우규(2002)는 무계획적인 도시의 확산으로 인해 도시 외곽의 녹지 공간과 농업용 토지가 잠식될 뿐 아니라 공공서비스의 부담 가중, 토지이용의 효율성 저하 등이 초래되어 도시 전체의 효율성이 저하되는 개발 형태라고 정의하고 있다. 박종철(2012)은 토지이용의 무계획적인 확산과 기성 시가지의 미개발·저개발 등의 쇠퇴 상황까지 포함하는 지속가능한 개발을 저

이 있어 분석 대상에서 제외했다.

해하는 개발 행태라고 정의하고 있다. 이 외에도 미국은 저밀 개발, 토지이용 간 격리, 비지적(飛地的) 개발, 승용차 의존 개발 및 교외화 등의 개념을 포함한 도시 확산 문제에 주목한다.[2) 토지이용에 초점을 둔 난개발의 경우는 대형 단독 주택지, 주거와 일자리 분리, 방대한 도로망, 토지이용의 분리로 지목되기도 한다. 반면, 영국은 계획 여부를 떠나 녹지를 훼손하는 모든 개발을 난개발로 규정한다(김재익 2008).

이와 같이 난개발 개념은 학자에 따라 다양하지만 대체로 다음과 같이 세 가지로 정리할 수 있다. 첫째, 장래 수용 인구에 대한 전망과 이에 부응하는 기반·공공시설의 공급이 이루어지지 않은 채 초고층 아파트와 위락 시설이 난잡하게 개발되는 것이다. 둘째, 무계획적인 도시의 확산으로 인해 도시 외곽의 녹지 공간과 농업용 토지가 잠식되는 개발 행위이다. 셋째, 공공서비스 부담 가중, 토지이용의 비합리성 등의 문제가 초래되어 도시 전체의 효율성이 저하되는 개발이다. 이를 종합하면, 장래 수용 인구에 대한 전망에 부합하지 못하는 무분별한 시가지 확산, 저개발 또는 비지적 개발 행위, 기반 시설의 불균형 개발 행위로 정리할 수 있다.

개발은 물리적 환경을 구축하는 행위이고, 물리적 환경을 소비하는 사람들의 요구에 맞춰 그 개발 규모를 결정해야 한다. 이런 점에서 장래의 수용 인구 및 경제활동은 요구이고, 시가지 개발 행위는 물리적 환경

---

2) 성장 관리 정책은 대도시의 무질서한 확산 방지, 농경지 보전, 충분한 기반 시설의 확보 및 기반 시설의 비용 절감 등을 목적으로 하고 있다. 성장 관리 정책은 성장 관리 체계의 일관성을 유지하고 성장 관리 수단이 될 수 있으며, 무질서한 도시 확산 혹은 난개발은 성장 관리 체계의 일관성 결여에서 발생한다고 본다(정현욱, 김재익 2003, 재인용).

을 구현하는 방식이라고 할 것이다. 둘 사이의 부조화 또는 불균형 문제를 야기하는 것이 난개발이라고 볼 수 있다.

3. 전라남도 난개발 실태

1) 시군 단위 난개발 수준

난개발 수준을 확인할 수 있는 인구 변화, 시가지 면적 변화, 도로 면적 변화, 임야 및 경작지 면적 변화의 전반적인 수준을 통해 전라남도의 난개발 경향을 이해할 수 있다. 1995년과 2012년 전라남도 21개 시군의 평균 시가지 변화율은 29.31%이고, 평균 인구 변화율은 -17.72%이며, 평균 도로 면적 변화율은 47.00%이다. 평균값을 단순 비교해 보면, 지방자치제가 본격 실시된 1995년 이후 전라남도는 전반적으로 인구는 감소했으나 시가지 면적과 도로 면적이 증가해 왔다고 볼 수 있다.[3]

---

3) 각 지표값은 지목별 면적을 합산한 결과이다. 시가지 면적은 시가화 지역을 판단할 수 있는 지표로서 토지 지목상의 대지, 학교, 창고용지로 분류했다. 농경지 및 임야는 전, 답, 과수원, 임야에 해당되는 지목으로 분류했다. 일반적으로 시가지 면적에 도로까지도 포함한다. 그러나 도로를 포함할 경우 시가지 확산과는 성격이 다른 고속도로나 국도 등의 면적이 포함되어 시가지 면적이 과도하게 측정될 수 있다는 점을 고려해 시가지 면적에서 제외했다. 그리고 도로를 시가지 면적에서 제외할 경우 순수하게 시설 및 건물 개발을 위한 순면적의 수준을 확인할 수 있다는 점에 의미가 있다.

시군별로 지표에 나타난 세부적인 특징을 구체적으로 살펴보면, 인구 변화율은 고흥군이 −35.81%로 가장 많이 인구가 감소했다. 뒤를 이어 보성군, 함평군, 신안군 등의 지역이 30% 이상 감소했다. 인구 밀도 변화율은 인구 변화율보다 감소 규모가 더욱 크다. 가장 많은 곳이 46.34% 감소했고, 가장 적게 감소한 지역은 25.33% 감소했다. 인구 감소와 시가지 확대에 따른 결과의 단면을 보여 준다. 반면, 호수밀도 변화율은 다소 낮다. 가장 많이 감소한 지역이 20.96% 감소했고, 일부 증가한 지역도 확인된다. 지역의 청장년층 유출과 고령 인구 중심의 핵가족화 현상에 따른 결과로 이해된다.

시가지 면적 변화율은 영암군이 68.27%(9.95㎢)로 다른 시군보다 월등하게 높게 나타났다. 대불산업단지의 개발에 따른 공장 용지가 증가하여 나타나는 현상이다. 다음으로 광양시가 65.31%(13.90㎢) 증가했고, 순천시 47.68%(9.15㎢), 무안군 37.78%(4.63㎢), 여수시 35.54%(10.26㎢), 화순군 32.29%(3.54㎢) 등의 지역이 30% 이상 증가했다. 그러나 시가지 면적의 증가 규모는 광양시가 가장 많은 면적을 차지했다. 시가지 면적 증가는 도시지역과 도시 개발이 활발히 진행된 지역 등에서 집중적으로 나타나고 있다.

도로 면적 변화율은 장흥군이 73.56%(8.32㎢)로 가장 높고, 다음으로 해남군 66.90%(14.68㎢), 영광군 66.87%(7.34㎢), 영암군 64.71%(11.00㎢), 함평군 64.45%(7.14㎢) 순서이다. 그러나 도로 면적의 증가 규모는 해남군이 전라남도에서 가장 많다. 시가지 면적이 증가한 지역과 도로 면적이 증가한 지역이 일치하지 않는 점도 확인된다. 즉, 이들 지역은 도로망 확충 등의 기반 시설 확보에 집중한 지역들이라고 할 수 있다.

임야 및 농경지는 평균 1.66% 감소되었다. 많은 경우 4.26%까지도

표 1 | 난개발 주요 지표의 시군 기술 통계량

구분	최소값	최대값	평균	표준편차
인구 변화율	-35.81%	17.85%	-17.72%	.15107
인구 밀도 변화율	-46.34%	-25.33%	-36.56%	.05745
호수 밀도 변화율	-20.96%	0.38%	-11.48%	.05398
시가지 면적 변화율	15.04%	68.27%	29.03%	.14866
도로 면적 변화율	17.60%	73.56%	47.00%	.15785
임야 및 농경지 변화율	-4.26%	5.80%	-1.66%	.02443

감소되었다. 시가지 면적 및 도로 면적 증가가 곧 임야 및 농경지 감소로 이어진 것으로 이해된다.

　개별 지표의 분석을 통해서는 각 지표의 특성을 이해할 수는 있으나 전라남도의 난개발 수준을 종합적으로 판단하기 어려운 점이 있다. 전라남도 전반의 난개발 특징을 이해하기 위해 난개발 종합지수4)를 이용하여 난개발 순위를 판별하고 21개 시군의 난개발 수준을 비교했다. 난개발 순위가 낮은 지역과 높은 지역의 특징을 좀 더 쉽게 이해하기 위해 난개발 상위 30% 지역(7개시군)과 하위 30% 지역(7개시군)으로 나누어

---

4) 필자가 총 13개의 난개발 지표를 선정한 뒤 이를 종합 지수화하여 분석한 결과이다. 난개발 지표는 시가지·인구 변화율차(+), 고용 밀도 변화율(-), 임야·전답 변화율(-), 인구 밀도 변화율(-), 호수 밀도 변화율(-), 도로·인구 변화율차(+), 도로·시가지 변화율차(+) 등이다. 여기에서 변화율은 1995년과 2012년을 비교하여 산출한 변화율값이다. 난개발 수준을 잘 나타낼 수 있다고 판단되어 선정된 일곱 개 지표의 방향성을 맞추고 지수로 종합해 복합 난개발 지수를 산출했다. 일반적으로 지표들은 다양한 척도를 갖는다. 따라서 측정값이 다양하기 때문에 복합 지수를 산출하기 위해서는 측정 단위를 같은 척도로 변환하는 표준화 작업이 필요하다. 지표를 종합하기 위해 각 지표 값을 표준화 점수(Z-Score)로 바꾸었다. 표준화 점수를 합한 뒤 다시 표준화하여 복합 지수화했다. 복합 난개발 지수를 이용하여 읍면별로 순위를 부여했다.

표 2 | 시군별 난개발 상위 30%와 난개발 하위30% 변화율 현황

	난개발 상위 30%				난개발 하위 30%			
구분	시가지 변화율	인구 변화율	도로 변화율	고용 밀도 변화율	구분	시가지 변화율	인구 변화율	도로 변화율	고용 밀도 변화율
고흥군	19.63%	-35.81%	55.60%	-15.08%	해남군	21.83%	-24.49%	66.91%	-8.04%
진도군	26.46%	-28.88%	40.39%	-25.56%	여수시	35.54%	-10.37%	35.29%	-20.01%
보성군	16.31%	-31.17%	55.67%	-17.99%	나주시	21.41%	-22.91%	17.60%	-8.73%
함평군	15.04%	-29.78%	64.45%	-13.11%	광양시	65.31%	17.85%	41.23%	-8.53%
완도군	20.72%	-26.36%	48.87%	-62.21%	화순군	32.29%	-1.41%	53.83%	-8.64%
장흥군	17.69%	-28.47%	73.56%	-1.55%	순천시	47.68%	9.60%	22.80%	1.55%
영광군	21.31%	-24.14%	66.87%	-11.63%	무안군	37.78%	2.88%	38.17%	12.02%
평균	19.59%	-29.23%	57.91%	-21.02%	평균	37.40%	-4.12%	39.40%	-5.77%

인구 변화율, 시가지 면적 변화율, 도로 면적 변화율을 살펴보았다.

난개발 상위 30%에 해당되는 고흥군, 진도군, 보성군, 함평군, 완도군, 장흥군, 영광군 7개 지역의 4개 지표를 보면, 인구 감소가 심각하게 진행되어 왔으나 상대적으로 시가지 면적과 도로 면적은 증가량이 많음을 알 수 있다. 특히, 도로 면적 증가율과 인구 감소율이 높고, 고용 밀도 감소율이 큰 점이 특징이다. 대표적으로 고흥군의 경우 1995년과 2012년을 비교해 보면 시가지 면적은 19.63%가 증가하고 도로 면적도 55.60%(9.04㎢) 증가했으나 인구는 오히려 35.80% 감소했음을 확인할 수 있다.

난개발 하위 30%에 해당되는 시군은 여수시, 나주시, 광양시, 화순군, 순천시, 무안군, 해남군 등 7개 시군이다. 난개발 상위 30% 지역과는 대조적으로 시가지 면적 증가율과 도로 면적 증가율이 비슷한 수준이고, 인구 감소율과 고용밀도 감소율이 크지 않은 점이 특징이다. 대표적으로 순위가 가장 낮은 무안군의 경우는 시가지 면적 증가율이 인구 증가율보다 35% 정도 높고, 도로 면적 변화율과 시가지 면적 변화율은

그림 1 | 시군단위 난개발 순위

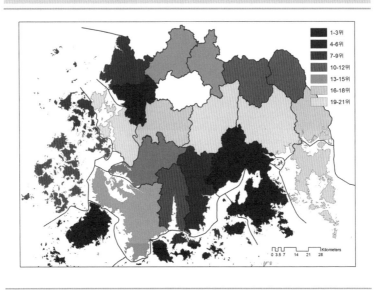

비슷하다. 고용 밀도 증가율도 12.02%로 높아져 지역 활력이 높아졌음
을 보여 준다.

　시군 차원의 난개발에서 나타나는 특징은 다음과 같이 정리할 수 있
다. 첫째, 인구 감소에 따라 지역 활력이 저하되어 왔음에도 불구하고,
시가지 면적과 도로 면적 확대는 꾸준히 진행되어 왔다. 특히, 도로 면
적 증가가 눈에 띄는 특징이다. 둘째, 난개발 지역은 전남의 남부 지역
인 고흥, 보성, 장흥, 완도, 진도 등의 지역과 서부 지역인 함평, 영광 등
의 지역에 편중되어 있다. 셋째, 난개발 순위가 높은 지역은 도로 면적
의 증가율과 인구 감소율이 다른 지역보다 월등히 높은 경우가 많다. 반
면에 난개발 순위가 낮은 지역은 시가지 면적 증가율과 도로 면적 증가
율이 유사한 수준이며, 인구와 고용 밀도 감소율이 비교적·낮은 수준이다.

2) 읍면 단위 난개발 수준 분석

시군 단위로 난개발 상황을 살피는 것은 전라남도 차원에서 시군의 전반적인 상황을 이해하는 데는 의미가 있으나, 도시적 특성이 강한 읍·동 지역의 성격과 농촌적 특성이 강한 면 지역의 성격을 고려하지 못하고 시군 지역 내부의 자연환경 및 공간적 상황을 반영하지 못하는 한계가 있다. 이런 점을 보완하기 위하여 읍면동 차원에서 난개발 상황을 살펴보았다.

전라남도 전체 272개 읍면동 지역의 2012년 인구는 1995년에 비해 평균 22.8%(942명)가 감소했다. 시가지 면적은 평균 25.73%(0.32㎢), 도로 면적은 평균 46.38%(0.0.47㎢)가 증가했다. 전라남도 읍면동 지역의 시가지 면적과 도로 면적은 확대한 반면, 인구는 감소하는 경향을 유지해 왔다.

읍면동 단위의 주요 지표에 나타난 특징을 살펴보면, 인구 증가율이 가장 높은 지역은 광양시 중마동으로 221.09% 증가했다. 반면, 인구 감소율이 가장 높은 지역은 여수시 삼일동이며, 72.19% 감소했다. 이어서 장흥의 유치면(59.16%)과 여수시의 구도심 지역인 동문동(52.86%), 충무동(52.27%), 대교동(52.05%) 등의 지역에서 인구 감소율이 높았다. 도시 내 구도심 지역과 면단위의 낙후 지역에서 인구 감소가 심각하게 진행되었음을 알 수 있다.

시가지 면적은 광양시 골약동이 312.55%(1.34㎢)로 가장 많이 증가했고, 다음이 순천시 해룡면 276.54%(4.28㎢), 영암군 삼호읍 199.23%(7.99㎢) 순이다. 골약동의 경우 광양항 주변에 창고 용지가 급격하게 증가함에 따른 결과이다. 순천시 해룡면은 율촌산업단지 등의 공장 용지와 창고 용지가 증가한 것이다. 영암군 삼호읍은 대불산업단지의 공

표 3 | 주요 지표의 기술 통계

구분	인구 변화율	세대 변화율	시가지 면적 변화율	종사자 변화율	임야 전답 변화율	인구 밀도 변화율	호수 밀도 변화율	도로 면적 변 화율
최소값	-72.19%	-59.23%	-28.63%	-88.57%	-43.39%	-85.27%	-76.83%	-64.29%
최대값	221.09%	269.64%	312.55%	473.13%	47.17%	124.03%	153.68%	275.71%
평균	-22.84%	9.73%	25.73%	11.81%	-3.02%	-38.65%	-12.12%	46.38%
표준편차	0.36	0.39	0.32	0.79	0.07	0.21	0.22	0.37

장 용지 개발에 따른 현상이다. 반면, 시가지 면적이 감소한 지역도 확인할 수 있다. 장흥군 유치면의 경우, 시가지 면적이 28.6% 감소해 가장 큰 폭을 보였다. 2006년 완공된 장흥댐 건설에 따른 결과로 이해된다. 시가지 면적 감소 지역은 여수시(한려동, 대교동, 충무동, 중앙동, 동문동), 순천시(저전동, 중앙동), 장흥군(유치면) 등에서만 확인되었다.

이어서 도로 면적 변화율이 가장 큰 지역은 광양시 골약동으로 275.71%(2.14km²) 증가했고, 다음이 장흥군 부산면(1.10km²), 구례군 용방면(0.95km²), 해남군 산이면(2.75km²) 순이다. 도로 면적 감소는 순천시 송광면과 조곡동, 나주시 금남동 등 3개 지역에서만 확인할 수 있었다. 도로 면적 규모의 변화를 볼 때, 가장 크게 증가한 지역은 영암군 삼호읍으로 3.45km²가 증가했다. 대규모 산업 단지 건설에 따른 영향으로 이해할 수 있다.

이외에도 임야 및 전답은 평균 3.02% 감소했으며, 가장 많이 감소한 지역은 순천시 덕연동으로 43.39% 감소했다. 임야 및 전답이 가장 많이 증가한 지역은 해남군 산이면으로 47.17% 증가했다. 사업체 종사자는 평균 11.81% 증가했고, 순천시 해룡면의 증가율이 가장 크고, 완도군 약산면이 가장 작다. 인구밀도는 38.65% 감소했고, 호수밀도는 12.12% 감소한 것으로 나타났다. 인구밀도와 호수밀도 모두 가장 많이

그림 2 | 읍면동별 인구변화율과 시가지면적변화율 분포

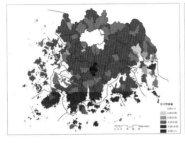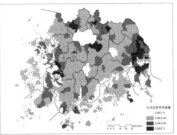

증가한 지역은 광양시 중마동이고, 가장 많이 감소한 지역은 광양시 골
약동이다.

난개발종합지수를 활용해 272개 읍면동 지역의 난개발 순위를 부여
한 뒤 난개발 순위에 따라 난개발 상위 30%와 하위 30%의 시군별 포함
비율을 비교했다. 난개발 상위 30%에 포함되는 읍면동 지역은 비교적
난개발 수준이 높은 읍면동이라고 볼 수 있다. 영광군, 완도군, 장흥군,
함평군, 화순군 등의 지역은 전라남도 난개발 상위 30%에 포함되는 읍
면 지역이 시군 내 전체 읍면동의 절반이 넘는다. 반면, 광양시, 순천시,
나주시를 비롯해, 무안군, 영암군, 곡성군, 구례군, 담양군, 장성군, 해
남군 등 10개 시군은 전라남도 난개발 하위 30%에 포함되는 읍면동이
절반 이상을 차지했다. 지역의 활력이 유지되거나 신도시 및 산업 단지
가 발달된 지역과 낙후된 지역이 포함된 점이 특징적이다.

난개발 상위 지역의 특성을 보다 분명하게 확인하기 위해 전라남도
전체 난개발 상위 10%에 해당하는 읍면동 지역의 개수를 시군별로 확
인한 결과 13개 시군에서 난개발 순위 상위 10%에 해당하는 읍면동 지
역을 한 곳 이상 포함하고 있는 것으로 나타났다. 특히, 고흥군, 여수시,

표 4 | 시군별 읍면동의 난개발 상위 30%, 하위 30% 현황

구분	상위30% 읍면동수	상위30% 구성비	하위30% 읍면동수	하위30% 구성비 (%)	전체 읍면동수	전체 구성비 (%)	구분	상위30% 읍면동수	상위30% 구성비 (%)	하위30% 읍면동수	하위30% 구성비 (%)	전체 읍면동수	전체 구성비 (%)
강진군	5	45.5	3	37.5	11	100.0	여수시	12	44.4	11	47.8	27	100.0
고흥군	7	43.8	1	12.5	16	100.0	영광군	7	63.6	1	12.5	11	100.0
곡성군	1	9.1	5	83.3	11	100.0	영암군	2	18.2	4	66.7	11	100.0
광양시	3	25.0	4	57.1	12	100.0	완도군	6	50.0	1	14.3	12	100.0
구례군	1	12.5	2	66.7	8	100.0	장성군	1	9.1	7	87.5	11	100.0
나주시	2	10.5	11	84.6	19	100.0	장흥군	5	50.0	1	16.7	10	100.0
담양군	1	8.3	3	75.0	12	100.0	진도군	2	28.6	1	33.3	7	100.0
무안군	2	22.2	3	60.0	9	100.0	함평군	5	55.6	1	16.7	9	100.0
보성군	5	41.7	2	28.6	12	100.0	해남군	2	14.3	5	71.4	14	100.0
순천시	2	8.7	11	84.6	23	100.0	화순군	7	53.8	2	22.2	13	100.0
신안군	3	21.4	3	50.0	14	100.0	총합계	81	29.8	82	30.1	272	100.0

그림 3 | 읍면동별 난개발 10분위

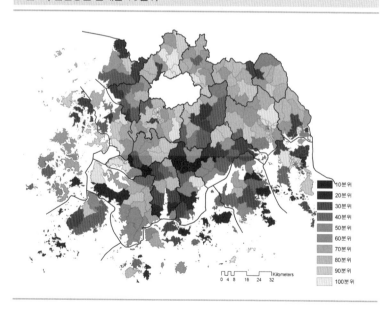

10분위
20분위
30분위
40분위
50분위
60분위
70분위
80분위
90분위
100분위

0 4 8   16   24   32 Kilometers

표 5 | 읍면동별 난개발 상위 30%와 하위 30%

구분	상위 30%		하위 30%		전체	
	개수	구성비	개수	구성비	개수	구성비
읍	8	24.2%	15	45.5%	33	100.0%
면	60	30.6%	46	23.5%	196	100.0%
동	13	30.2%	21	48.8%	43	100.0%
총합계	81	29.8%	82	30.1%	272	100.0%

표 6 | 난개발 상위 30% 읍면동 현황

상위30%	읍면
상위 10%	강진군(대구면,도암면,성전면,신전면,칠량면), 고흥군(과역면,금산면,동강면,동일면,봉래면,영남면,포두면), 곡성군(고달면), 광양시(골약동,옥곡면,태인동), 구례군(용방면), 나주시(문평면,이창동), 담양군(담양읍), 무안군(망운면,운남면), 보성군(겸백면,노동면,미력면,벌교읍,조성면)
상위 10-20%	순천시(외서면,장천동), 신안군(장산면,증도면,지도읍), 여수시(남면,대교동,동문동,만덕동,삼일동,서강동,월호동,율촌면,중앙동,충무동,한려동,화정면), 영광군(군남면,대마면,묘량면,법성면,불갑면,염산면,홍농읍,서호면,학산면), 완도군(금일읍)
상위 20-30%	완도군(고금면,금당면,소안면,신지면,약산면), 장성군(동화면), 장흥군(관산읍,대덕읍,부산면,유치면,장동면), 진도군(조도면,지산면), 함평군(손불면,신광면,엄다면,학교면,함평읍), 해남군(문내면,황산면), 화순군(남면,능주면,도암면,동면,동복면,이양면,한천면)

장흥군 지역은 3개 이상의 읍면동을 포함하고 있어 다른 시군보다 난개발 정도가 심각한 것으로 분석되었다. 이외에도 국제공항이 건설된 무안군 망운면, 여수시와 순천시 구도심 지역, 광양시의 골약동과 우주 센터가 있는 고흥군 봉래면 등이 해당한다.

다음으로, 도시와 농촌 성격에 따른 차이를 확인하기 위해 읍 지역, 면 지역, 동 지역을 구분해 난개발 순위에서 나타나는 특성을 정리했다. 난개발 상위 30%에 포함되는 읍면동의 비율은 동지역 30.2%, 면지역 30.6%로 유사한 수준이지만, 읍 지역에서 차지하는 비율은 이보다 다소 낮은 24.2%를 보였다. 그러나 난개발 하위 30%에 해당되는 지역은 읍 지역의 경우 난개발이 이루어지는 지역보다 그렇지 않은 지역의 비율이 21.3% 높고, 동지역은 18.6% 높다. 반면, 면지역은 7.1% 낮은 것을 알 수 있다. 즉, 난개발이 심각한 지역은 읍 지역보다 면·동 지역에서 높게 나타났다. 특히, 난개발 순위가 높다고 판단되는 상위 10% 이상 지역을 살펴보면, 강진군, 고흥군, 보성군의 읍면이 각각 5개에서 7개로 다른 시군보다 많은 지역이 포함되었다. 대체로 면지역이 많은 부분을 차지하는 것을 알 수 있다.

동 지역의 경우 난개발이 심각하지 않은 지역의 비중이 높기는 하지만 심각한 지역도 30%를 차지해 면 지역과 비슷한 경향을 보였다. 기반 시설 정비와 시가화가 완료된 지역이 대부분으로 개발 가용지가 거의 없기 때문에 상대적으로 난개발이 심각하지 않게 나타났지만, 구도심 지역의 쇠퇴로 인해 인구 감소폭이 커지면서 작은 규모의 개발 증가에도 난개발로 분류됨에 따른 결과로 해석된다. 읍 지역이 면 지역보다 난개발이 심각하지 않게 나타난 것은 도시적 특성이 유지되고 농어촌 지역의 생활권 중심 기능을 담당하고 있어 인구 감소폭이 크지 않았기 때문으로 이해된다. 즉, 시가지 확장 및 기반 시설 규모가 증가해도, 인구 감소폭이 상대적으로 적기 때문에 면지역보다는 난개발이 심각하지 않은 것으로 나타난 것이다. 그러나 인구 규모가 적고 개발 가용지가 많아 동지역보다는 난개발 수준이 높게 나타난 것으로 이해된다.

4. 도시계획적 대응

도시계획적 대응과 관련해서는 전라남도와 시군이 도시계획 수단을 통해 난개발을 어느 정도 체계적으로 관리하고 있는지를 중심으로 살펴볼 수 있다. 도시기본계획상의 계획 인구 규모, 용도지역, 개발행위허가, 도시계획시설을 중심으로 살펴보았다.

1) 도시기본계획의 인구 규모

도시기본계획은 20년 후를 예상해 수립하는 중요한 장기 발전 계획이며, 도시계획 위계상 시군 차원의 최상위 계획에 해당된다. 그리고 도시관리계획 및 각종 개발계획의 방향을 결정하게 된다. 도시기본계획을 수립할 때는 20년 후의 인구를 추계하여 이를 토대로 각 부문별 계획을 수립하게 된다. 인구 추계는 장래 시군의 물리적 공간의 총량을 결정하는 기준이 되기 때문에 가장 중요한 지표에 해당된다. 목표 연도의 인구 추계 양상을 통해 어느 정도의 개발을 지향하고 있는지를 확인할 수 있다. 이는 도시나 지역 관리의 방향을 어떻게 설정하고 있는지에 대해서도 이해할 수 있는 척도가 될 수 있다.

도시기본계획 인구 지표는 그 지역의 토지이용 및 각종 기반 시설 공급을 위한 기준 지표가 된다. 일반적으로 시군은 인구 지표 설정을 위해 자연적 증가분과 사회적 증가분으로 나누어 추정한다. 자연적 증가분은 출생과 사망 등의 자연 증감 추세를 고려해 인구를 추계하는 방식이고, 사회적 증가분은 각종 개발 사업을 통해 유입될 것으로 예상되는 인구를 추정하게 된다. 과도한 인구 추정을 방지하기 위해 일반적으로 사회

표 7 | 통계청 전라남도 추계인구

연도	인구(명)
2020	1,728,175
2025	1,715,898
2030	1,716,910
2035	1,716,291
2040	1,703,613

출처: 2012년 6월 장래 인구 추계 시도편 자료.

적 증가분은 개발 사업이 확정된 것만 반영하도록 하고 있다. 그럼에도 불구하고 시군의 도시기본계획에 나타난 인구 지표를 살펴보면 과다하게 추계하려고 노력한 흔적을 쉽게 찾아 볼 수 있다. 과다한 인구 규모의 설정은 개발 용지의 과다 추정과 기반 시설 즉, 도로망, 상하수도 등의 물리적 시설을 필요 이상으로 계획하는 결과로 이어진다.

전라남도 22개 시군 가운데 도시기본계획이 수립된 시군은 12개 지역이다. 이들 12개 시군의 도시기본계획 목표 연도는 2020년과 2025년이다. 5년 정도 차이의 목표 연도를 무시하고 계획 인구를 단순 집계해 보면, 2,318,000명이 된다. 12개 시군 지역의 2012년 인구를 모두 합친 1,430,496명보다 887,504명이 많은 규모이다. 이 인구 규모는 22개 시군 가운데 10개 군 지역이 제외된 인구 규모임에도 불구하고, 2012년 말 기준 전라남도 인구인 1,933,220명보다도 많다. 2012년 목포시 규모의 도시가 2.7개 만들어져야 가능한 규모이다. 그리고 통계청이 추계한 전라남도의 2020년 인구인 1,728,175명보다도 많고, 2025년의 1,715,898명보다도 훨씬 많은 규모이다. 계획 인구를 과다하게 설정했음을 확인할 수 있다. 물론, 수립일이 2006년에서 부터 2011년까지 다양하고 그 기간도 길지 않지만, 그 이전에 수립된 도시기본계획에서도 인구가 과다 추정되었을 것이라는 점은 쉽게 추측해 볼 수 있다.

표 8 | 전라남도 도시기본계획의 목표 연도와 계획인구

구분	최초 수립일	최종 수립일	목표 연도	계획인구	2012년 인구
목포시	1984-09-18	2008-09-30	2020	310,000	236,114
여수시	1984-02-20 (여천)1988-08-22	2009-05-15	2025	400,000	295,215
순천시	1984-02-20	2009-12-23	2025	390,000	275,451
나주시	1984-02-13	2011-05-02	2020	150,000	89,675
광양시	(광양읍)1984-05-10 (동광양)1987-10-15	2008-01-22	2025	320,000	152,233
담양군	2007-12-31	2007-12-31	2020	65,000	48,483
화순군	2007-05-07	2009-05-27	2020	86,000	69,788
해남군	2009-01-07	2009-01-07	2025	135,000	38,598
영암군	(서영암)1984-09-13 (영암읍)1996-06-14	2006-02-07	2020	210,000	64,023
무안군	2008-05-01	2008-05-01	2025	150,000	77,208
함평군	2007-06-27	2010-12-22	2020	32,000	36,304
장성군	2006-11-03	2006-11-03	2020	70,000	47,404
합계	-	-	-	2,318,000	1,430,496

주: 강진군 강진읍의 도시기본계획은 1971년 8월 15일에 수립되었으나 1999년 6월 9일 도시기본계획이 폐지됨.
출처: 2012 도시계획현황, 국토교통부, LH.

2) 용도지역

용도지역은 토지이용의 방향을 결정하는 것으로 개발과 보전 또는 관리의 성격을 결정짓는 중요한 도시계획 수단이다. 시군 내 토지의 용도를 사전에 결정해 토지를 합리적으로 이용하고 용도 간 상충을 막기 위한 목적으로 지정된다. 용도지역이 건축물의 용도나 밀도 등의 규제와 직접 연관되기 때문에 장래 개발계획을 갖고 있는 지자체는 개발 행위를 억제하게 될 용도지역 지정을 회피하려는 경향이 강하다. 토지 소유자 또한 어떤 종류의 용도지역으로 지정되는 가에 따라 지가와 직접

표 9 | 전라남도 용도지역 면적 변화

단위: ㎢

구분		2005년	2006년	2007년	2008년	2009년	2010년	2011년	2012년
도시지역		3,665	3,665	3,813	4,118	3,522	3,524	4,015	3,963
비도시지역		1,609	1,624	1,663	1,670	1,738	1,747	1,726	1,729
관리지역	소계	3,607	3,615	3,552	3,238	3,247	3,248	3,297	3,404
	계획	3,607	3,615	3,552	1,156	1,231	1,222	1,245	1,267
	생산	0	0	0	593	650	649	669	742
	보전	0	0	0	1,190	1,297	1,294	1,327	1,379
	미세분	0	0	0	299	70	84	56	16
농림지역		6,249	6,238	6,169	6,388	6,345	6,302	6,332	6,273
자연환경보전지역		3,665	3,665	3,813	4,118	3,522	3,524	4,015	3,963

연관되기 때문에 상당히 예민하게 여기는 부분이다.

용도지역은 도시지역과 비도시지역으로 구분된다. 도시지역은 인구와 산업이 밀집되어 있거나 밀집이 예상되어 당해 지역에 대하여 체계적인 개발·정비·관리·보전 등이 필요한 지역이며, 주거지역, 상업지역, 공업지역, 녹지지역으로 나누어진다. 그리고 지역 상황에 맞춰 용도지역이 좀 더 세분화되어 지정된다. 비도시지역은 관리지역, 농림지역, 자연환경보전지역으로 구분하고, 이 가운데 관리지역은 기존의 준농림지역과 준도시지역을 하나로 묶은 지역이다. 관리지역은 토지 적성과 이용 실태, 인구 규모 등을 고려해 보전관리지역, 생산관리지역, 계획관리지역으로 세분했다. 특히, 계획관리지역은 자연환경을 고려하면서 계획적인 토지이용이 필요한 지역을 지정하며, 다른 지역보다 비교적 개발이 용이하다.

전라남도 시군의 용도지역 현황을 살펴보면, 대부분의 시군에서 도시지역 면적이 증가했다. 도시지역 면적이 감소한 지역은 광양시, 담양군, 구례군, 고흥군, 강진군, 진도군 등 6개 시군이고 나머지 16개 시군은 증가했다. 진도군이 5.34%를 보이며 가장 큰 폭으로 감소했다. 도시

표 10 | 2008-2012년 용도지역 변화율

단위 : %

시군별	도시지역						비도시지역						
	전체	주거	상업	공업	녹지	미지정	전체	관리지역				농림	자연환경 보전
								소계	계획	생산	보전		
목포시	0.00	-1.20	0.16	25.95	-4.49	-0.20		-	-	-	-	-	-
여수시	0.00	-1.45	3.38	4.01	0.33	-5.39	-0.55	-6.12	-1.07	-5.13	-14.33	-0.15	0.00
순천시	0.00	2.95	-2.35	33.84	-1.00	-	-0.05	-1.32	0.02	-0.01	-2.40	0.58	0.00
나주시	2.50	3.13	0.31	123.24	-0.47	-	-0.41	-1.37	-3.45	-0.28	-0.59	0.09	-0.03
광양시	-1.92	0.11	27.38	3.43	-0.87	-16.19	-0.25	-3.54	0.40	26.74	-9.86	1.92	-32.15
담양군	-4.33	22.07	-1.69	20.82	-5.89	-	1.87	9.59	4.80	39.40	5.72	-2.04	-
곡성군	1.76	-5.65	2.07	-1.02	3.10	-	0.13	0.48	4.02	13.06	-5.21	0.01	-3.00
구례군	-0.04	-0.05	-0.69	-1.75	0.03	-	-0.01	0.72	9.10	10.33	-9.40	-0.35	0.00
고흥군	-0.01	0.07	0.30	-1.92	0.02	-0.05	-0.53	9.38	4.18	21.22	4.21	-2.20	-3.04
보성군	16.22	8.87	7.78	82.21	6.96	-	-0.68	-0.44	-0.88	-0.67	-0.07	-0.46	-2.17
화순군	0.00	0.09	-0.56	0.27	0.00	-	0.03	15.55	12.47	14.87	18.10	-4.54	-0.06
장흥군	2.55	-0.12	0.97	1,061.55	-3.37	-	-0.14	0.21	0.06	-0.03	0.42	0.35	-4.77
강진군	-2.97	0.69	-5.50	86.61	0.13	-53.91	0.13	17.98	13.54	77.63	8.24	9.64	-28.84
해남군	31.24	2.35	0.95	0.19	-0.43	-	-3.43	11.97	1.49	34.91	14.01	-9.41	-8.57
영암군	19.70	0.01	4.79	3.63	-1.02	87.63	4.52	3.69	1.11	3.42	7.33	6.29	0.00
무안군	60.41	7.94	0.27	-1.40	-0.13	-	4.04	-1.72	-4.76	21.40	-9.50	13.34	0.00
함평군	8.83	4.71	-1.27	404.33	0.41	-	-0.65	9.92	14.08	13.58	4.95	-6.88	-0.10
영광군	6.42	10.17	7.70	73.21	-4.55	192.45	-1.70	-0.50	0.22	-0.86	-1.19	-2.85	0.05
장성군	0.18	60.89	0.46	40.12	-3.37	-	-0.04	28.10	9.13	45.87	30.96	-10.31	2.34
완도군	3.55	0.26	0.24	9.83	-0.14	33.02	182.87	25.19	16.91	55.06	-13.45	-2.11	436.24
진도군	-5.34	-1.42	2.03	-2.45	-2.25	-100.00	2.97	19.13	13.88	39.53	12.95	-4.47	3.62
신안군	359.00	1,140.71	805.03	12,970.63	120.38	-	1.53	-2.40	-5.30	0.00	-0.69	-1.45	5.71
평균	22.62	57.05	38.72	678.88	4.70	15.26	9.03	6.41	4.28	19.52	1.91	-0.71	18.26

주: 완도군, 나주시의 비도시지역 자료는 관리지역 세분화가 늦게 이루어져 2009년 자료를 이용.
출처: 전라남도 통계DB, 2013통계연보 자료 이용.

지역 면적 증가는 신안군이 가장 크고, 무안군, 해남군, 보성군 순이다. 도시지역의 양상과 대조적으로 비도시지역은 9개 지역에서 증가했고, 나머지 13개 지역은 감소했다. 감소폭이 가장 큰 지역은 영광군 (-1.79%)이고 가장 적은 지역은 구례군(-0.01%)이다.

용도지역은 개발 행위를 제한하기 때문에 지자체에서는 개발을 유도 하기 위해 행위 제한이 약한 용도지역으로 지정하려는 경향이 강하다. 주거지역에서 상업지역으로 변경하거나 녹지지역을 주거지역 또는 상업지역으로 변경하려는 것, 또는 관리지역 가운데 보전 또는 생산관리지역보다는 비교적 개발 행위가 용이한 계획관리지역으로 변경하려는 것 등이 이에 해당된다.

전라남도의 관리지역은 세분화가 어느 정도 이루어진 2009년 이후 지속적으로 증가해 왔다. 2009년 3,247km^2에서 2012년 3,404km^2로 약 166km^2의 면적이 5년 동안 관리지역으로 변화되었다. 관리지역이 감소된 지역은 여수시, 광양시, 신안군 등 8개 지역이고 나머지 14개 시군은 증가했다. 증가한 지역 가운데 증가율이 가장 높은 지역은 장성군으로 17.98% 증가했다. 다음은 완도군, 진도군, 강진군, 화순군 순이며, 이들 지역은 15%이상 증가했다.

관리지역 가운데 계획관리지역은 여수시, 나주시, 보성군, 무안군, 신안군 등 5개 시군을 제외한 나머지 모든 지역에서 증가했다. 가장 많이 증가한 지역은 완도군이며 16.91% 증가했다. 다음이 함평군, 진도군, 강진군, 화순군 순이다. 이 지역들은 대부분 10%이상 증가율을 보이는 지역들이다. 계획관리지역 면적이 증가한 지역들은 앞에서 분석한 난개발 순위에서도 중간 이상을 차지하는 지역이 많다.

3) 개발행위허가

계획의 적정성, 기반 시설의 확보 여부, 주변 환경과의 조화 등을 사전에 고려하도록 함으로써 난개발을 방지하기 위한 제도가 개발행위허가제도이다. 특별시장·광역시장·시장·군수는 국토의계획및이용에관한법률 및 개발행위허가운영지침에서 위임하거나 정한 범위 안에서 도시 또는 군계획조례 등을 제정하여 개발행위허가제도를 운영하고 있다. 개발행위허가 규모는 도시지역은 5천m^2-3만m^2미만[5]), 관리지역은 3만m^2 미만, 농림지역은 3만m^2 미만, 자연환경보전지역은 5천m^2 미만이다.

과거 수도권 지역에서 난개발이 심각하게 진행되었던 준도시지역과 준농림지역은 2002년 국토의계획및이용에관한법률이 제정되면서 관리지역으로 변화했다. 그리고 2007년까지 토지 적성 평가[6])를 거쳐 보전관리지역, 생산관리지역, 계획관리지역으로 세분화하도록 했다. 전라남도의 경우 관리지역 세분화 시기가 2009년까지 늦어졌다.

관리지역의 세분화 완료 시점인 2009년부터 2012년 사이에 진행된 용도지역별 개발행위허가 현황을 살펴보면, 도시지역에서는 감소하고 비도시지역에서는 그 규모가 증가하는 양상을 보여 왔다. 2009년 도시지역의 개발행위허가 면적은 5.69km^2에서 이듬해 6.7km^2, 2011년 6.02km^2, 2002년 5.88km^2으로 매년 감소해 왔다. 반면, 비도시지역은 2009년 17.77km^2 이후 20km^2 이상을 꾸준히 유지해 왔다.

비도시지역 가운데 관리지역 면적이 절반 정도를 차지하고 있고 관리지역 가운데 계획관리지역이 절반 이상을 차지하고 있다. 2009년 이후 관리지역은 전체 개발행위허가 면적의 40% 이상을 유지해 왔다. 계

---

5) 주거지역·상업지역·자연녹지 지역·생산녹지 지역 : 1만m^2 미만, 공업지역 : 3만m^2 미만, 보전 녹지 지역 : 5천m^2 미만

6) 토지 적성 평가는 전 국토의 "환경 친화적이고 지속가능한 개발"을 보장하고 개발과 보전이 조화되는 "선계획·후개발의 국토 관리 체계"를 구축하기 위하여 각종의 토지이용계획이나 주요 시설의 설치에 관한 계획을 입안하고자 하는 경우에 토지의 환경 생태적·물리적·공간적 특성을 종합적으로 고려하여 개별 토지가 갖는 환경적·사회적 가치를 과학적으로 평가함으로써 보전할 토지와 개발 가능한 토지를 체계적으로 판단할 수 있도록 계획을 입안하는 단계에서 실시하는 기초 조사이다(토지의 적성평가에 관한 지침 국토교통부훈령 제46호).

표 11 | 2009년 이후 도시지역과 비도시지역 개발행위허가 현황

단위 : km², %

구분			2012년		2011년		2010년		2009년	
			면적	구성비	면적	구성비	면적	구성비	면적	구성비
합계			31.75	100.00%	27.43	100.00%	35.62	100.00%	23.45	100.00%
도시지역			5.88	18.52%	6.02	21.93%	6.70	18.80%	5.69	24.25%
비도시지역	계		25.88	81.48%	21.42	78.07%	28.93	81.20%	17.77	75.75%
	관리지역	소계	12.71	40.03%	11.26	41.04%	17.14	48.10%	9.26	39.49%
		미세분	0.15	0.48%	0.79	2.89%	1.31	3.69%	2.35	10.00%
		보전	2.92	9.19%	3.06	11.14%	2.88	8.08%	1.84	7.84%
		생산	1.72	5.40%	1.74	6.36%	3.85	10.81%	1.18	5.02%
		계획	**7.93**	**24.96%**	**5.67**	**20.65%**	**9.09**	**25.53%**	**3.90**	**16.62%**
	농림지역		4.86	15.30%	8.82	32.15%	11.17	31.37%	7.75	33.04%
	자연환경 보전지역		8.31	26.15%	1.34	4.87%	0.62	1.73%	0.76	3.22%

주: 나주시가 7.88km²로 대부분을 차지하고 있으며, 빛가람도시 건설에 따른 것으로 보임.
출처: 국가통계포털(Kosis.kr).

획관리지역은 2009년 3.9km²로 16.62%였으나, 2010년 이후 부터는 전체 개발행위허가 면적의 20% 이상을 차지하고 있다.

2009년 이후 2012년까지의 연평균 개발행위허가 변화율을 보면, 도시지역 내 개발행위허가 건수는 연평균 4.05% 감소했다. 그러나 비도시지역인 관리지역은 0.88% 증가하였고, 자연환경보전지역은 6.05% 증가했으나 농림지역은 8.42% 감소했다. 비도시지역에서 개발행위허가 건수가 꾸준히 증가해 왔음을 확인할 수 있다. 세분화된 관리지역에서의 연평균 개발행위허가 건수를 보면 계획관리지역 7.49%, 보전관리지역 18.63%, 생산관리지역 3.82%가 증가했다. 계획관리지역과 보전관리지역에서의 개발행위허가가 많았다.

면적을 기준으로 살펴보면, 도시지역 1.77% 증가, 관리지역 21.2% 증가, 농림지역 8.42% 감소, 자연환경보전지역 206.55% 증가했다. 농림지역을 제외하고 대부분의 용도지역에서 개발행위허가 면적이 증가

표 12 | 2009~12년 개발행위허가 면적 연평균 변화율

단위: %

구분	도시지역	관리지역					농림지역	자연환경보전 지역
		소계	계획	보전	생산	미세분		
계	1.77	21.20	45.17	19.36	56.82	-54.81	-7.27	206.55
목포시	70.19	–	–	–	–			
여수시	6.64	-16.18	23.75	24.62	-13.31	–	20.05	-20.17
순천시	17.95	27.09	39.52	41.10	-0.34	80.76	-11.96	–
나주시	10.95	7.51	21.47	-15.69	375.68	–	125.89	–
광양시	-3.92	-1.75	-2.79	40.44	-7.99	–	44.41	89.70
담양군	-49.53	20.97	40.80	-7.76	44.05	-75.80	9.42	–
곡성군	194.56	40.81	38.55	160.11	14.41	–	40.53	
구례군	-46.85	25.38	145.01	318.24	234.87	-30.46	-32.99	1025.63
고흥군	-0.76	-18.70	-16.62	169.80	-21.61	-0.29	33.87	40.74
보성군	-13.31	11.47	0.01	117.35	48.27	–	19.58	345.88
화순군	43.38	290.85	388.32	163.00	178.39	–	6.53	–
장흥군	460.38	148.75	114.90	187.86	531.35	–	426.98	-26.96
강진군	-5.38	178.01	232.21	91.83	9.81	63.34	4.82	-1.40
해남군	15.90	21.62	12.09	52.32	39.40	16.63	-25.05	
영암군	16.54	104.60	84.05	459.21	91.54	-22.67	64.88	
무안군	-33.34	9.10	22.38	-0.70	172.25	-70.51	-16.73	2310.27
함평군	-16.64	13.01	32.32	21.11	117.47	7.15	26.26	-32.89
영광군	9.56	-15.73	-11.04	62.28	-25.79	–	-15.55	–
장성군	-4.54	-1.25	-10.66	1.53	-9.52	–	-11.70	
완도군	23.79	19.42	40.18	–	5.50	–	239.72	243.69
진도군	-53.43	-42.18	-46.36	-61.75	-2.17	–	35.52	
신안군	5.97	12.11	0.79	-14.82	43.43	–	-27.56	

주: 담양군, 장성군은 2010~12년 평균, 장성군은 2011년 자료 누락으로 제외하고 연평균 산출.
출처: 국가통계포털(kosis.kr) 이용.

해 왔음을 확인할 수 있다. 특히, 관리지역과 자연환경보전지역에서의 개발행위허가 면적이 다른 지역보다 월등히 많다.

지역별로는 도시지역의 개발행위허가 면적은 장흥군 460.38%, 곡성군 194.56%로 다른 지역보다 월등히 높게 증가했다. 화순군, 목포시, 순천시, 나주시, 해남군, 영암군, 완도군 지역이 10% 이상의 증가율을 보였다. 나머지 지역은 감소하거나 10%이하 수준에서 증가했다. 관리

그림 4 | 연평균 개발행위허가 건수 변화율(2009~10년)
그림 5 | 연평균 개발행위허가 면적 변화율(2009~2010년)

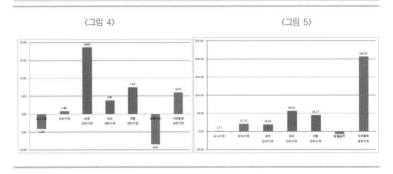

〈그림 4〉   〈그림 5〉

지역의 증가는 화순군, 강진군, 장흥군의 증가가 100% 이상의 증가율
을 보여 다른 지역보다 월등히 높은 것으로 나타났다. 그리고 7개 시군
을 제외한 15개 시군 지역에서 관리지역이 증가했다. 관리지역 가운데
계획관리지역은 구례군, 화순군, 장흥군, 강진군 지역이 100% 이상 증
가해 다른 시군 지역보다 많이 증가했다.

4) 도시계획시설

도시 생활에 필요한 기반 시설은 도시 기능을 유지하기 위해 필수 불
가결한 시설이며, 공공재로서의 특성이 강하다. 중요한 시설을 도시계
획으로 결정하게 되는데, 이를 도시계획시설이라 한다. 즉, 도시계획시
설은 도시 기능 유지를 위해 요구되는 필수 공공시설로서 도시·군 관리
계획으로 결정되며, 54개의 시설이 있다. 공공성이 크기 때문에 민간에
의한 공급이 어려워 지방자치단체가 직접 설치하지 않으면 안 된다. 이

표 13 | 1995~2012년 도시계획시설 현황(단위 : ㎡)

대분류	소분류	2012년	2010년	2005년	2000년	1995년
공간 시설	공원	70,884,629	69,818,379	69,379,722	69,003,443	67,206,856
	광장	12,532,879	12,277,469	6,299,029	4,261,056	2,263,662
	녹지	18,008,291	15,140,038	10,678,562	9,354,672	8,241,558
공공 문화 체육 시설	공공 청사	4,780,865	4,850,941	2,211,771	1,140,980	589,252
	도서관	34,305	34,308	77,312	44,516	106,070
	문화시설	1,210,204	940,248	477,933	205,928	105,368
	학교	22,334,122	21,959,868	22,881,617	14,359,908	12,379,370
교통 시설	도로	145,456,347	138,976,981	70,608,925	69,024,060	61,268,081

출처: 2013년 도시계획현황, 국토교통부.

표 14 | 2012년 전라남도 도시계획시설 미집행 현황

결정 면적 (㎡)	집행 면적 (㎡)	집행 비율 (%)	미집행 면적 (㎡)	추정 사업비 계 (백만 원)
155,459,158	35,765,288	23.01	119,693,870	12,745,515

출처: 2013년 도시계획현황, 국토교통부.

런 특성 때문에 지방자치단체가 도시관리계획으로 시설의 규모와 위치 등을 결정한 뒤 예산을 투입하여 설치한다. 도시계획시설의 지정 및 집행 실태를 통해 시설의 적정성, 도시계획의 한계, 지방자치단체의 의지 등을 읽을 수 있다.

전라남도의 도시계획시설 현황을 보면, 1995년 이후 대부분의 도시계획시설이 증가해 왔다. 대표적인 도시계획시설 가운데 공간 시설 및 공공 문화 체육 시설, 교통 시설을 살펴보면 분명하게 확인할 수 있다.

2012년 기준 전라남도의 도시계획시설 집행 비율은 23.01%에 불과하다. 전국 26.15%보다 낮다. 추정 사업비는 약 12조 7천억 원이 필요할 것으로 예상되고 있다. 시설별 집행 비율을 보면 공공 공지를 비롯한 13개의 도시계획시설은 전혀 집행이 이루어지지 않았다. 집행된 도시

표 15 | 2012년 도시계획시설별 미집행 비율(%)

도시계획시설	집행 비율	도시계획시설	집행 비율	도시계획시설	집행 비율
주차장	0.76	학교	16.18	공동묘지	33.68
공원	5.75	하수도	21.61	운동장	37.84
녹지	9.71	폐기물처리시설	23.79	문화시설	40.67
종합의료시설	10.90	광장	25.54	하천	42.31
유원지	11.38	도로	27.97	청소년수련시설	46.20
연구시설	11.65	공공청사	29.85	항만	79.51
자동차정류장	11.77	수도공급설비	32.84	체육시설	86.08

출처: 2013년 도시계획현황, 국토교통부.

계획시설 가운데에서도 주차장, 공원, 녹지, 학교 등 생활과 연계된 시설의 집행 비율이 낮다. 반면, 주민들의 일상생활과 직접적인 관련성이 다소 떨어지는 항만, 체육 시설, 문화시설, 하천 시설 등의 집행 비율이 높게 나타나고 있다. 즉, 주민들의 일상생활 공간에 대한 배려가 상대적으로 낮다고 볼 수 있다.

이와 같이 도시계획시설의 집행율이 낮은 이유는 다음과 같은 몇 가지 점에서 그 원인을 찾아 볼 수 있다. 첫째, 지방자치단체의 열악한 재정 상황이다. 토지 보상비 및 공사비 등의 사업비는 지속적으로 증가하고 있으나, 인구 감소 및 지역 활력 저하에 따라 세수가 낮아지고 있는 전라남도의 여건이 반영된 결과라고 할 수 있다. 둘째, 정확한 수요 추정이나 재정 계획이 없이 이루어진 과도한 도시계획시설의 결정이다. 도시계획시설은 예산이 반드시 뒷받침되어야 실현 가능성이 높다. 그러나 실제 도시계획시설을 결정할 때는 재정에 대한 고려 없이 과도하게 지정하는 경향이 있다. 셋째, 실제 집행이 어려운 도시계획시설을 무리하게 결정하거나 불필요하게 계획한 경우 또는 정치적 이유로 집행이 어려운 경우가 발생하기도 한다. 넷째, 앞에서 살펴보았듯이 도시기본계획에서 과도한 규모로 목표 인구를 설정하는 경우, 목표 인구에 맞춰 도시계획시설 또한 과도하게 지정하게 되는 문제가 있다. 다섯째, 팽창형, 공급 중심의 시각에서 도시계획시설을 결정한 결과이다.

5. 요약 및 결론

지방자치제가 실시된 이후 전라남도 난개발 현상과 그 수준을 가늠해 보았다. 그리고 난개발 관리에 한계를 드러낸 도시계획 대응에 대해서도 짚어 보았다. 지금까지의 내용을 정리해 보면 다음과 같다.

첫째, 전라남도 대부분 지역은 인구가 감소하고 있음에도, 시가지 면적과 도로면적은 지속적으로 증가해 왔다. 읍면동 인구는 평균 22.8% 감소했지만, 도로면적은 46.4%, 시가지 면적은 25.7% 증가했다.

둘째, 전라남도는 과잉 개발형 난개발이 일반적으로 진행되어 왔다. 전라남도의 난개발 지역은 시가지 면적과 도로 면적의 증가가 두드러지고, 인구와 지역 활력은 감소한 지역이다. 특히, 도로 면적 증가율이 높은 지역이 난개발 지역으로 분류되는 경향이 많았다. 이와 같은 결과는 지금까지 전남이 낙후된 지역으로서 기반 시설이 미비되었던 지역적 상황을 감안하더라도, 인구가 지속적으로 감소함에도 불구하고 기반 시설과 시가지 면적이 꾸준히 확대되어 온 점은 과잉 개발형 난개발 형태가 일반적인 경향이었음을 보여 주는 것이다.

셋째, 난개발종합지수를 이용하여 전남의 난개발 순위를 분석한 결과, 전남의 남부 지역(해남, 장흥, 강진, 보성 등)과 서북부(영광, 장성, 함평)에서 난개발 수준이 높은 읍면동이 많이 분포하는 것으로 나타났다.

넷째, 읍면동 단위의 난개발 분석 결과, 난개발 수준은 면 지역이 가장 높고, 읍 지역, 동 지역 순이다. 대부분의 면 지역은 인구 감소와 시가지 및 기반 시설 확대가 함께 이루어지면서 과잉 개발이 발생했으며, 전라남도 대부분 지역에서 폭넓게 나타났다. 동 지역은 인구 유출이 심화되는 구도심 지역의 도시 쇠퇴 특성이 반영되면서 난개발 지역으로 분류되었다.

다섯째, 전남 대부분 지역의 과잉 개발은 팽창형 도시계획에서 비롯된 것이다. 인구가 감소해 왔음에도 불구하고 과도한 계획 및 비도시지역의 개발 확대 등에 따른 난개발 현상을 확인할 수 있었다. 도시기본계획에서 인구를 과도한 규모로 추계하였고, 용도지역에서도 개발이 용이한 관리지역이 지속적으로 확대되어 왔으며, 특히 계획관리지역의 확대가 두드러졌다. 개발행위허가 또한 비도시지역에서 전체의 80% 내외가 이루어졌으며, 계획관리지역에서는 그 절반인 40% 내외에서 허가가 이루어졌다. 그리고 도시계획시설의 집행률이 23%에 불과한 것은 당초 계획이 실현 가능성을 고려하지 못하고 과도하게 이루어졌고 전라남도의 재정상황 또한 열악함을 보여주는 것이다.

| 참고문헌 |

1996년·2013년 각 시군 통계연보

국토통계포털·교통통계DB·세움터 건축행정시스템

권용우. 2003. "난개발 문제 해소를 위한 새로운 패러다임."『국토연구』제256호, pp. 46-54, 국토연구원.

김재익. 2008. "지역별 난개발 수준의 측정."『한국지역개발학회지』제20권 제2호, pp. 127-147, 한국지역개발학회.

남우규. 2002.『도시토지의 효율적 개발과 난개발 방지를 위한 개선방향에 관한 연구』. 경원대학교 박사학위논문.

박재길. 2004.『도시계획결정과 사회적 정의에 관한 연구』. 국토연구원.

박종철. 2011. "전남 소도읍의 난개발 문제점과 개선방안." 전남발전연구원 전문가풀 워크숍자료.

윤동순·최민섭. 2014. "비도시지역의 효율적 관리방안 : 계획관리지역을 중심으로."『한국지역개발학회지』제26권 제1호, pp.1~26, 한국지역개발학회.

이경주·권일. 2012. "비도시 지역의 공장 개별입지 난개발에 관한 실증적 분석."『한국지역개발학회지』제24권 제5호 제74집, pp.145-159, 한국지역개발학회.

이상현·강미선. 2001. "난개발의 정의와 분석에 대한 기초연구."『대한건축학회지』149(2001.3) pp.47-54, 대한건축학회.

이성용·하창현. 2013.『장기미집행 도시계획시설 활용방안』, 제주발전연구원.

이왕기·정승현. 2012. "비도시지역 개발행위허가제 운용실태 및 개선방안에 관한 연구: 인천광역시 강화군을 사례로."『국토연구』제73권, pp.203-225, 국토연구원.

정현욱·김재익. 2003. "대도시권역 난개발의 공간적 분포에 관한 연구."『대한국토계획학회지』제38권 제5호, pp.7-20, 대한국토도시계획학회.

최은진·허회범·성현곤·김용철. 2010. "수도권의 난개발지수 산정 및 통행패턴과의 연관성 분석."『국토연구』제64권, pp.97-112, 국토연구원.

제2부

사회복지·교육·
문화관광 부문

| 5장 |

전남 지방자치 20년과
사회복지의 행방

김영란, 최정민

1. 서론

1995년부터 시작된 지방자치제는 사회복지에 많은 변화를 가져왔다. '지역의 문제는 지역이 자치적으로 해결한다(혹은 해결해야 한다)'는 원칙하에 2003년부터 사회복지 서비스의 지방 이양, 정기적인 지역사회 복지 계획 수립, 지역사회 복지 협의체를 통한 사회복지 서비스 조정 등 지금까지 지방정부가 수행해 왔던 법정 국가 급여 전달 기능을 넘어, 전문적이고 구체적이며 개별적인 사회복지 서비스 제공 기능을 담당하도록 유도했다. 다시 말해서 지방정부가 해당 지역 주민의 독자적인 욕구에 대처할 수 있는 사회복지사업을 적극적으로 발굴하고 시행함으로써 주민의 삶의 질 향상에 기여하는 능동적인 역할을 수행하도록 한 것이다.

한마디로 이 글은 지방자치제도를 실시했던 지난 20년 동안 지방정부가 이런 기대에 어떻게 부응해 왔는지를 알아보기 위해 계획되었다. 우리나라의 대표 농도(農道)인 전라남도는 농업이 사향화되어 감에 따라서 경제구조 측면에서도(낮은 재정 자립도), 인구구조 측면에서도(고령화와 저출산) 다른 광역 지자체에 비해 열등한 위치에 놓여 있다. 또한 전남이 포함하고 있는 서해안은 국내에서 가장 섬이 많은 지역으로, 연륙교가 건설되기 시작한 최근에 와서야 생활환경이 그나마 개선되었을 뿐 아직도 육지에 비하면 의료와 복지 등 주민을 위한 인프라가 열악한 편이다. 이런 사정 때문에 전남은 복지 수요는 많지만 복지 공급이 그 수요를 따르지 못하는 '사회복지 불리 지역'으로 인식될 만하다. 필자들은 지난 1995년부터 2014년까지 민선 지방자치단체장이 선출되었던 20년 간 전남의 복지 수요와 복지 공급의 변화를 주 내용으로 다루면서 과연 자치행정이 지역의 복지를 어디로 이끌었는지, 그 '행방'을 추적해보고자 했다.

그동안 전남에는 31대 허경만 도지사(1995.7.1~1998.6.30)부터 지난 6월에 임기를 마친 36대 박준영 도지사까지 3명의 도지사가 선출되었다. 허경만 도지사는 두 번 연임했고(31대, 32대), 박준영 도지사는 세 번 연임하여(34대, 35대, 36대) 이 두 사람이 각각 7년과 10년 동안, 그리고 임기 만료를 몇 개월 남겨 둔 채 사망한 33대 박태영 도지사가 약 2년(2002.7.1~2004.4.29) 동안 전라남도 지방행정의 최고 관리자로서의 역할을 수행했다.[1]

---

1) 박태영 전 도지사의 유고로 인해 송광운 권한대행이 약 한 달 남짓(2004.4.30.~ 2004. 6.5) 도지사 직무를 보았다.

지난 20년 동안 이들은 '기회와 희망의 전남 건설'(31대 허경만), '새롭게 도약하는 전남'(32대 허경만), '소득 창출로 잘 사는 전남 실현'(33대 박태영), 그리고 '미래를 여는 풍요로운 전남'(34~36대 박준영)이라는 기치를 내걸고 경제, 발전, 산업, 문화 관광, 복지를 중시하는 광역 지자체를 만들겠다고 선언했다. 본격적으로 '복지'를 전면에 내세운 때는 32대 허경만 도지사 때부터인데, 이후 도지사들은 전라남도의 복지를 도정의 주요 과제로 삼았다. 예를 들어 '도민 복지의 향상'(32대 허경만, 34대 박준영), '복지 전남의 구현'(33대 박태영), '도민 복지 증진'(35대 박준영), '찾아가는 도민 복지 실현'(36대 박준영)에 이르기까지 도민을 위한 복지를 확대하고, 나아가 도민이 체감하는 복지를 실현하겠다는 의지를 보였다.

그러나 본문에서도 제시하겠지만, 2005년에서 2012년 사이 일반회계 중 복지 예산의 비중(사회보장 포함)은 4.02% 증가한 것에 그쳤다(전국의 경우 9.69%). 지난 20년 동안 정부 차원의 사회보험과 공공 부조(국민 기초 생활 보장 제도)가 확대된 것을 고려하면, 결국 이 증가폭도 도민의 구체적인 욕구를 반영한 사회 서비스의 확대에 따른 결과라기보다는 중앙정부의 복지 확대에 맞춘 대응 재정의 증가라고 볼 수 있다. 사실 사회복지 예산이 많다고 해서 곧바로 도민 복지가 양적으로 증진되거나 질적으로 향상되는 것은 아니다. 거기에는 서비스의 질을 높일 수 있는 전문 인력, 서비스가 고루 전달될 수 있는 체계, 그리고 다양한 욕구에 부응할 수 있는 자원 등 여러 요소들이 필요하다. 그렇기 때문에 사회복지 예산만을 놓고 복지의 행방을 따지는 것은 편협할 수 있다.

이 글은 민선 지방자치단체장이 지방의 행정을 담당하기 시작한 이후 지금까지 지난 20년 동안 전라남도의 사회복지의 공급과 수요의 변화 추이를 파악하고, 느슨하게나마 공급의 수준과 수요의 수준을 비교해 보는 데 중점을 두었다. 복지의 영역은 워낙 방대하여 제한된 분량의 글에서 전남 복지의 전반을 포함하는 것은 불가능하다. 다만, 필자들의 판단에 의해 주요 고려 대상이라고 보는 요소들을 각각 공급과 수요에 포함했고, 사회복지에 영향을 주는 환경들, 예를 들어 인구와 경제 변화에 대한 내용을 다루었다. 지난 20년간 사회복지 관련 변화를 추적하는 일이니 만큼 주로 통계청, 보건복지부, 행정안전부 등 공공 기관의 통계 자료를 그대로 혹은 가공하여 사용했다. 한편, 20년간의 연도별 자료가 제시되지 않은 경우에는 최대한 확보된 연도의 수치를 들어 논의했다. 또한 전남의 상황을 좀 더 객관적으로 파악하기 위해 전국 수치와 더불어 전남과 유사한 타 광역 지자체의 수치를 비교했다.

앞서 "느슨한" 비교라고 말한 것처럼, 이 글은 지난 20년간 전남 복지의 전반적인 흐름을 파악하는 데서 의의를 찾을 수 있다. 한편, 시기적으로 37대 이낙연 도지사의 임기 초반이라는 점을 고려하면, 미약하나마 지난 20년간의 사회복지를 돌아보고 앞으로의 방향을 계획하는 데 참고가 될 수 있을 것으로 기대한다.

2. 전라남도의 복지 환경

'복지 환경'이라 함은 복지 수요 혹은 공급을 증가시키거나 감소시키는 데 영향을 줄 수 있을 것으로 판단되는 요소들을 의미한다. 이를 테면, 인구구조, 경제 상태, 시민들의 복지 의식, 정치인들의 정치 성향 등이 포함될 수 있다. 이 글에서는 좀 더 객관적으로 변화를 설명할 수 있는 환경인 인구와 경제만을 다루었다.

1) 인구

인구는 모든 활동의 주체로서 그리고 모든 제도의 대상으로서, 지역을 이해하는 데 가장 기본적이면서 동시에 가장 중요한 지표가 된다. 특히 인구의 규모와 내부 구조는 현재뿐만 아니라 미래의 변화를 예측할 수 있게 한다. 이런 맥락에서 전남의 인구 집단 분석은 전남 사회복지의 현재 위치와 미래의 향방을 이해하는 데 중요한 단서를 제공할 것이다. 여기에서는 전체 인구 변화 추이, 연령대별 인구 변화 추이, 고령화율 추이를 살펴보았다.

(1) 전체 인구

〈그림 1〉과 같이, 지방자치제도가 시작되던 1995년, 국내 인구는 4,509만2,991명이었다. 그리고 현재 2014년의 인구는 5,042만3,955명으로, 1995년과 2014년 사이에 12%가 증가했다. 한편 전남에서는 1995년 208만8,701명이었던 인구가 2014년에는 175만6,649명으로 16%가 감소했다.[2] 이 수치는 지난 20년 간 전남의 인구가 전남을 떠나 어디론가 이동했고, 전남 밖에서 전남으로 이동해 온 인구 규모도 크

---

2) 박준영 전 도지사는 퇴임 시 "해마다 3만6천 명씩 줄던 인구 감소폭이 작년 말엔 2천4백 명 감소에 그쳤습니다. 지난 10년 동안의 성과입니다. 희망을 갖고 전남의 미래를 지켜 볼 수 있게 됐습니다. 이제는 친환경 농업 육성과 J프로젝트의 성공적 정착을 통해 전남 인구 2백만 시대를 회복하면서 전남의 미래를 준비해야 합니다."라고 회고했다(전남도청, 2014/06/26). 지난 20년 동안 전남 인구는 크게 줄었지만, 이처럼 시간이 갈수록 인구의 감소폭이 줄어들고 있는 것은 다행이라 할 수 있다.

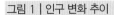

그림 1 | 인구 변화 추이

단위 : 명

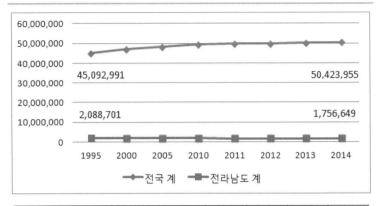

구분	1995년	2000년	2005년	2010년	2011년	2012년	2013년	2014년
전국	45,092,991	47,008,111	48,138,077	49,410,366	49,779,440	50,004,441	50,219,669	50,423,955
전남	2,088,701	2,034,970	1,852,119	1,777,067	1,771,871	1,768,274	1,762,178	1,756,649

주: 1) 본 자료는 2012년 6월 장래 인구 추계 시도편 자료임.
  2) 2010년까지는 확정 인구이고, 2011년 이후는 다음 인구 추계 시 변경될 수 있음.
  3) 인구는 국적에 관계없이 국내에 거주하는 인구임(외국인도 포함).
출처: 통계청(2012). 장래 인구 추계(http://kosis.kr/).

지 않았음을 보여 준다. 또한 이 기간 동안 전남에서도 신생아가 태어났
겠지만 그 숫자가 인구 감소분을 능가하지 못했다는 점도 보여 준다. 왜
일까? 1960, 70년대 산업화 시기의 '향도이촌'(向道移村) 현상이 지속된
것인가? 그 당시에 꾸준히 추진했던 산아제한 정책이 지속된 것인가?

(2) 연령대별 인구

1995년과 2014년 사이의 연령대별 인구 변화를 살펴보면 〈그림 2〉
와 같다.

먼저 20세 미만 인구 집단은 전국이 1,443만3,776명에서 1,046만

150

그림 2 | 연령대별 인구 변화 추이

단위 : 명, %

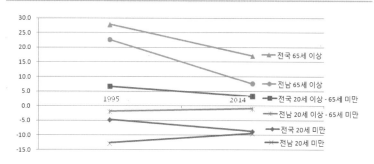

구분	1995년	2014년	변화율
전국 20세 미만	14,433,776	10,463,466	-27.5
전남 20세 미만	652,249	359,983	-44.8
전국 20세 이상 ~ 65세 미만	28,002,563	33,574,930	19.9
전남 20세 이상 ~ 65세 미만	1,214,170	1,013,701	-16.5
전국 65세 이상	2,656,652	6,412,464	141.4
전남 65세 이상	222,282	385,031	73.2

주: 1) 본 자료는 2012년 6월 장래 인구 추계 시도편 자료임.
   2) 2010년까지는 확정 인구이고, 2011년 이후는 다음 인구 추계 시 변경될 수 있음.
   3) 인구는 국적에 관계없이 국내에 거주하는 인구임(외국인도 포함).
출처: 통계청(2012). 장래 인구 추계(http://kosis.kr/).

3,466명으로 27.5% 감소한 반면, 전남은 65만2,249명에서 35만9,983
명으로 44.8%가 감소한 것으로 나타났다. 이는 전국에 비해 전남의 20
세 미만 인구 집단이 더 가파르게 감소해 왔음을 보여 준다. 20세 미만
인구의 이와 같은 감소는 전국이나 전남이나 신생아 출산율의 저하가
주된 원인일 것으로 추정할 수 있다.3) 그러나 최근 전남의 출산율이 전

---

3) 신생아 출생률은 전국의 경우 2000년 63만4,501명에서 2013년 43만6,455명으로

국에서 가장 높았다는 기사를 감안한다면(『연합뉴스』 2014/08/07), 전남의 20세 미만 인구 집단의 인구 감소를 저출산 현상만으로 설명하기는 어렵다. 이런 가운데 20세 이상, 65세 미만의 인구 집단 변화를 주목해 볼 필요가 있다. 이 인구 집단의 경우, 지난 20년 간 전국은 19.9%가 증가한 반면, 전남은 16.5%가 감소했다. 이 연령집단에서 본인이든 자녀이든 교육과 취업으로 인해 가족을 동반한 인구 이동이 일어났을 것으로 추정할 수 있는데, 통계적으로도 지난 10년(2003~2012년)간 타 시·도로 유출된 호남 인구(전남과 광주 인구) 31만9천 명 가운데 10~30대 청·장년층이 30만6천 명(10대 4만2천 명, 20대 24만8천 명, 30대 1만6천 명)으로 96%를 차지한 것으로 나타났다(『광주일보』 2014/08/05).

이처럼 10대와 20대의 교육과 대학 진학, 그리고 40대 미만 가구주의 취업과 이로 인한 학령기 이전·이후의 가구원 전출로 인해서 65세 미만의 인구 집단이 감소했고, 이는 전체 인구의 감소분에 해당될 정도의 영향력 있는 변화를 가져왔다고 볼 수 있다. 이후 경제 부분에서 자세히 살펴보겠지만, 이런 결과는 경제활동인구의 감소로 이어져 전남 경제에 심각한 영향을 미치는 것으로 분석될 수 있다. 뿐만 아니라 도시로 이주하지 않고 남아 있는 도민들 사이에서 '떠나지 않는 것이 아니라 떠날 수 없는 것'으로 인한 패배 의식도 생길 수 있다.

한편, 전국의 65세 이상 인구 집단은 1995년 265만6,652명에서 2014년 641만2,464명으로 141.4% 증가했고, 전남의 경우는 같은 시기에 22만2,282명에서 38만5,031명으로 73.2% 증가한 것으로 조사되

31.2%로, 전남은 2000년 2만5,724명에서 2013년 1만5,401명으로 40.1%로 감소한 것으로 확인되었다(통계청, 2000, 2013).

었다. 이런 증가는 전국적으로나 전남에서나 수명 연장에 따른 노인 인구 규모의 확대에 따른 결과로 이해될 수 있다.[4]

(3) 노인 인구와 고령화

앞서 65세 미만 인구 집단의 감소와는 상반되게 65세 이상 인구는 꾸준히 증가하여 1995년부터 2014년 사이에 전국은 141.4%, 전남은 73.2%의 증가율을 보였다고 밝힌 바 있다. 이런 결과로 미루어 전국에 비해 전남의 65세 이상 인구 집단의 증가율이 낮은 것으로 보이지만 총인구 중에서 65세 이상 인구를 나눈 인구 고령화율을 살펴보면(〈그림 3〉 참고), 이미 2003년 전국 고령화율 8.07%에 비해 전남은 14.4%로 총인구에서 65세 이상 인구가 차지하는 비율이 높았다. 전체적으로 지난 20년간의 변화율도 전국 4.15%에 비해 전남 5.53%로 전남의 높은 고령화율이 꾸준히 유지·증가해 왔음을 알 수 있다. 이는 전남의 노년층 증가율이 전국 수준에는 못 미치지만, 저출산과 젊은 세대의 전출로 인해 인구 구성비에서 65세 이상 집단의 비중은 커지고 있음을 보여 준다. 이런 결과는 표면적으로 노인 부양비가 상승하고 노인 세대에 대한 청장년 세대의 부양 부담이 증가되는 것으로 이어질 수 있다. 그러나 앞서 살핀 것처럼 청장년 세대가 전남을 떠나고 있는 추세가 지속된다면, 부양비 부담은 상당 부분 지방자치단체의 몫이 될 수밖에 없을 것이다.

---

4) 전국은 2005년 78.6세에서 2011년 81.0세로, 전라남도는 2005년 77.75세에서 2011년 80.16세로 평균 기대 수명이 증가했다(통계청 2012).

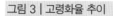
그림 3 | 고령화율 추이

단위 : %

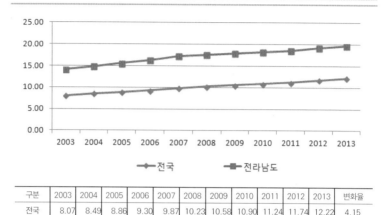

구분	2003	2004	2005	2006	2007	2008	2009	2010	2011	2012	2013	변화율
전국	8.07	8.49	8.86	9.30	9.87	10.23	10.58	10.90	11.24	11.74	12.22	4.15
전남	14.11	14.88	15.58	16.31	17.23	17.63	17.97	18.29	18.61	19.19	19.64	5.53

주: 고령 인구 비율=(65세 이상 인구/전체 인구)×100.
출처: 통계청(2003, 2004, 2005, 2006, 2007, 2008, 2009, 2010, 2011, 2012, 2013). 안전행정부 주민등록인구(http://kosis.kr/).

(4) 유입 인구

지난 20년 간 전남 인구가 지속적으로 감소해 왔고, 그 감소의 이유를 인구 전출로 설명했지만, 전남으로 유입하고 있는 인구가 없었던 것은 아니다. 비록 유입 인구의 규모가 총인구 감소를 회복시킬 만큼 큰 것은 아니었지만 해마다 꾸준히 증가해 왔다. 전남의 대표적인 유입 인구로 귀농 귀촌인과 결혼 이주 여성을 들 수 있는데, 먼저 전국과 전남의 귀농 귀촌 인구 변화를 살펴보면 〈그림 4〉와 같다. 전국의 귀농 귀촌인은 2010년 5,405명에서 2013년 1만923명으로 102.1%의 증가율을 보인 반면, 전남의 귀농 귀촌인은 2010년 768명에서 2013년 1,825명으로 137.6%의 증가율을 보여 전남의 증가율이 전국에 비해 높았다.

그림 4 | 귀농 귀촌 인구 변화 추이

단위 : 명, %

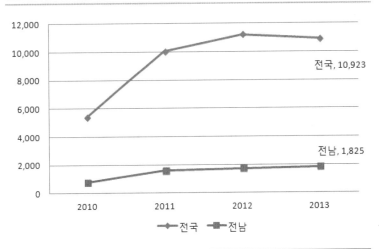

구분	2010년	2011년	2012년	2013년	증가율
전국	5,405	10,075	11,220	10,923	102.1
전남	768	1,600	1,733	1,825	137.6

출처: 통계청(2010, 2011, 2012, 2013). 귀농 귀촌인 통계(http://kosis.kr/).

특히 2012년에서 2013년 사이에는 전국적으로 귀농 귀촌 인구수가 하락했으나 전남은 연 1백여 명 정도이지만 꾸준히 증가 추세를 유지했다.

한편, 결혼 이주 여성을 포함한 외국인은 전국적으로 2006년 53만 6,627명에서 2013년 144만5,631명으로 169.4%의 변화율을 보인 반면, 전남은 2006년 11,980명에서 2013년 4만1,340명으로 245.1%의 변화율을 보였다(〈그림 5〉 참고). 이와 같은 외국인 인구의 증가는 귀농 귀촌에 비해 규모도 크고 증가 변화율도 높으며, 특히 중년 이상이 귀농 귀촌을 선택하는 것[5])에 비하면, 외국인 대부분이 결혼 이주 여성으로

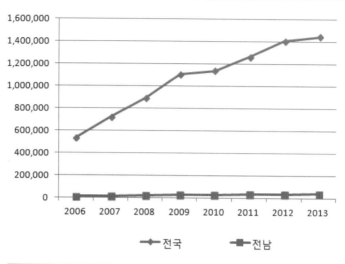

그림 5 | 외국인 인구 변화 추이

단위 : 명, %

구분	2006년	2007년	2008년	2009년	2010년	2011년	2012년	2013년	변화율
전국	536,627	722,686	891,341	1,106,884	1,139,283	1,265,006	1,409,577	1,445,631	169.4
전남	11,980	16,312	20,551	30,309	31,305	35,077	39,006	41,340	245.1

출처: 안전행정부(2006, 2007, 2008, 2009, 2010, 2011, 2012, 2013). 지방자치단체외국인주민현황
(http://kosis.kr/).

결혼에 의한 출산이 가능해 다음 세대 인구를 보장한다는 점 때문에 의미가 있다. 그러나 이런 유입 인구의 경우 도시 문화와 농촌 문화, 자국 문화와 한국 문화 간의 문화 이질성을 다문화주의로 극복해야 하는 과제뿐 아니라 토착민과 이주민 간의 갈등으로 인해 오히려 사회 통합을 저해하는 문제를 초래할 수 있다는 점을 고려해야 한다.

---

5) 귀농 가구주의 평균연령은 53.1세(통계청·농림축산식품부 2014)로 귀농 귀촌 인구에게
   농촌의 신생 인구 증대를 기대하기는 어렵다.

2) 경제

경제는 모든 활동의 결과로 나타나면서 동시에 그런 활동을 가능하게 만드는 수단적 자원이다. 특히 지방자치제도하에서 한 지역의 경제적 능력은 '자치'의 완성을 가능케 하는 중요한 요소이다. 여기에서는 산업구조의 변화, 경제활동인구와 경제활동 참여율, 그리고 실업률을 통해 전남의 경제 상황을 진단하고, 최종적으로 재정 자립도를 통해 전남의 경제 상태를 판단하고자 한다.

(1) 산업구조

산업체 수에 따른 전남의 산업구조의 변화를 살펴보면 〈그림 6〉과 같다. 전남에 소재한 산업체는 3차 산업이 가장 많고, 다음은 2차, 1차 산업 순으로 산업체의 수가 적었다. 전남이 농도임에도 불구하고 1차 산업에 속한 산업체 수가 적은 것은 농업의 산업화가 아직 미진한 결과 때문으로 보인다. 한편, 2007년부터 산업체 규모 변화를 보면, 1차 산업은 2007년 1,274개에서 2012년 1,382개로 8.5% 증가했고, 2차 산업은 2007년 14,673개에서 2012년 15,767개로 7.5% 증가했다. 또한 3차 산업은 2007년 10만8,816개에서 2012년 11만5,743개로 6.4% 증가한 것으로 확인되었다.

전남의 산업을 농업에 국한해서 살펴보면, 1970년 1,442만 명이었던 전국 농업인구가 2012년 291만 명으로 감소되었다는 국정감사 보도(〈오마이뉴스〉 2014/10/10)가 눈에 띈다. 이런 전국 추세로 보아 전남에서도 농어업의 축소가 진행되었을 것으로 예측할 수 있다. 한편, 전남도청 농업정책과에서는 통계청의 2013년 농림어업인 조사 결과를 제시

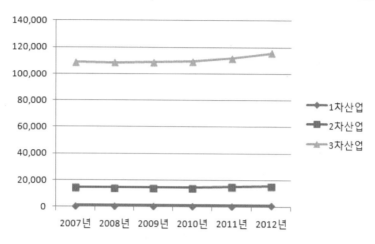

그림 6 | 전남 산업체 구조 변화 추이

단위 : 개, %

구분		2007년	2008년	2009년	2010년	2011년	2012년	증가율
합계		124,763	124,286	124,750	125,395	128,465	132,892	6.5
1차 산업		1,274	1,249	1,285	1,342	1,367	1,382	8.5
2차 산업		14,673	14,461	14,533	14,505	15,182	15,767	7.5
3차 산업		108,816	108,576	108,932	109,548	111,916	115,743	6.4
전체산업 대비	1차 산업 비중	1.0	1.0	1.0	1.1	1.1	1.0	–
	2차 산업 비중	11.8	11.6	11.6	11.6	11.8	11.9	0.1
	3차 산업 비중	87.2	87.4	87.3	87.4	87.1	87.1	-0.1

출처: 전라남도(2007, 2008, 2009, 2010, 2012). 전라남도기본통계(http://kosis.kr/).

하면서 1990년 이후 처음으로 전남의 농림어업인이 37만954명(16만
4,834 농가)에서 전년보다 340명이 늘어났고, 이는 전국 도 단위에서 유
일한 증가세라고 발표했다. 또한 이는 1970년대 이후 지속적인 감소세
를 보이다 1990년 9천여 명이 반짝 증가한 이후 23년 만에 증가세로 돌
아선 것으로 농업정책과에서는 이런 결과가 친환경 농업 육성에 따라
농촌에서도 고소득을 올릴 수 있다는 믿음이 확산되면서 귀농 인구가

그림 7 | 경제활동인구 변화 추이

단위 : 천 명, %

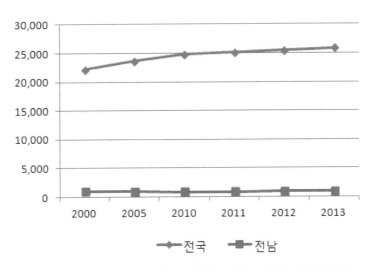

구분	2000년	2005년	2010년	2011년	2012년	2013년	변화율
전국	22,134	23,743	24,748	25,099	25,501	25,873	16.9%
전남	1,014	953	904	904	926	934	-7.9%

출처: 통계청(2000, 2005, 2010, 2011, 2012, 2013), 경제활동인구조사(http://kosis.kr/).

늘어난 때문이라고 분석했다.6) 한편, 성별 농업인구는 여성이 1천6명
이 늘어났으나 남성은 666명이 줄었고, 연령별로 65세 이상 농가 고령
인구 비율은 43.7%로 전년보다 0.8% 늘어 농업의 여성화와 고령화가
지속되고 있다고 밝혔다(전남도청 2014/04/23).

---

6) 같은 자료에서 전남도청 농업정책과는 지난해 전남으로 귀농한 인구가 전년보다 24.6%
늘어난 3,261가구, 6,962명에 이르렀다고 했다(전남도청 2014/04/23).

(2) 경제활동인구와 경제활동 참여율

통계청의 정의에 따르면, 경제활동인구는 만 15세 이상 노동 가능한 인구로 상품이나 서비스를 생산해서 수입을 얻고자 활동하는 취업자와 그러할 의사가 있다고 예상하는 실업자 모두가 포함된다. 따라서 한 지역의 경제활동인구의 규모는 그 지역 내 상품이나 서비스 생산 규모를 가늠하게 하는 요소가 될 수 있다. 전국과 전남의 경제활동인구를 살펴보면 〈그림 7〉과 같다.

먼저 전국의 경제활동인구는 2000년 2,213만 명에서 2013년 2,587만 명으로 16.9% 증가한 반면, 전남의 경제활동인구는 2000년 101만 명에서 2013년 93만 명으로 7.9% 감소한 것으로 조사되었다. 이렇게 전남의 경제활동인구가 감소한 것은, 앞서 언급한 대로 20세 이상, 65세 미만의 인구 집단이 지속적으로 감소했기 때문이라 할 수 있다.

한편, 경제활동인구 중 실제로 경제활동에 참여하고 있는 비율을 살펴보면, 〈그림 8〉과 같이, 전국은 2000년 61.2%에서 2013년 61.5%로 0.3%의 소폭 증가를 보인 반면, 전남은 2000년 64.1%에서 2013년 63%로 1.1%가 감소된 것으로 보고되었다. 세부적으로 전남에서는 여성에 비해 남성의 경제활동 참여율이 높게 나타났고, 13년간의 변화도 여성에 비해 남성에서 소폭으로 감소 경향을 보였다.

전남에서 지난 13년간 진행된 경제활동인구와 경제활동 참여율의 감소는 전남 지역의 경제 상태가 건강하지 못함을 보여 준다. 또한 이런 결과는 전남 지방정부의 재정에도 직·간접적으로 영향을 미쳤을 것으로 짐작할 수 있다. 이에 대해서는 이후 논의할 재정 자립도에서 더 설명할 것이다. 한편, 경제활동이 가능한 인구 중 실제로 활동을 하고 있는 인구 비중이 낮다는 것은 전남에 일자리가 충분하지 않거나 일할 수

그림 8 | 경제활동 참여율 변화 추이

단위 : %

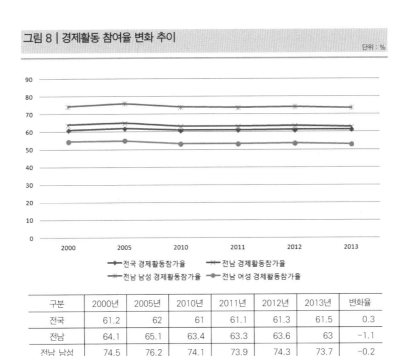

구분	2000년	2005년	2010년	2011년	2012년	2013년	변화율
전국	61.2	62	61	61.1	61.3	61.5	0.3
전남	64.1	65.1	63.4	63.3	63.6	63	-1.1
전남 남성	74.5	76.2	74.1	73.9	74.3	73.7	-0.2
전남 여성	54.5	55	53.4	53.4	53.6	53.0	-0.9

출처: 통계청(2000, 2005, 2010, 2011, 2012, 2013), 경제활동인구조사(http://kosis.kr/).

있는 여건이 매력적으로 조성되지 못했거나 도민들 사이에서 일하려는 의사가 낮은 것으로 해석될 수 있다. 경제활동을 통한 임금 소득이 사회보장 시스템의 주축이 되고 있는 현 구조에서 일하지 않는 여성의 생활보장, 특히 남성보다 수명이 긴 여성이 사회보장 시스템에 진입하지 못한 결과 노후를 외부 지원에 의존할 수밖에 없다는 점 때문에 특히 여성의 경제활동 참여율이 낮은 점에 주목해야 할 것으로 보인다.

그림 9 | 실업률 변화 추이

단위 : %

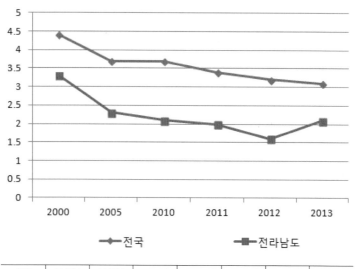

구분	2000년	2005년	2010년	2011년	2012년	2013년	변화율
전국	4.4	3.7	3.7	3.4	3.2	3.1	-1.3
전남	3.3	2.3	2.1	2	1.6	2.1	-1.2

출처: 통계청(2000, 2005, 2010, 2011, 2012, 2013), 경제활동인구조사(http://kosis.kr/).

(3) 실업률

실업률은 일할 능력과 취업할 의사가 있는 사람 가운데 일자리가 없
는 사람이 차지하는 비율을 의미하므로 경제활동 참여율과는 다르다.
다시 말해 실업률은 경제활동 가능 인구 중 실제로 경제활동에 참여하
고자 해도 일할 만한 곳을 얻지 못하는 경우로 좁혀질 수 있다. 전국과
전남의 실업률을 살펴보면, 2000년부터 2013년에 걸쳐 전남의 실업률

은 전국에 비해 항상 낮았다. 또한 같은 기간 동안의 변화율도 전국과 견주어 별 차이가 나지 않는 것으로 나타났다(〈그림 9〉 참고).

이런 결과로 미루어 볼 때, 전남에서 경제활동 참여율이 낮은 것은 일자리의 부족보다는 일을 할 만한 지역적 여건(혹은 조건)과 일을 하려는 개인의 의지박약과 더 관련 있을 것으로 추정할 수 있다.

(4) 재정 자립도

재정 자립도의 수준은 지방자치의 가능성을 가늠하는 일차 지표라 할 수 있다. 지방정부가 재정적으로 자립할 수 있다는 것은 외부의 여건에 구애받지 않고 독립적으로 지방정부를 운영할 수 있는 힘을 가지고 있다는 것을 의미한다. 그러나 〈그림 10〉에서 나타나는 바와 같이, 전남의 재정 자립도는 1999년 이래로 현재까지 10%대를 벗어나지 못하고 있어 완전한 지방자치를 위해 전남이 가지고 있는 자립 능력은 매우 낮다는 것을 실감할 수 있다.

특히, 60%대에서 45%대를 유지하고 있는 전국 평균에 크게 미치지 못하는 것을 접어 두고라도, 비교적 유사한 지리적 여건과 문화를 가지고 있다고 판단되는 전북보다 낮은 상태이다. 그나마 1997년 63.0%였던 재정 자립도가 2014년에 45%로 감소한 전국이나 1997년 23.4%였던 재정 자립도가 17.6%로 낮아진 전북에 비해 전남의 감소폭이 좁다는 점에서 위안을 삼을 수 있다. 재정 자립도는 지방정부의 수입이 많거나 예산(즉 지출)이 적을 때 높아지는데, 전남의 경우는 농업 중심의 산업구조와 경제활동인구의 유출로 지방정부의 수입이 절대적으로 부족한 상태로 인해 재정 자립 수준이 낮은 것으로 판단된다.[7]

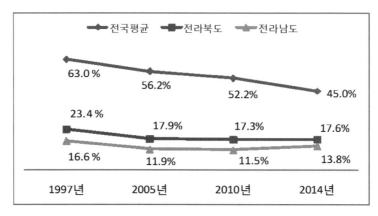

그림 10 | 재정 자립도 추이

단위 : %

구분	1997년	2005년	2010년	2014년
전국	63.0	56.2	52.2	45.0
전북	23.4	17.9	17.3	17.6
전남	16.6	11.9	11.5	13.8

주: 재정 자립도는 (지방세+세외수입)/자치단체 예산 규모×100이고, 일반회계 순계예산 규모로 산출함.
출처: 통계청(1997, 2005, 2010, 2014). 재정 자립도(http://kosis.kr/).

3. 전라남도의 복지 수요

복지 수요는 사회복지 제도와 서비스에 대한 필요(needs)와 관련이 있다. 다시 말해 얼마나 사회복지가 필요할 것인가에 대한 고려이다. 이

---

7) 전라남도의 지방세 규모는 2008년 1조2,494억 원에서 1조4,815억 원으로 증가했고, 세 종특별자치시를 제외하고 16개 시도 가운데 13번째로 지방세 증가율을 보이는 것으로 나타났다(안전행정부 2013).

것은 복지적 개입을 필요로 하는 개인과 집단의 규모, 그리고 복지가 요구되는 사회적 현상에 따라 달라질 것이다. 여기에서는 일단 복지 서비스가 우선적으로 전달되어야 하는 취약 계층[8])의 상황을 살펴보고자 하는데, 지면 관계상 빈곤과 장애만을 다루고, 복지 개입이 요구되는 사회적 현상으로서 자살에 대한 내용을 포함했다.

1) 빈곤

전국과 전남의 국민 기초 생활 보장 수급자를 살펴보면 2001년과 2012년을 비교하여 전국은 1.8%의 소폭의 감소율을 보인 반면, 전남은 2001년 14만364명에서 2012년 8만7,670명으로 37.54%의 감소율을 보이는 것으로 확인되었다(〈그림 11〉 참고).

국민 기초 생활 보장 제도는 최저생계비 이하의 빈곤층에게 제공하는 공적 부조로서, 수급자가 감소되었다는 것은 최저생계비 이하의 빈곤 인구가 감소했다는 것을 의미한다. 그렇다면, 한마디로 전남은 탈빈곤이라는 사회복지의 숙원을 달성한 것인가? 어떻게 10년 사이에 전국의 30배가 넘는 빈곤 감소율을 보인 것인가? 우선, 국민 기초 생활 수급자의 감소가 인구 감소에 따른 자연 감소라는 설명은 타당해 보이지 않

---

8) 취약 계층이란 사회경제적으로 약자의 위치에 있거나 취업이나 경제적 활동 과정에서 발생하게 되는 예기치 않은 사고(예: 질병, 산업재해, 실업·실직 등)나 생애 과정상 어쩔 수 없이 발생할 수밖에 없는 사회적 위험(예: 노령)이 발생했을 경우 현재의 경제적 상태를 유지하기 어려운 개인이나 계층을 의미한다(방하남·강신욱 2012, 2).

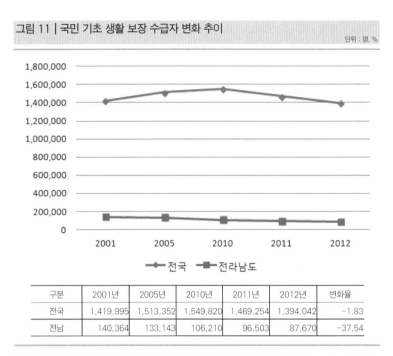

그림 11 | 국민 기초 생활 보장 수급자 변화 추이

단위 : 명, %

구분	2001년	2005년	2010년	2011년	2012년	변화율
전국	1,419,995	1,513,352	1,549,820	1,469,254	1,394,042	-1.83
전남	140,364	133,143	106,210	96,503	87,670	-37.54

출처: 보건복지부(2001, 2005, 2010, 2011, 2012). 국민 기초 생활 보장 수급자 현황(http://kosis.kr/).

는다. 전남 인구는 1995년에서 2014년 사이에 15%가 감소했고, 대부분 65세 미만의 인구 집단에서 인구 감소가 이루어진 반면, 국민 기초 생활 수급자의 대다수를 차지하는 65세 이상 인구는 오히려 같은 시기에 73.2%나 증가했기 때문이다. 그렇다면, 도민들의 경제 상태가 향상된 것일까? 전남의 낮은 재정 자립도(혹은 지방세 수입)를 보면, 그것은 가장 가능성이 적은 추측이라고 볼 수 있다.

이처럼 인구나 경제적 이유가 직접적인 원인이 아니라면, 수급자 감소는 수급 신청 탈락과 관련 있을 수 있겠다. 정부는 국민 기초 생활 보장 수급 관련 공무원 비리와 수급자의 부정 수급을 방지한다는 명목하에 사회복지 통합 관리망(행복e음)9)을 구축하여 지방정부로 하여금 엄격하게 수급자를 책정하고 철저하게 부정 수급 사례를 발굴하도록 지시했다. 이 과정에서 전남의 경우 소득·재산 기준 초과 등으로 발생한 금액이 서울특별시, 경기도, 부산광역시 다음으로 높은 4억1,074만2,000원에 이른다고 보고되었다(김승원·김연우 2011, 115-316). 특히 노인 인구가 많은 전남의 경우 수급자 감소 원인은 수급 부정보다는 부양 의무자 기준을 전보다 철저히 준수했기 때문일 것으로 보인다.[10]

빈곤사회연대 김윤영 사무국장(2013)은 전국적으로 2013년 3월 말 기준 기초 생활 수급자 수는 139만 명이지만, 빈곤층은 8백만 명으로 추산된다고 밝혔다. 이런 주장은, 거칠게 보아 전남에 2012년 8만 7,670명의 제도권 빈곤자 외에도 약 60만 명의 빈곤자가 제도적 지원을 받지 못한 채 최저 생계에도 미치지 못하는 생활을 하고 있다는 추측을 가능케 한다. 결국 〈그림 11〉의 수급자 변화 추이가 보여 주는 숫자 이면의 감추어진 빈곤 계층에 대한 개입이 시급한 상태라고 할 수 있다.

---

9) 2010년부터 사용하기 시작한 사회복지 통합 관리망은 37개 정부 기관으로부터 442개 공적 자료를 연계 받아 소득 재산 조사, 수혜 이력 확인, 중복 수급 방지 등 복지사업 업무 처리에 필요한 정보를 통합 관리하는 시스템을 의미한다.

10) 2011년 국민권익위원회에서 발표한 '기초 생활 수급자 복지 사각지대 해소를 위한 제도 개선'에서 부양 의무자 기준으로 인해 기초 생활 수급을 받지 못하는 사회보장 '사각지대'의 규모가 103만여 명(전체 인구의 2.13%)으로 추산했다. 보건복지정보개발원의 "기초 생활 보장제 부양 의무자 특성 분석 보고서"에 따르면 2012년 기초 생활 보장 제도를 신청했다가 탈락한 4,815가구 중 4,024가구(83.7%)는 월 소득 인정액이 50만 원 미만으로 나타났다(『경향신문』 2014/09/15).

2) 장애

장애가 있다고 해서 장애가 없는 사람과 다르게 살아야 하며, 특히 교육·취업·여가 등의 활동에 제약을 받고, 나아가 행복한 삶을 누리기 어려운 상황에 처하게 된다면 기본적으로 인간의 평등과 권리가 보장되지 못한다는 점에서 후진성을 드러낸다고 볼 수 있다. 이런 맥락에서 복지의 우선 대상으로서 장애인의 현황을 살펴보면 〈그림 12〉와 같다.

전국적으로 장애인은 2001년 113만4,177명에서 2012년 251만 1,159명으로 121.4%가 증가했다. 한편, 전남은 2001년 7만1,609명에서 2012년 14만5,788명으로, 2001년과 2012년 사이에 장애인 변화율은 103.6%였다. 2012년 전남의 장애인이 차지하는 비율은 전남 전체 인구의 8.3%이다. 전남 장애인의 증가 원인은 인구 고령화, 각종 사고, 질병으로 인한 중도 장애인의 증가도 있지만[11] 최근 장애인 복지 정책의 강화와 장애인에 대한 사회적 인식이 제고되면서 장애인 등록률이 증가 추세에 있기 때문이기도 하다(변용찬·임유경 2000, 40-41). 특히 전남은 농어업 사고에 따른 산업재해성 중도 장애 발생의 위험을 안고 있다. 앞서 언급한 바와 같이 고령자와 여성의 농업 생산 활동이 늘어 가고 있는 농촌 상황에서 신체 활동이 원활하지 못한 고령자와 농작업에 익숙하지 못한 여성들에게 발생하는 농작업 산재에 주목해야 한다. 또한 한적한 지방 도로와 갓길 없는 마을 도로에서의 교통사고로 말미암아 중도 장애가 발생하는 경우도 고려해야 한다.

---

11) 경기도장애인재활협회(2007, 12)는 중도 장애인이 전체 장애인의 90%를 차지한다고 보고한 바 있다.

그림 12 | 장애인 변화 추이

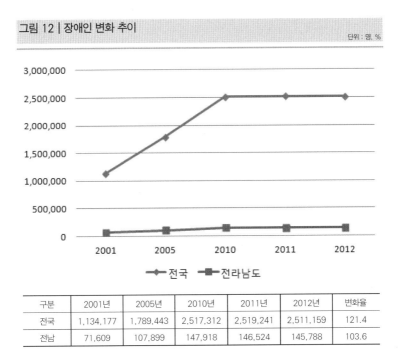

단위 : 명, %

구분	2001년	2005년	2010년	2011년	2012년	변화율
전국	1,134,177	1,789,443	2,517,312	2,519,241	2,511,159	121.4
전남	71,609	107,899	147,918	146,524	145,788	103.6

출처: 보건복지부(2001, 2005, 2010, 2011, 2012). 장애인 현황(http://kosis.kr/).

 이처럼 중도 장애인의 증가와 장애인의 등록률 증가로 인해 향후 전
남 장애인의 규모는 더 커질 것으로 예상된다. 그러나 한국장애인단체
총연맹이 지방분권화가 본격화된 2005년부터 매년 실시했던 16개 시
도 장애인 복지·교육 비교 조사에 대한 최근 발표에 따르면, 전남은 복
지와 교육 분야에서 16개 시도 가운데 각각 11위, 14위에 위치한 것으
로 나타났다(한국장애인단체총연맹 2011, 98). 따라서 여전히 장애를 등록
하기 꺼려하거나 등록해도 무용하다는 판단을 하고 있는 장애인이 남아
있을 여지가 있어 사각지대에 있는 장애인이 상당수 존재하고, 또한 장
애인 복지 서비스가 장애인과 가족들 사이에서 체감되지 않는다면 전남

은 장애에 대해 후진적인 지역사회로 남게 될 수 있다.

3) 자살

　프랑스 사회학자 에밀 뒤르켐(Emile Durkheim)은 1897년에 출판한 『자살론』(Le Suicide)을 통해 자살을 개인적 행위보다는 사회적 사실(social fact)로 받아들여야 하며, 사회의 통합과 규제에 따라 자살의 종류를 다르게 볼 수 있다고 지적했다. 그에 따르면 특히 '아노미적 자살'에 주목해야 하는데, 이는 사회의 급격한 변화와 불안정으로 인해 무규범 상태로 빠져들게 되는 상황에서 발생하는 자살로, 이런 자살은 한 사회가 얼마나 해체적인지를 보여 주는 바로미터가 될 수 있다. 이런 문제의식에서, 전국과 전남의 자살률을 살펴보면, 〈그림 13〉과 같이 전국의 자살률은 2005년 인구 10만 명당 24.70명에서 2012년 28.10명으로 3.4% 증가했고, 전남은 2005년 인구 10만 명당 24.1명에서 2012년에는 31.3명으로 7년 사이에 7.2%가 증가했다.

　최근 우리나라는 OECD 국가 중 자살률이 가장 높은 국가로, 인구 10만 명당 33명이 자살하고, 1990년부터 2010년 사이에 3배가 증가했다. 또한 2008년부터 2011년까지 시군의 인구 10만 명당 노인 자살률을 살펴보면, 시 지역은 88.29명인 반면, 군 지역은 89.54명으로 군 지역의 노인 자살률이 높은 것으로 확인되었다(유영직 2014, 89-90). 특히 최근 농촌의 경우 농약 등 치명적인 독극물을 철저히 관리할 정도로 노인들의 자살을 경계하고 있으며, 노인 복지관에서도 노인 자살 예방 프로그램을 진행할 만큼 심각성이 높아지고 있다.

그림 13 | 인구 10만 명당 자살 인구 변화 추이

단위 : %

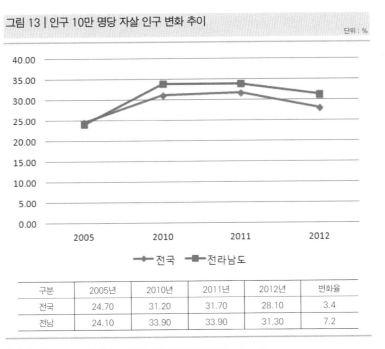

구분	2005년	2010년	2011년	2012년	변화율
전국	24.70	31.20	31.70	28.10	3.4
전남	24.10	33.90	33.90	31.30	7.2

출처: 통계청(2005, 2010, 2011, 2012). 사망 원인 통계(http://kosis.kr/).

4. 전라남도의 복지 공급

복지 공급은 복지 정책을 수립하고 집행하는 공공 기관과 복지 서비스를 실제로 대상자에게 제공하는 민간 기관, 그리고 자원봉사자 등을 통칭한다. 일반적으로 국가는 정형적으로 사회 구성원이 필요로 하는 사회복지 재화와 서비스를 생산하고 공급하는 역할을 해 왔다. 그러다가 2003년부터 지방 분권 정책이 실시되면서 사회복지사업이 지방정부로 이양되고, 거의 모든 사회복지사업의 재원이 지방정부와의 매칭으로 이루어지면서 이제 사회복지의 공급은 국가의 일이라기보다는 공공의 일이며, 특히 지방자치단체가 해야 하는 주요 역할이 되었다. 여기에서는 전라남도가 도민에게 복지를 공급하는 데 사용되는 재원과 인력, 그리고 사회복지시설에 대한 20년간의 추세를 알아보았다.

1) 복지 재정

(1) 일반회계 중 복지 예산(사회보장) 비중

전국과 전남의 일반회계 중 사회보장을 포함한 복지 예산을 살펴보면 〈그림 14〉와 같다. 먼저 전국의 일반회계 중 복지 예산(사회보장)은 2005년 15.98%에서 2012년 25.67%로 9.69%의 증가율을 보였다. 한편, 전남은 2005년 13.55%에서 2012년 17.57%로 4.02%의 변화를 보였다. 특히 2010년부터는 서서히 복지 예산 비중이 감소했다.

한편, 일반회계예산 중 사회복지 예산은 일반회계예산이 증가함에 따라 함께 증가해 왔지만 2008년부터 2012년까지 일반회계 예산 변화율이 33.7%인 데 반해, 사회복지 예산은 23.7%로 일반회계예산의 변화폭보다는 적었다. 일반회계예산 중 사회복지 예산이 차지하는 비율은 2009년 21.6%로 가장 높았고, 서서히 감소하여 2012년에는 19.24%에 머물렀다(〈그림 15〉 참고). 실제 이중섭과 박신규(2011, 6)의 연구에 따르면, 2010년을 기준으로 전체 인구 대비 사회복지 수요자의 비율이 33.9%로 전남이 전국에서 가장 높은 비율을 차지하고 있지만, 총예산 대비 사회복지 지출은 26.9%로 4위에 머물러 있다고 밝힌 바 있다. 이는 전남의 사회복지 수요에 비해 사회복지 지출이 적다는 것을 의미한다.

그림 14 | 일반회계 중 복지 예산(사회보장) 비중 변화 추이

단위 : %

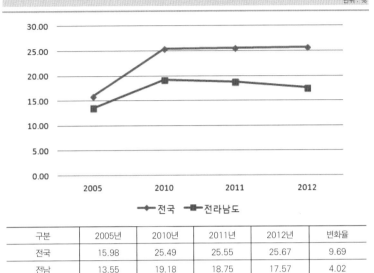

구분	2005년	2010년	2011년	2012년	변화율
전국	15.98	25.49	25.55	25.67	9.69
전남	13.55	19.18	18.75	17.57	4.02

출처: 행정안전부(2005, 2010, 2011, 2012). 지방재정연금(http://kosis.kr/).

그림 15 | 일반회계 중 사회복지 예산 변화 추이

단위 : 백만 원, %

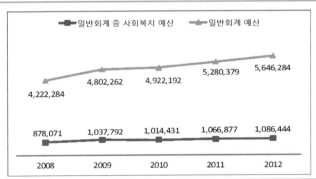

구분	2008년	2009년	2010년	2011년	2012년	변화율
일반회계 예산	4,222,284	4,802,262	4,922,192	5,280,379	5,646,284	33.7
일반회계 중 사회복지 예산	878,071	1,037,792	1,014,431	1,066,877	1,086,444	23.7

출처: 전라남도(2014). 전라남도 내부 자료.

(2) 전라남도 사회복지 전체 세출 결산

전라남도 사회복지 전체 세출 결산 추이를 살펴보면 〈표 1〉과 같다. 먼저 전체 세출 결산은 2008년 4조7,177억 원에서 2012년 6조1,220억 원으로 29.8%의 변화율을 보이면서 꾸준히 증가했다. 한편, 사회복지 세출 결산은 2008년 1조2,818억 원에서 2012년 1조4,119억 원으로 10.1%의 변화율을 보였지만 2009년에는 전년도보다 증가했다가 2010년에 다시 감소하고 또 2011년에 증가한 후 감소하는 변화를 보였다. 항목별로 살펴보면, 기초 생활 보장과 취약 계층 지원은 소폭이지만 증감을 번갈아 하면서 2008년에 비해 2012년에는 감소한 반면, 보육 가족 및 여성과 노인·청소년 복지에 대한 지출은 꾸준히 증가했다. 특히 보육·가족 및 여성에서 가장 많은 폭의 증가가 이루어졌다.

기초 생활 보장과 취약 계층 지원에 대한 지출이 감소한 것은 앞서 언급한 데로 기초 생활 보장의 수급 조건이 강화되고, 나아가 그런 분위기가 취약 계층 지원에도 영향을 미쳤기 때문으로 해석된다. 한마디로, 대상자를 선별해서 수급자를 선정하는 복지사업의 경우 선별 조건과 절차를 까다롭게 했을 때 실제 지출은 줄어드는 공급 조절이 가능하다. 한편, 기초 생활 보장 수급에서 탈락한 빈곤 계층이 많을수록 취약 계층 지원에 대한 지출이 증가할 것으로 예상할 수 있는데, 전남에서는 그런 결과가 나타나지 않았다.

한편, 보육·가족 및 여성 항목에서 지출이 대폭 증가한 것은 보육 정책, 출산 장려 정책, 다문화 정책 등이 확대·강화된 것과 관련 있으며, 실제로 2008년 당시에는 이 분야의 지출 자체가 노인·청소년 분야 지출의 거의 반에 가까울 정도로 적었기 때문에 시간이 갈수록 증가될 수밖에 없었을 것으로 판단된다. 따라서 2012년에 와서 보육·가족 및 여

표 1 | 사회복지 전체 세출 결산 변화 추이

단위 : 백만 원, %

구분	2008년	2009년	2010년	2011년	2012년	변화율
전체 세출 결산 규모	4,717,789	5,252,444	5,410,797	5,807,730	6,122,050	29.8
사회복지 세출 결산 규모	1,281,875	1,407,212	1,376,258	1,442,721	1,411,962	10.1
기초 생활 보장	706,558	696,407	644,239	647,967	577,851	-18.2
취약 계층 지원	138,560	131,224	125,785	131,418	126,006	-9.1
보육·가족 및 여성	147,111	194,692	212,847	245,105	303,788	106.5
노인·청소년	279,504	365,401	375,994	394,903	379,145	35.6
노동	10,142	-	-	-	-	
보훈	0	1,983	644	1,557	1,778	-10.3
사회복지 일반	0	17,504	16,749	21,771	23,395	33.7

출처: 전라남도(2014). 전라남도 내부 자료.

성 분야와 노인·청소년 분야의 지출 결산액의 앞자리 수가 같아지게 되었다.

특히 전남의 지역사회 서비스 투자 사업[12]의 경우, 2008년 58억 원에서 2014년 138억 원으로, 2008년과 2014년을 비교하면 134.9%의 증가율을 보였다(〈표 2〉 참고). 이는 사회복지 서비스가 공급자 중심에서 수요자 중심으로 전환되고 있음을 의미한다. 지역사회 투자 사업의 시장화를 통한 정부의 궁극적인 정책 방향은, 민간 기관들의 적극적인 참여를 통해 많은 사회 서비스 공급 기관을 확보하고, 공급 기관 간 경쟁을 통해 사회 서비스의 품질을 개선하는 것(이영범·남승연 2010, 166)이기 때문에 실제 보건복지부(2012, 10)도 지역사회 투자 서비스 사업

---

12) 지역사회 서비스 투자 사업은 지자체가 지역 특성 및 주민 수요에 맞는 사회 서비스를 발굴, 기획하여 실시하는 사업으로 서비스 이용자에게 현금이 아닌 이용권(바우처)을 발급하고, 서비스와 제공 기관을 직접 선택하는 사회 서비스를 의미한다(한상미·이상균 2009, 412).

표 2 | 지역사회 서비스 투자 사업 예산

단위 : 백만 원, %

2008년	2009년	2010년	2011년	2012년	2,013년	2014년	변화율
5,877	6,092	11,114	13,516	14,234	12,719	13,805	134.9

출처: 전라남도(2014). 전라남도 내부 자료.

의 목적을 달성하기 위해서는 다양한 서비스 제공 기관이 참여해야 함을 명시하고 있다. 따라서 지역사회 서비스 투자 사업에 의해 전남에서도 서비스 공급자가 공공 기관에서 민간 기관으로 이동하고, 민간 기관은 수요자가 요구하는 서비스를 제공하는 것에 중점을 두는 것으로 서비스 공급이 변화하고 있음을 알 수 있다.

반면, 대도시를 제외한 지방의 경우 전문적 지식과 경험을 요하는 서비스 제공 인력이 부족해 공급의 양적 확대를 가져오지 못하기 때문에 결과적으로 공급자 간의 경쟁 효과가 실질적으로 제한된다는 지적도 있다(신창환·강상경 2010, 416). 따라서 전남의 경우, 지역사회 서비스 투자 사업의 확대는 사회복지 서비스가 수요자 중심으로 전환된다는 측면에서는 적절한 정책이지만, 향후 서비스 제공 인력에 대한 공급 계획에 대한 면밀한 계획이 필요하다는 점도 간과해선 안 된다.

2) 인력

(1) 공공 분야 인력

〈그림 16〉과 같이, 전남도청에 근무하는 복지 관련 부서 내 공무원의 규모는 1998년 80명에서 2010년 124명으로 증가했다. 1998년과

그림 16 | 전남도청 복지 관련 부서 근무 공무원 변화 추이

단위 : 명

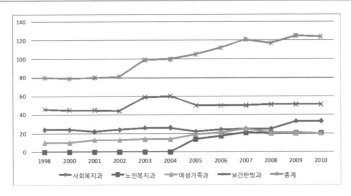

구분	1998	'00	'01	'02	'03	'04	'05	'06	'07	'08	'09	'10
총계	80	79	80	81	99	100	105	112	121	117	125	124
사회복지과	24	24	22	24	26	26	22	24	25	25	33	33
노인복지과	-	-	-	-	-	-	14	17	21	20	20	20
여성가족과	10	10	13	13	14	14	19	21	25	21	21	20
보건한방과	46	45	45	44	59	60	50	50	50	51	51	51

주: 2007년부터 사회복지과, 노인복지과, 여성가족과, 보건한방과가 복지여성국으로 개편됨.
출처: 전라남도(1998, 2000~2010). 전라남도기본통계(http://kosis.kr/).

2010년을 비교하면 전남도청의 복지 관련 부서 근무 공무원은 55%가 증가한 셈이다. 구체적으로 전남도청 복지여성국 근무 공무원 중 보건한방과 직원을 제외한 사회복지과, 노인복지과, 여성가족과 직원은 1998년 34명에서 2010년 73명으로 43% 증가했다. 이는 2010년을 기준으로 전남도민 대비 1인당 2만4,343명을 감당하는 수치이다. 그러나 2012년 사회복지직 공무원이 지방자치단체 공무원의 6.2%에 불과하고 읍면동 사무소 사회복지직 공무원 1인당 담당 서비스 대상자 수가 약 6백 명으로 OECD 평균의 약 2배에 이른다는 사실(최혜지 2014)을 감안하면 전남 지역에서도 사회복지 공공 분야 공무원이 당분간 증원되

그림 17 | 전남 사회복지 전담 공무원 변화 추이

단위 : 명, %

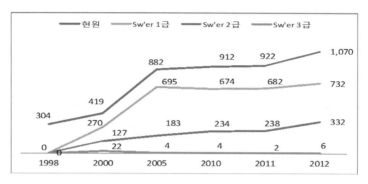

구분	1998년	2000년	2005년	2010년	2011년	2012년	변화율
현원	304	419	882	912	922	1,070	252
Sw'er 1급	148	270	695	674	682	732	395
Sw'er 2급	148	127	183	234	238	332	124
Sw'er 3급	8	22	4	4	2	6	-25

출처: 보건복지부(1998, 2000, 2005, 2010, 2011, 2012). 보건복지부통계연보(http://kosis.kr/).

어야 할 것으로 보인다.

한편, 복지여성국에 소속되어 있는 공무원 중 사회복지 직렬의 공무원은 소수에 불과한 것으로 나타났다. 전라남도 내부 자료(2014)에 따르면, 사회복지 직렬 공무원은 2012년 12명, 2013년 14명, 2014년 11명 수준이고, 이는 2010년의 전남도청의 복지 관련 부서 공무원과 2012년 사회복지 직렬 공무원을 단순 비교하더라도 약 6.6%에 불과한 수치이다. 더욱 심각한 것은 사회복지 직렬의 공무원 중 중간 관리자가 부재하다는 것이다. 보건복지여성국에 속한 복지 관련 부서 근무 공무원 중 사회복지 직렬의 공무원은 11명에 불과하고, 법령상으로는 사회복지 직렬화가 이루어졌다고는 하나, 2014년 현재 5급은 3명, 6급은 4

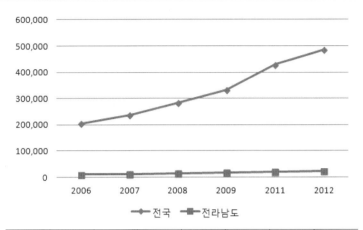

그림 18 | 민간 사회복지 종사자 변화 추이

단위 : 명, %

구분	2006년	2007년	2008년	2009년	2011년	2012년	변화율
전국	204,411	237,299	282,556	333,020	429,275	484,474	137.0
전남	10,168	12,263	14,147	17,461	20,339	22,597	122.2

출처: 통계청(2006, 2007, 2008, 2009, 2011, 2012). 전국산업체조사(http://kosis.kr/).

명이 근무하고, 4급 서기관 이상은 전무한 상태인 것으로 조사되었다.

전남 22개 시군에서 근무하는 사회복지 전담 공무원의 경우는 〈그림 17〉과 같이 1998년 304명에서 2012년 1,070명으로 꾸준히 증가했다. 특히 2000년에는 1998년에 비해 배가 증가하는 변화를 보였다. 아울러 1998년 304명에서 2012년 1,070명으로 252% 증가한 것으로 조사되었다. 한편, 2010년 통계에 의하면, 전남 지역에서 사회복지사 1급을 소지한 사회복지 전담 공무원은 395%, 사회복지사 2급을 소지한 사회복지 전담 공무원은 124% 증가하고, 사회복지사 3급을 소지한 사회복지 전담 공무원은 25% 감소하여 사회복지 전담 공무원의 전문성이 향상되고 있음을 확인할 수 있었다.

(2) 민간 분야 인력

전국과 전남의 민간 분야 사회복지 종사자를 살펴보면 〈그림 18〉과 같다. 전국의 민간 사회복지 종사자는 2006년 20만4,411명에서 2012년 48만4,474명으로 137%의 증가율을 보였고, 전남의 경우는 2006년 1만168명에서 2012년 2만2,597명으로 122.2%의 증가율을 보였다.

특히, 2008년 이후 돌봄 서비스 증가와 장기 요양 보험 도입으로 민간 사회복지 종사자의 수가 급격히 증가했다. 예를 들어 전남 지역 노인 장기 요양 기관의 요양 보호사는 2010년 1만5,342명에 이르는 것으로 조사되었다(국민건강보험공단 2010, 2011).

이상과 같은 민간 사회복지 종사자의 증가는 전남 도민의 다양한 복지 욕구를 충족시키는 전달 체계의 확충이라는 점에서 긍정적이라 평가할 수 있지만, 문제는 민간 사회복지 종사자의 처우가 열악하다는 것이다. 이철선 등(2012, 90)은 돌봄 서비스 제공자의 최저임금 대비 종사자 순임금이 노인 돌봄 120.9%, 가사 간병 128.5%, 장애인 활동 지원 133.2%, 산모 신생아 113.4%, 아이 돌보미 100.4%에 불과하다고 밝혔다. 그리고 요양 보호사의 경우에도 (사)한국노사관계학회, 성균관대학교 HRD센터(2009, 155)의 조사에서 퇴직금을 제외한 세전 월평균 소득이 95.1만 원에 불과한 것으로 확인되었다. 즉 전남은 돌봄 서비스와 장기 요양 보험 서비스로 민간 사회복지 종사자의 일자리가 확대되어 일자리 창출과 복지 서비스의 다양화가 진행되었지만, 향후 사회 서비스 종사자들의 임금 등 처우 개선에 대한 요청이 거세질 것으로 예측된다.

그림 19 | 자원봉사자 변화 추이

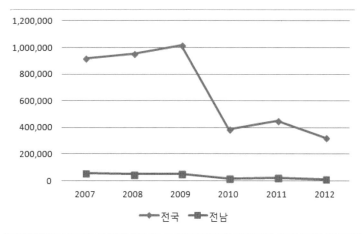

단위 : 명, %

구분	2007년	2008년	2009년	2010년	2011년	2012년	변화율
전국	916,509	954,509	1,014,216	386,436	448,811	321,089	-65
전남	55,267	49,267	51,652	18,664	22,106	13,982	-75

주: 자원봉사자는 여러 봉사 단체에 중복 가입할 수 있음.
출처: 보건복지부(2007, 2008, 2009, 2010, 2011, 2012). 사회복지자원봉사현황(http://kosis.kr/).

(3) 자원 분야 인력

자원 분야의 대표적 인력으로 자원봉사자를 들 수 있다. 전국의 자원
봉사자는 2007년 91만6,509명에서 2012년 32만1,089명으로 65%의
감소율을 보였고, 전남은 2007년 5만5,267명에서 2012년 1만3,982명
으로 75%의 감소율을 보였다(〈그림 19〉 참고). 그러나 봉사 인력의 감소
가 봉사(서비스)의 질과 동일시되는 것은 아니므로 봉사의 내용과 지속
성 등의 측면에서 좀 더 구체적인 분석이 요구된다.

표 3 | 사회복지시설 변화 추이

단위 : 개소, %

구분	1998년	2003년	2008년	2012년	변화율
노인 여가 시설	3,671	6,354	8,139	8,660	135.9
노인 주거 복지시설	-	-	22	31	40.9
노인 의료 복지시설	-	-	129	271	110.1
재가 노인 복지시설	-	-	109	896	722.0
아동복지시설	22	23	23	23	4.5
장애인 복지시설	11	11	12	14	27.3
부랑인 시설	8	6	7	7	-12.5
여성 복지시설	32	12	56	50	56.3
보육 시설	-	778	1,054	1,188	52.7

출처: 전라남도(1998, 2003, 2008, 2012). 전라남도기본통계(http://kosis.kr/).

단편적으로 자원봉사자 규모의 감소만을 놓고 보면, 주된 원인이 기존에 자원봉사 영역이 담당했던 무급 돌봄의 시장 대체 현상 즉, 요양 보호사 등의 활동으로 성인층에서 자원봉사 참여율의 감소를 가져왔다는 연구 결과를 참고할 수 있다(박현정·박영실·김현 2012, 103). 특히 전남에서는 노인 장기 요양 보호사의 수가 급격히 증가한 바 있다. 자원봉사자와 같은 민간 자원이 공적 자원의 보완재로서 다양한 복지 수요에 부응할 수 있고 특히 열악한 전남 복지 재정 측면을 고려할 때, 자원봉사자가 복지 확대의 한계를 극복하는 데 일조할 수 있다는 점에서 지금과 같은 자원봉사 감소 추세를 시정하기 위한 노력이 필요하다.

3) 시설

전라남도 사회복지시설 변화 추이를 살펴보면 〈표 3〉과 같다. 사회복지시설 중 노인 여가 시설, 노인 의료 복지시설, 재가 노인 복지시설이

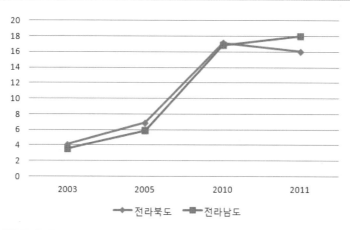

그림 20 | 인구 10만 명당 사회복지시설 변화 추이

단위 : 개소, %

구분	2003년	2005년	2010년	2011년	변화율
전북	4.14	6.9	17.18	16.06	11.92
전남	3.57	5.9	16.89	18.02	14.45

주: 인구 10만 명당 사회복지시설 수 : 2005년 사회복지시설은 아동, 노인, 장애인, 여성 복지시설, 정신질환자 요양 시설, 부랑인 시설 포함되었고, 2009년 이후 사회복지시설에서는 정신질환자 요양 시설, 기타 시설은 제외함.
출처: 보건복지부(2003, 2005, 2010, 2011). 보건복지부통계연보(http://kosis.kr/). 행정안전부(2003, 2005, 2010, 2011). 행정안전부 주민등록인구(http://kosis.kr/).

대폭적으로 증가한 것으로 나타났고, 이에 반해 아동복지시설, 장애인 복지시설, 여성 복지시설은 증가가 미미하며, 부랑인 시설은 감소한 것으로 확인되었다.

특히 재가 노인 복지시설은 2008년에 비해 2012년에는 약 7배가 증가하여 시설 중심에서 재가 중심 서비스로의 공급 방식 전환이 두드러지고 있음을 보여 준다. 한편, 과거에 비해 수요가 줄어들고 있는 아동과 부랑인에 대해 시설 개소가 미진한 것은 수요에 대한 적절한 반응이었다고 판단된다. 그러나 예컨대 정치적 파워가 있는 노인, 젊은 세대

(보육)에 대한 지원은 확대된 반면, 상대적으로 장애인, 부랑인 등과 같은 소외 계층 사회복지시설의 증가율이 낮은 점에 대해서 좀 더 적절한 분석이 이루어져야 할 것으로 보인다.

한편, 인구 10만 명당 사회복지시설의 변화 추이를 전남과 유사한 광역 지자체인 전북과 비교하면, 〈그림 20〉과 같다.

인구 10만 명당 전북의 사회복지시설은 2003년 4.14개소, 2005년 6.9개소, 2010년 17.18개소, 2011년 16.06개소로, 2006년과 2012년을 비교하면 11.92% 증가한 것으로 조사되었다. 전남의 경우는 2003년 3.57개소, 2005년 5.9개소, 2010년 16.89개소, 2011년 18.02개소로, 2006년과 2012년을 비교하면 14.45% 증가하여 전북에 비해 시설의 증가율이 높은 것으로 밝혀졌다.

전남에서 이렇게 사회복지시설이 증가하는 것은 인구 감소와 취약 계층의 증가로 설명될 수도 있겠지만 명확한 원인이라고 보기는 어렵다. 특히 시설의 개소는 직접적으로 지방자치단체의 재정 부담과 연결되기 때문에, 전남이 낮은 재정 자립도로 인해 시설 개소에 대한 제약이 있을 것으로 판단된다. 그러나 주요 취약 계층인 장애인, 요보호 아동, 국민 기초 생활 보장 수급자의 증가율을 고려하면, 사회복지시설이 지속적으로 늘어나야 할 것이다. 더불어서 전남의 22개 시군이 사회복지시설을 적절하고 균등하게 보유하고 있는지에 대해서도 철저한 조사와 분석이 요구된다.13)

---

13) 2015~2018년 제3기 전남 지역사회 복지 계획에는 22개 시군의 사회복지 각 분야별 (노인, 장애인, 아동, 여성, 한부모, 다문화, 지역 주민, 영유아 시설) 생활 시설과 이용 시설의 수를 대상 인구수와 대비하여 조사한 결과가 나와 있다.

5. 논의 및 제안

 이 장에서는 민선 지방자치단체장이 지방의 행정을 담당하기 시작한 이후 지금까지 지난 20년 동안 사회복지 공급과 수요의 변화 추이를 파악하고, 느슨하게나마 공급과 수요의 수준을 비교해 보았다. 각종 통계 자료를 근거로 하여 살펴본 지난 20년간의 복지 환경과 복지 수요 및 공급의 양상을 정리하면 〈표 4〉로 일별할 수 있다.

 우선 지난 20년간 전남의 복지 환경을 살펴보면, 인구 감소 특히 청장년층의 전출로 인해 경제활동인구가 줄어들고 농업인구 역시 줄어들어서 꾸준히 낮게 유지되어 온 전남의 재정 자립도를 회복하기 어려운 상황이 이어졌다. 특히 2003년 이후 복지사업의 지방 이양으로 인해 지방정부의 복지 부담이 증가하고 있는 가운데 지난 20년간 전남이 처한 10%대의 재정 자립 정도는 복지 수요가 아무리 증가한다 하더라도 그것을 충족시키기 어려운 재정 상태임을 알 수 있다. 그럼에도 불구하고 귀농 귀촌인과 외국인의 도내 유입이 소폭이나 꾸준히 증가하고 있으며, 특히 결혼 이주 여성의 유입으로 신생아의 출산이 기대되어 인구 감소가 다소 지연될 수 있다는 점, 또한 다른 지역에 비하면 재정 자립도가 소폭으로 하락하고 있다는 점이 희망적으로 보인다. 그러나 한편으로, 유입된 인구가 오히려 복지 수요를 창출하는 상황에 대한 우려, 그리고 꾸준히 증가하고 있는 노인 고령화와 그 부양 부담을 공유할 만한 청장년층의 부재는 전남 복지 환경에 커다란 우려점으로 남는다.

 한편, 복지 수요 측면에서 볼 때, 빈곤 계층을 대표하는 국민 기초 생활 보장 수급자의 감소 변화율이 크다는 점이 오히려 수급 탈락자 증가와 맞물려서 제도의 표면으로 드러나지 못하는 빈곤층을 양성할 수 있고, 장애 등록이 일반화됨에 따라서 '드러난' 장애인의 규모가 증가하고

표 4 | 지난 20년간 전남 사회복지 상황

구분		지난 20년간의 변화 내용 요약
복지 환경	인구	• 지속적으로 감소 • 20세미만 인구 집단이 가장 많이 감소 • 10~30대 청장년층의 전출이 가장 많이 차지 • 인구 고령화율의 꾸준한 증가 • 귀농 귀촌인과 외국인의 꾸준한 그러나 소폭 증가
	경제	• 농업의 산업화 미진 • 농업인구의 꾸준한 감소 • 고령과 여성의 농업 생산 증가 • 경제활동인구와 경제활동 참여율 감소 • 여성에 비해 남성의 경제활동 우위 • 낮은 실업률 • 낮은 재정 자립도와 소폭의 하락
복지 수요	빈곤	• 부양 의무자 기준 강화에 따른 국민 기초 생활 보장 수급 비율 감소
	장애	• 장애인의 증가
	자살	• 자살률, 특히 농촌 노인의 자살률 증가
복지 공급	재정	• 일반회계 중 복지 예산 비중이 2010년까지 증가하다가 감소 • 기초 생활 보장과 취약 계층 지원의 결산 지출이 감소 • 보육·가족 및 여성 항목의 지출이 대폭 증가 • 노인·청소년 분야 지출이 꾸준히 증가 • 지역사회 서비스 투자 사업의 예산 증가
	인력	• 도청의 복지 관련 부서 공무원 증가 • 사회복지 전담 공무원 수 증가 • 사회복지 전담 공무원 중 1·2급 사회복지사 수 증가 • 민간 사회복지 종사자 수 증가 • 자원봉사자 수 감소
	시설	• 재가 노인 복지시설의 대폭적 증가 • 장애인·부랑인 등 소외 계층 시설의 증가폭 미미

있지만 장애에 대한 인식 변화가 더디어 여전히 '숨어 있는' 장애인이 남아 있을 것으로 예상되며, 지속적으로 증가하고 있는 고령화 비율과 앞서 말한 귀농 귀촌인과 결혼 이주 여성과 같은 외부인과의 통합을 위한 사회적 비용이 증가할 것이라는 점도 복지 수요의 확대를 짐작케 한다. 뿐만 아니라 농촌 노인을 자살에 이르게 만드는 경제적·정서적 사회 안전망의 부실 등은 전남이 안고 있는 심각한 문제이다.

이와 견주어 전남의 복지 공급 역시 지난 20년간 꾸준히 증가했지만 실제로 도민이 그 증가 정도를 체감할 수 있을 만큼 큰 폭 혹은 획기적인 정도는 아니었다고 할 수 있다. 예를 들어 일반회계 예산이 증가하는 동안 사회복지 예산도 증가했지만, 일반회계 중 복지 예산의 증가 비중은 전국의 반에 불과했고, 최근 2010년부터는 오히려 복지 예산이 감소되고 있다. 또한 보육, 가족, 여성, 노인, 청소년 등을 대상으로 하는 사회복지 서비스에 대한 지출은 지속적으로 증가했지만 기초 생활 보장과 취약 계층 지원에 대한 지출은 감소하여 오히려 '해결되지 않은' 빈곤을 방치하는 지경에 이를 수 있는 위험에 직면했다. 더불어 공공 분야와 민간 분야 모두에서 전문 자격을 갖춘 사회복지사의 고용이 늘고 있으나 한편에서는 임금을 비롯한 처우 문제가 대두되고 있으며, 유감스럽게도 자원봉사자는 지속적으로 감소하고 있다. 또한 재가 노인 복지시설을 비롯해서 노인을 위한 사회복지시설은 증가하고 있는 반면, 아동이나 부랑인과 같은 소외 계층을 위한 시설의 증가는 미미했다. 이 모든 상황이 일면 전남의 인구 변화를 반영한 결과로 보일 수 있지만, 다른 일면에서는 여전히 사회적 개입이 필요한 소수 소외 계층이 복지 수요에서 제외되어 더 큰 사회적 문제로 확대될 수 있는 출발선에 있는지도 모른다는 염려를 낳는다.

지난 20년간에 나타난 전남의 복지, 혹은 이 글의 제목처럼 '전남의 복지 행방'에 대해 한마디로 표현한다면, '복지 환경은 나빠지고 복지 수요는 많아지는 상황에서 복지 공급은 미미하게 증가해 왔다'고 해야 할 것이다. 왜 이런 결과가 나왔는지에 대해서는 여러 가지로 설명이 가능하고, 또 그런 설명들도 직간접적으로 서로 연결되어 가히 혼재적이라 할 수 있다. 단순히 말하면, 글로벌 경제의 영향과 신자유주의적 사회 분위기 등으로 인해 전반적인 경제 상황이 일반인을 비롯하여 일반 기업, 일반 지방자치단체에 불리하게 작용하고 있는 점, 그로 인해 생겨난 도시중심적·주류중심적·사익중심적 사고(思考)가 사람들로 하여금 지방과 농촌을 떠나도록 추동하고 있는 점 등은 결국 전남의 복지 환경과 복지 수요 모두에서 불리한 조건을 만들어 왔으며, 이런 조건하에서 도민의 '생존'이 해당 지방자치단체의 능력에 의해 좌우되도록 제반 국가정책이 수렴하고 있고, 그럼에도 불구하고 지방자치단체의 (특히 전남) 정치력은 이 난관을 극복할 만큼 진보적이지도 저항적이지도 않은 미온한 상태에서 급진적 변화를 추구하지 않고 있다는 사실에 이르기까지 그야말로 어마어마한 시대적 문제가 상존해 있다. 과연 이 지난한 악순환의 고리를 끊어 버릴 묘안은 무엇인가? 필자들의 능력이 그런 묘안을 제안할 만큼 출중하지 못해서 이에 대해서는 여러 독자들의 몫으로 남겨둔 채 다음과 같이 다소 단조롭고 당위적인 제안을 하는 바이다.

첫째, 전남의 인구 변화가 사회복지에 미칠 영향을 예측해 보면, 무엇보다 청장년층의 감소와 노년층의 증가에 따른 노인 부양비 부담이었다. 이로 인해 전남은 향후 부양 세대와 노인 세대 간 갈등이 심화될 가능성이 높다고 볼 수 있다. 한편으로는, 과거 20년간의 청장년층 인구 유출 현상을 고려하면 세대 갈등이 발생할 수조차 없을 정도로 청장년층의 붕괴를 예상할 수 있다. 특히 중앙정부의 정책 지원이 만 5세 미만의 아동과 65세 이상의 노인에 초점이 맞추어지면서 상대적으로 청장년층에 대한 지원은 미비한 실정이다 보니 상황이 열악한 지방에 그들을 붙잡아 둘 동력은 부족하다. 따라서 앞으로 전남에서 최대한 관심을 보여야 할 복지 수요 대상은 청장년층이 되어야 할 것이다. 이들이 전남 경제활동의 중심이며 공식적이든 비공식적이든 사회복지 공급을 위한 자원이기 때문이다. 이에 전남의 도 정책에 이들의 전출 이유, 즉 취업과 교육에 대한 전환적 변화가 요구된다. 예를 들어 학교교육 혁신, 질 좋은 일자리 창출, 직장에서의 복지 서비스 강화와 더불어 전남에서 사는 것에 대한 자긍심과 소속감 증진을 위한 제반 여건을 갖추려는 노력이 총체적으로 이루어져야 한다. 한마디로, 활동하는 도민을 위한 '생활 복지'의 향상에 주력해야 한다는 것이다.

둘째, 청장년층을 위한 생활 복지와 더불어 취약 계층에 대한 지원도 강화되어야 한다. 복지 수요 차원에서 전남에서는 복지 사각지대에 있는 빈곤 계층과 장애인, 그리고 사회 병리적 현상인 자살이 큰 폭으로 증가하고 있다. 한편으로, 현재 전남 정부는 국고 보조 사업, 양육 수당·보육료, 기초노령연금에 따른 의무적 비용 부담 증가로 인해 예산 운영에 많은 어려움을 겪고 있다. 즉 의무적인 복지 비용 부담 증가와 전남의 재정 건전성을 이유로, 사회적 보호와 개입을 가장 필요로 하는 취약 계층을 오히려 사각지대로 내몰게 되는 위험한 상황이 벌어지고 있는 것이다. 물론 현재 전남이 직면한 문제를 해결하는 최선의 방법은 중앙 정부와 지방정부 사이에 사회복지 관련 역할과 재원의 분담을 조정하는 일이다. 하지만 일단 시행되면 조정하기 어렵다는 복지 정책의 특성 때문에 중앙정부에서는 현 상태를 유지하거나 개입을 최소화하려 할 것이다. 다시 말해 중앙정부의 정책 변화를 통해 지방정부의 복지 사각지대 문제를 해결하기는 어렵다는 의미이다. 현재 전남복지재단에서는 전남의 복지 사각지대를 발굴하고 적절한 개입을 구상하기 위해 전문가 델파이 연구를 진행하고 있다. 연구 결과를 토대로 해서 사각지대 개입을 위한 전략이 도출될 것으로 기대하는 동시에, 무엇보다 먼저 중앙정부의 정책 그물에서 빠진 취약 계층을 위한 전남의 사회 안전망을 구축하기 위해 노력해야 한다. 전남 도민과 정책권자들의 관심이 이를 위한 대책을 우선시해야 함은 물론이거니와 이 문제를 해결하기 위한 도지사 산하 특별위원회를 구성하고 예산편성에서의 우선권을 부여하는 등 적극적인 대응과 이에 대한 전적인 사회적 합의를 도출하는 것이 필요하다.

셋째, 인구 증가를 위해서라도 귀농 귀촌인과 외국인 유입에 각별한 관심을 가져야 한다. 특히 지난 20년 동안 전남의 귀농 귀촌인과 외국인이 지속적으로 증가했고, 그 규모가 전국 평균을 상회하고 있는 추세를 잘 활용해야 한다. 외부인을 위한 전폭적인 지원을 포함해, 실제로 이들이 전남 도민으로서 소속감을 가지면서 자신들이 거주하는 마을의 실질적인 '주민'으로서 역할과 의무를 해낼 수 있는 분위기가 조성되어야 한다. 다시 말해 원래의 토착 전남 도민들이 이들 외부인을 포용하는 다문화적 개방성이 전제되어야 한다는 것이다. 이런 의미에서 현재 진행되고 있는 귀농 정책과 다문화 정책을 다문화주의에 입각해서 재정비할 필요가 있고, 전남을 다문화 사회로 전환하는 전격적인 도정의 혁신이 요구된다.

넷째, 전남 복지에 대한 혁신은 복지 예산에 대한 총체적인 점검과 개혁으로부터 시작되어야 한다. 현재 복지 예산이 과해 도가 큰 부담을 겪고 있다는 분위기가 팽배한데, 사실상 지난 20년간 증가된 복지 예산은 양육 수당, 보육료, 기초노령연금, 바우처 사업비 등 중앙정부의 복지 정책이 확대되었기 때문에 어쩔 수 없이 증가된 의무적 비용이었고, 일반 예산 대비 사회복지 예산의 증가율은 미미했다. 특히 빈곤 계층, 장애인 등과 같은 취약 계층에 대한 예산 증가율이 미미하거나 감소했다는 점을 감안한다면, 역대 도지사들의 복지 정책들은 단순히 의지를 표명하는 구호에 멈추었다고 해도 과언이 아니다. 따라서 그들이 강조했던 '복지 전남'의 목표를 달성하기 위해서는 단순히 사회복지 예산의 확대뿐만 아니라 전체 예산 대비 사회복지 예산의 비중을 증대하는 노력이 필요하고, 아울러 중앙정부에서 추진하는 정책 외에 전남만이 할 수 있는 사회복지 정책 추진과 예산 편성에 대한 강력한 의지가 병행되어야 한다.

다섯째, 1998년과 2010년을 비교하면 전남도청의 복지여성국 소속 공무원이 증가한 것으로 나타났지만, 이들 중 사회복지 직렬의 공무원은 2014년 현재 11명에 불과했다. 특히 2014년 현재 전남도청의 사회복지직 직렬 중 서기관 이상급의 공무원은 전무한 것으로 확인되었다. 또한 전남 시군의 사회복지 전담 공무원의 수가 증가한 것은 사실이지만 실제 현장에서는 이들 사회복지 전담 공무원이 읍·면·동에 배치되어 있어, 전남 시군청에는 다른 직렬의 공무원이 주요 복지 정책을 담당하고 있는 실정이다. 이런 현상은, 인간의 욕구 문제를 전문적으로 다루는 사회복지의 특수성이 효율을 중시하는 일반 행정에 귀속되어 도민의 욕구 문제에 대한 형식적 해결, 혹은 전시성을 띤 지방행정으로 전락할 가능성이 높다(이재완 2001, 232)는 우려가 현실로 드러나게 만든다. 이와 관련하여 전남에는 전문성에 기반하여 복지 정책을 기획하고 집행하는 리더십이 부재한 것을 문제 삼아야 한다. 예를 들어, 지난 20년간 복지여성국 국장이 사회복지 전문가 중에서 임명되었던 경우는 없었다. 외부에서 영입되었던 두 명의 전 국장들은 각각 행정학과와 생활대학 소속의 교수들이었고, 이후 다시 도청 내에서 인선된 국장들도 무리 없이 행정적으로 복지사업을 수행했다고 평가할 수 있지만 획기적인 기획과 적극적인 추진 등에는 이르지 못했다. 더군다나 이를 보완할 만한 기제인 전남 사회복지위원회 역시 전문성을 발휘하기 어려운 위원 구성일 뿐 아니라 운영 측면에서도 영향력을 발휘하기 어려운 '페이퍼 위원회'일 때가 많았다.14) 이런 현실에 대해 전남 정부는 충분히 숙고하고 인

---

14) 필자 중 김영란은 전남도 사회복지위원회에서 위원으로 활동해 오고 있다.

력 개선을 파격적으로 추진해야 할 것이다.

여섯째, 공공 분야 인력이 가진 한계에도 불구하고 지난 20년간 민간 분야 사회복지 종사자가 대폭 증가한 점은 도민의 다양한 복지 욕구에 부응하는 전달 체계의 기본 요소(인력)를 확보하는 데 충실했다는 측면에서 긍정적으로 평가할 수 있다. 문제는 장기요양보험 서비스 제공 기관 종사자 등과 같은 저임금의 민간 사회복지 종사자도 함께 증가한 것이다. 현재 이들 종사자의 임금 등 처우 개선에 대한 이슈가 전국적으로 제기되고, 이번 도의회 회기에 강성휘 의원이 이와 관련한 의제를 제시한 상태이다. 이때 다른 민간 사회복지 종사자의 처우에 대해서도 점검하고 전남의 사회복지 인력에 대한 일대 변화를 모색해야 할 것이다. 특히 해마다 사회복지 인력은 증가하고 있는데도 왜 도민은 복지를 체감하지 못하고 있는지에 대한 원인도 규명되어야 할 것이다. 다시 말해 전문 사회복지사가 현장에 고용되지만 왜 전문성을 발휘하기 어려운지에 대해 총체적으로 점검하고, 대책을 강구하는 것이 복지 재원에 대한 한계를 극복할 수 있는 하나의 방법이 될 것이다.

지난 20년간의 상황과 이와 관련하여 필자들이 제안한 이상의 내용들은 결코 '복지 재정'의 문제로 수렴되는 것이 아니다. 한마디로 일갈하자면, 재정 자립도가 낮다고 해서 도민의 정신 수준이 낮은 것은 아니다. 복지에 대해 논의할 때 흔히 경제문제를 제기하는 것은 논의의 핵심에서 멀어지는 지름길이다. 일반적으로 신자유주의를 추종하는 진영이든 친복지 진영이든 경제를 활성화하는 것이 복지의 전제 조건이라고 판단한다. 그러나 오히려 1970년대 이후부터 눈부신 경제성장을 했던 우리나라가 현재에는 다양한 사회문제와 더불어 기본 생존의 문제조차도 해결하지 못하고 있는 형국을 우리 모두 목도하고 있다. 뿐만 아니라 세계의 경제학자, 사회학자, 철학자들은 입을 모아 경제가 성장해도 불

평등은 오히려 심화된다는 자료를 제시하면서 현재의 상황에 대한 혁명적 전환을 요구하고 있다. 또한 그것이 과거의 전투적 혁명이 아닌 '정신적 혁명', 온건하게 말해 '인간 정신의 계몽'이라는 점에서도 세계 석학들의 의견이 일치한다. 이들의 주장을 현실에서 적용하는 방법은 집단 지성에 의한 참여적 결정과, 협력과 협동에 의한 실천이다. 예를 들어 현재 광주광역시에서 개최한 '시민 5백 명에 의한 복지 아고라'로 광주시 복지 기준선을 결정하기로 한 후 그것에 대해 공동 모임을 추진하고 있는 것은 지방정부 차원에서 변화를 모색하는 좋은 본보기가 될 수 있다.

이 글의 서두에서 지방정부는 지금까지 담당해 왔던 법정 국가 급여 전달 기능에서 벗어나 구체적이며 개별적인 사회복지 서비스 제공 기능을 담당해야 하는 변화를 겪고 있다고 밝혔지만, 필자들은 이번 조사를 통해 현재의 전남은 여전히 그 요구를 확실히 인식하지 못하고 있을 뿐만 아니라 재정 부담을 이유로 전환적인 노력을 게을리 하고 있음을 확인했다. 경제 성장 없는 복지 발전을 상상하기 어렵겠지만 복지 발전 없는 경제성장의 패악은 절실한 '삶'의 문제로서 충분히 체감될 수 있다. 이런 점에서, 시장경제에서 탈락되거나 진입하기 어려운 계층에 대한 사회적 안전망 구축이 우선되어야 한다는 것은 명확한 '명분'이 된다. 지방정부의 정책 결정자들과 지역의 리더들이 이 명분에 동의한다면, 이제부터는 전과는 다른 '획기적인' 변화를 추구해야 할 때이다. 전남 사회복지의 변혁을 위한 강력한 법적 근거 마련, 공공 인력의 구조 변환, 서비스 전달 체계의 혁신, 진정성에 기초한 민관 협력, 도민의 복지 연대 의식의 계몽, 사회복지사들의 자성 등을 포함하여 더 나은 전남의 사회복지를 상상하기 위해서는 '돈'의 문제에서 '정신'의 문제로 우리의 집중력을 돌려놓아야 한다.

| 참고문헌 |

OECD (http://www.oecd.org/social/societyataglance.htm)

경기도장애인재활협회. 2007.『장애의 이해와 인식개선』

국민건강보험공단. 2010.『노인장기요양보험 통계』

국민건강보험공단. 2011.『노인장기요양보험 통계』

김승원·김연우. 2011.『전국 및 지방자치단체 주요 복지 통계』. 보건복지부·한국보건
사회연구원.

김윤영. 2013. "빈곤 문제 해결은 부양 의무자 기준 폐지로부터." 『웹진 인권』
(http://www.humanrights.go.kr).

박현정·박영실·김현. 2012.『자원봉사 규모 및 실태 측정 방안』. 서울: 통계청.

방하남·강신욱. 2012.『취약 계층의 객관적 정의 및 고용과 복지를 위한 정책방안.』서
울: 한국노동연구원·보건사회연구원.

변용찬·임유경. 2000.『지역별 장애인복지사업 평가』. 서울: 한국보건사회연구원.

보건복지부. 1998, 2000, 2005, 2010, 2011, 2012.『보건복지부통계연보』
(http://kosis.kr/).

_____. 2001, 2005, 2010, 2011, 2012.『국민 기초 생활 보장수급자현황』
(http://kosis.kr/).

_____. 2001, 2005, 2010, 2011, 2012.『장애인현황』(http://kosis.kr/).

_____. 2003, 2005, 2010, 2011.『보건복지부통계연보』(www.kosis.kr).

_____. 2007, 2008, 2009, 2010, 2011, 2012.『사회복지자원봉사현황』
(www.kosis.kr).

_____. 2012. 2012년『지역사회 서비스 투자 사업 안내』

신창환·강상경. 2010. "한국의 지역사회 서비스 투자사업의 공급구조와 바우처 작동
기제에 관한 연구 : ADHD 아동 조기개입서비스를 중심으로".『한국사회복지
학』62(2): 399-420.

안전행정부. 2006, 2007, 2008, 2009, 2010,l 2011, 2012, 2013.『지방자치단체외국
인주민현황』(http://kosis.kr/).

안전행정부. 2013.『2013년도 지방자치단체 통합재정개요(상): 예산개요 및 기금운용
개요』

유영직. 2014.『시·군지역의 노인자살률에 영향을 미치는 요인에 관한 연구』. 목포대
학교 대학원 박사학위 논문.

이영범·남승연. 2010. "효과적인 사회 서비스 시장화를 위한 지역적 특성에 관한 연구: 지역선택형 지역사회 서비스 투자사업을 중심으로". 『한국사회와 행정연구』. 20(4): 163-191.

이재완. 2001. "충남 공공복지서비스 전달체계의 실태와 개편방안에 관한 연구". 『사회복지 정책』. 13: 220-251.

이중섭·박신규. 2011. 『전라북도 복지 정책, 사업의 간소화와 재정의 효율화 병행해야』. Issue Briefing 32.

이철선·권소일·최승준·오은진. 2012. 『돌봄서비스 종사자 처우개선 방안 연구』. 서울: 보건복지부, 한국보건사회연구원.

전남도청. 2014/04/23. "전남 농가 인구, 1990년 이후 처음 늘어".
            (http://www.jeonnam.go.kr/)

전남도청. 2014/06/26. "퇴임 앞둔 박준영 도지사"(http://www.jeonnam.go.kr/)

전라남도. 1998, 2000~2010. 『전라남도기본통계』(http://kosis.kr/).

_____. 2007, 2008, 2009, 2010, 2012. 『전라남도기본통계』(http://kosis.kr/).

_____. 2014. 전라남도 내부자료.

최혜지. 2014/04/28. "1년간 4명의 사회복지사 자살, 출구는 없는가" 『프레시안』
            (http://www.pressian.com/)

통계청. 1997, 2005, 2010, 2014. 『재정 자립도』(www.kosis.kr).

_____. 2000, 2005, 2010, 2011, 2012, 2013. 『경제활동인구조사』(http://kosis.kr/).

_____. 2000, 2013. 『출생율』(/http://kosis.kr/).

_____. 2003, 2004, 2005, 2006, 2007, 2008, 2009, 2010, 2011, 2012, 2013.. 『안전행정부 주민등록인구』(http://kosis.kr/).

_____. 2005, 2010, 2011, 2012. 『사망원인통계』(http://kosis.kr/).

_____. 2006, 2007, 2008, 2009, 2011, 2012. 『전국산업체조사』(http://kosis.kr/).

_____. 2010, 2011, 2012, 2013. 『귀농 귀촌인 통계』(http://kosis.kr/).

_____. 2012. 『기대수명』(http://kosis.kr/).

_____. 2012. 『장래인구추계』(http://kosis.kr/).

통계청, 농림축산식품부. 2014. 『2013년 귀농·귀촌인통계 보도자료』.

한국노사관계학회·성균관대학교 HRD센터. 2009. 『장기요양기관 종사자 실태조사』. 서울: 보건복지가족부.

한국장애인단체총연맹. 2011. 『2011 16개 시도 장애인복지 인권 비교연구』

한상미·이상균. 2009. "지방자치단체의 특징과 사회 서비스 공급유형간의 관계: 지역개발형 지역사회 서비스 투자 사업을 중심으로". 『사회복지 정책』. 36(3): 423-447.

행정안전부. 2003, 2005, 2010, 2011. 『행정안전부 주민등록인구』(www.kosis.kr).

_____. 2005, 2010, 2011, 2012. 『지방재정연금』(http://kosis.kr/).

"부양 의무자 때문에 기초 생활 급여 탈락, 하지만 부양 의무자 절반 가량은 최저생계비에 못 미쳐." 『경향신문』(2014/09/05), http://www.khan.co.kr.

"사라진 농부들, '의사'가 되어 돌아왔다". 『오마이뉴스』(2014/10/10). (www.ohmynews.com).

"지역 인재 유출 더 이상 방치는 안 된다." 『광주일보』(2014/08/05).

"출산율 전국 최고 전남…그 중에서도 해남 '2.349명'". 『연합뉴스』(2014/08/07) (www.yonhapnews.co.kr).

전남 교육재정의 현황과
발전 방향

고두갑

1. 서론

우리나라 지방 교육재정의 특징은 과세권이 없는 교육 자치단체가 교육비의 집행을 담당하고, 중앙정부 및 지방자치단체로부터 제공되는 이전 재정(교부금·보조금)에 의존하는 구조를 갖고 있다는 것이다. 지방 교육 단체인 시·도 교육청과 산하 지역 교육 지원청들은 자율적으로 재원을 조달할 수 있는 제도적 수단을 갖지 못하고 있다. 지방자치단체의

● 이 논문은 2014년 4월 한국정치학회와 목포대학교 지방자치연구소 등이 공동 개최한 춘계 특별학술회의의 〈지방정치와 지방자치〉 패널에서 발표한 "전남 교육재정 20여년 평가"를 수정·보완한 것이다.

책임하에 교육정책을 자율적으로 시행할 수 없음에도 불구하고, 2004년 교육 자치 선거가 실시되는 등 교육에 대한 지방자치단체의 역할이 강화되고 있으며, 지방 교육재정의 수요는 매년 크게 늘어나는 추세이다.

최근 들어 지방 교육재정의 위기에 직면한 지방 교육 자치단체들은 중앙정부의 이전 재정에 기대는 한편, 지방자치단체의 재정 지원에 눈을 돌리고 있다. 중앙정부도 1982년 교육세 신설, 1991년 지방 방위세의 교육세 흡수, 1996년 교육세율 및 지방자치단체 부담 확대, 2000년 지방 교육재정 교부금 교부율, 교육세율 및 지방자치단체 부담 확대, 2008년 지방 교육재정 교부금의 내국세분 교부율 20%로 인상, 2010년 내국세분 교부율 20.27% 인상 등 일련의 조치로 교육 재원 확대를 위해 노력해 왔다.

그러나 현행 제도는 교육재정을 안정적으로 확보하지 못하고 있으며, 현 정부가 내세운 누리 과정과 무상 급식, 초등 돌봄 교실 등 교육 복지 예산 부담으로 지방 교육재정이 크게 악화되어 교부금 확충이 시급하다. 2014년 한 해만 보더라도 3~4세 누리 과정 지원 사업비 1조6천억 원과 고교 무상교육 지원금 5천억 원 등 2조1천억 원이 한 푼도 반영되지 않았고, 2013년에 비해 지방교육청으로 교부하는 재정은 겨우 2,313억 원밖에 증가하지 않았는데, 필수 유지 비용인 인건비와 국가 시책으로 시행되는 누리 과정에 소요되는 예산이 2조8,244억 원이기 때문에 결과적으로 2조,5931억 원은 고스란히 지방교육청의 부담으로 전가되는 셈이다.[1]

---

1) "위기의 지방교육재정, 진단과 해법 모색," 국회 세미나 자료(2014/02/29).

또한 현행 지방교육재정교부금법에 따라 보통교부금 (내국세 20.27%의 96/100의 금액과 교육세 전액)과 특별교부금(내국세 20.27%의 4/100)으로 교부되고 있으나, 세수 결손과 열악한 지방재정 구조로 인해 재원 확보 및 운영의 어려움이 급증하고 있다. 교육 복지 수요의 증가에 따른 세입 결손은 지방 교육채와 민간 투자(BTL)를 통해 충당했고 결과적으로 2012년도 말 14조429억 원이라는 채무 부담 잔액을 남기게 되었다.[2]

우리나라의 지방 교육재정은 위기 상황이다. 구조적으로 지방 교육재정에서 중앙정부 의존 재원이 절대적인 비중을 점하고 있어 의존 재원의 감소는 지방 교육재정을 악화시키는 일차적인 요인이 되고 있다. 또한 경기 순환적 요인은 조세의 징수 부족, 세입 기반의 약화, 부동산 경기의 위축[3] 등에서 비롯되며 근본적으로 재정 수입이 확대되지 않으면 향후에도 지방 교육재정의 어려움은 가중될 것으로 전망된다.[4]

지방분권 시대에 지방정부의 책임하에 교육정책을 자율적으로 시행하기 위해서는 지방정부가 지방 교육재정을 확충하고 재정 운영 권한을 확보하는 것이 무엇보다 중요하다.

본고는 이와 같은 문제 인식을 바탕으로 우리나라 지방 교육재정의 제도와 현황을 살펴본 후, 전라남도 교육청을 대상으로 하여 지방 교육재정의 안정적인 확보와 효율적인 운영에 기여할 수 있는 대안을 제시

---

[2] 2014년 추가적으로 발행 예정인 지방채만 2조404억 원 규모에 달할 정도로 지방 교육재정은 매우 어려움에 처해 있다.

[3] 이명박 정부의 부자 감세와 4대강 사업으로 이명박 정부 임기 동안 15조 원이 줄어들었다.

[4] 현실적으로 우리나라에서 야기되고 있는 지방 교육재정 위기 문제는 근본적으로 지방 교육재정 교부금 제도의 국가 지원금 및 지방자치단체 일반회계 전입금의 부족에 따른 재정의 불안정성에 기인하고 있다.

해 보고자 한다. 전남 지역은 대부분 농·어촌 지역으로 산업구조가 1차 산업에 편중되어 주민 소득이 낮고 지방자치단체의 자립도가 전국 최저이며 이농·이어(離漁) 현상으로 인하여 인구수 및 학생 수가 급감함에 따라 소규모 학교가 매년 증가하여 통·폐합 대상 학교가 생겨나는 악순환이 되풀이되고 있는 지역이다. 전남 교육재정의 분석을 통하여 현장과 제도의 괴리를 심층적으로 살펴보고 합리적인 개선 방안을 모색하고자 한다.

2. 지방 교육 자치기관의 성격과 구성

1) 지방 교육 자치기관의 성격

일반적으로 지방자치는 "일정한 지역 주민들이 지방공공단체를 구성하여 국가의 일정한 감독을 받으면서 그 지역 내의 사무나 공동 문제를 자기 책임과 부담하에 스스로 또는 그 대표자를 통하여 처리하는 과정"이라고 정의된다(전상경 2011, 51).

따라서 지방 교육 자치란 교육을 대상 사무로 한 지방자치인 것이다. 이것은 "지방자치단체의 교육·학예에 관한 사무를 관장하는 기관의 설치와 그 조직 및 운영 등에 관하여 이 법에서 규정한 사항을 제외하고는 그 성질에 반하지 않는 한 지방자치법의 관련 규정을 준용한다."라는 지방 교육 자치에 관한 법률 제3조의 정신으로부터 유추될 수 있다.

우리나라 지방 교육 자치제는 1948년 미군 군정 시에 선포된 지방자치법을 토대로 도입되어 1961년 5·16 이전까지 실시되다가, 5·16 이후 중단되어 1996년 다시 부활되었다.

지방 교육 자치는 미국과 같이 독자적인 징세권을 가지면서 교육 서비스 공급만을 전담하는 교육구를 설치하여 실시되기도 하지만, 많은 나라의 경우 다른 공공서비스의 공급과 함께 일반 자치단체를 통하여 실시되기도 한다. 우리나라는 특별시·광역시·도 단위로 교육청을 설치하여 지방자치단체의 교육·과학·기술·체육 및 그 밖의 학예에 관한 사무만을 처리하고 있기 때문에 외형적으로는 미국식과 동일한 것처럼 보인다. 그렇지만 우리나라의 교육청은 독자적인 징세권을 갖는 지방자치단체가 아니라 지방자치법 제121조에서 규정하는 '자치기관'에 지나지 않는다. 또한 교육청은 자치기관이긴 하지만 그 재정은 일반 자치단체의 특별회계 형식으로 운영되며, 일반 자치단체의 의회 심의를 받기 때문에 일반 지방자치와 완전히 분리되어 운영된다고 하기에도 곤란하다.

우리나라의 현행 지방 교육 자치기관인 특별시·광역시·도 교육청은 외형적으로는 광역 지방정부의 자치기관일 뿐만 아니라 광역 지방의회의 예산심의를 받고 있지만, 실질적으로는 일반 행정과 거의 독립적인 수준에서 분리·운영되고 있다. 광역 자치단체 부담금의 대부분은 지방교육세를 통해서 이루어진다. 지방 교육세의 과세권자는 광역 자치단체장이지만 최종 지출권자는 특별시·광역시·도 교육감이다. 특별시·광역시·도 교육청은 지방 교육세의 징수에 관한 아무런 권한도 없이 광역단체가 징수한 지방 교육세를 양도받아 지출하기만 하면 된다. 지방 교육세의 세율과 세목은 중앙정부에 의해 결정되며, 광역 자치단체의 전입금도 거의 대부분이 법정 전입금의 형태로 되어 있기 때문에 중앙정부의 법률에 의해 정해진다.[5]

이와 같이 우리나라의 지방 교육 자치는 일반 자치단체의 자치기관

으로 운영되고 있지만, 일반 자치단체와의 관계는 매우 느슨하며 지방
교육 자치는 일반 지방자치와 실질적으로는 이원화되어 있다.

2) 지방 교육 자치기관의 구성

2014년 현재 지방 교육 자치기관인 시·도 교육청은 1개의 특별시, 6
개의 광역시, 1개의 특별자치시, 8개의 도, 1개의 특별자치도(제주)에
모두 17개가 설치되어 있다. 지방 교육 자치제는 1991년에 부활된 이
후 교육의 자주성과 전문성 및 지역 교육의 특수성을 살리기 위한 목적
으로 지방정부의 사무 중 교육·학예 사무만 분리시켜 교육위원회에 심
의·의결 기능을 맡게 하고, 교육감에게는 집행 기능을 맡기는 기관 분
립형 방식으로 운영되어 왔다(〈그림 1〉참조). 이후 2006년 지방 교육 자

---

5) 지방 교육 자치와 지방 일반 자치 간의 관계 정립에 관해 현재 많은 논란이 계속되고 있
　다. 이승종(2005)은 지방 교육 자치를 교육행정기관의 자치로 보는 관점, 교육 주체의
　주체로 보는 관점, 지방자치의 관점으로 구분하면서 지방 교육 자치를 지방자치의 틀 안
　에서 접근해야 할 필요성을 강조한다. 교육행정기관의 자치로 보는 관점은 교육의 특수
　성을 강조하여 다른 것에 우선하여 지방 교육 행정기관의 분리·독립을 강조하는 것이며,
　이런 견해는 주로 교육계를 중심으로 제기된다. 교육 주체의 자치로 보는 관점은 교육
　현장에서 교육 주체의 자치, 즉 학교 자치로 파악하는 것으로, 지방 교육 행정기관과 일
　반 지방행정기관의 분리·독립은 부차적 문제라고 생각한다. 마지막으로 지방자치의 일
　환으로 보는 관점은 앞의 두 견해 모두 지방 교육을 지방자치의 틀 안에서 접근하지 않
　기 때문에 지방자치의 본질적 요소인 분권·참여·중립성의 일부 또는 전부를 소홀히 취
　급하게 되고 결국 지방 교육 자치의 바람직한 발전을 저해한다고 주장한다. 즉 첫 번째
　관점은 분권·참여·중립성 모두를 소홀히 다루며, 두 번째 관점은 분권·중립성의 문제를
　소홀히 한다(강윤호·민기·전상경 2015, 498).

그림 1 | 우리나라 지방 교육 자치의 구조

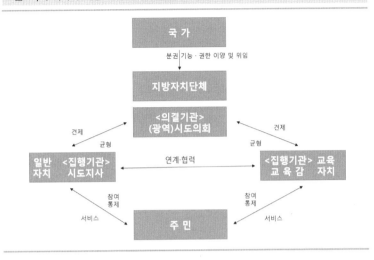

출처: 강윤호·민기·전상경(2015, 496).

치법이 개정됨에 따라 2010년 7월부터 종래의 교육위원회 제도는 폐지되고, 시·도의회의 교육 관련 상임위원회가 그 기능을 맡게 되었다. 즉 교육·학예 관련 사무는 시·도의회의 교육위원회(상임위원회)를 거쳐 본회의에서 최종적으로 심의·의결하도록 하는 통합 및 단일화가 이루어졌다.

3. 지방 교육재정의 구조 및 현황

1) 지방 교육재정의 의의

지방 교육재정은 지방정부가 교육 사무를 관장하는 교육행정기관과

표 1 | 지방 교육재정의 세입 구조

국가 지원금	지방 교육 재정 교부금	보통 교부금	당해 연도 내국세 총액의 20.27%의 100분의 96, 당해 연도 국세분 교육세
		특별교부금	당해 연도 내국세 총액의 20.27%의 100분의 4
	국고보조금	국고 사업 보조금	
교육비 특별회계	지방자치단 체 전입금	법정 전입금	지방교육세: ① 취득세의 납세의무자, ② 등록에 대한 등록 면허세의 납세의무자, ③ 레저세의 납세의무자, ④ 담배소비세의 납세의무자, ⑤ 주민세 균등분의 납세의무자, ⑥ 재산세의 납세의무자, ⑦ 비영업용 승용 자동차에 대한 자동차의 납세의무자
			담배소비세: 특별시·광역시 담배 소비세액의 45%
			시·도세 전입금: 목적세를 제외한 시·도세의 3.6~10%: 특별시 10%, 광역시 및 경기도 5%, 기타 3%
			학교 용지 부담금: 학교 용지 확보 등에 관한 특례법 제4조에 의한 일반회계 부담 학교 용지 매입비
		비법정 전입금	공공도서관 운영비, 학생 급식비 및 급식 시설 지원비, 교육 정보화 사업, 기타 교육 협력 사업
	자체 수입		입학금 및 수업료, 기부금, 재산 수입, 이월금, 잡수입 등 학교운영지원비, 수익자 부담 경비, 학교 발전 기금 등
	지방 교육채		지방재정법 제11조에 근거하여 재정 부족에 보전

출처: 강윤호·민기·전상경(2015, 506).

교육 업무를 수행하는 교육기관을 설치·운영하는 데 소요되는 경비를 조달하고 조달된 경비를 관리·사용하는 일체의 활동을 의미한다. 교육에 필요한 경비를 조달하는 것이 교육재정이라고 할 때 지방 교육재정은 국가 교육재정의 일부분으로서 지방정부가 담당하는 재정이라 할 수 있다. 그러나 지방정부는 의무교육 및 중등교육의 대부분을 담당하고 있기 때문에 지방 교육재정이 전체 교육재정에서 차지하는 비중은 매우 높다.

2) 지방 교육재정의 세입 구조

우리나라의 지방 교육 자치에 관한 법률 제38조는 "시·도의 교육·학

그림 2 | 지방 교육재정의 상호 관계

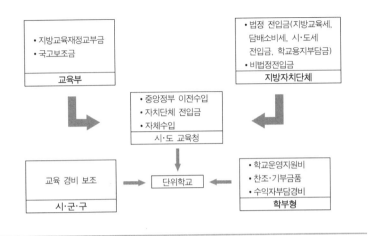

출처: 박정수(1998), 재구성.

예에 관한 경비를 따로 경리하기 위하여 당해 지방자치단체에 교육비 특별회계를 둔다."라고 규정하고 있으며, 시·도 교육청은 시·도 교육청 특별회계를 두고 국가로부터의 교부금·보조금 수입, 지방자치단체로부터의 전입금, 그리고 자체 수입 등을 계리한다(〈표 1〉 참조).

또한 지방 교육재정의 세입은 그 수입의 원천에 따라 이전 재원과 자체 재원으로 구분되는데, 이전 재원은 중앙정부와 지방자치단체로부터 이전되는 수입이며 자체 재원은 교육비 특별회계의 부담 수입이다. 지방 교육채와 주민 부담 등의 수입은 기타 수입으로 분류된다. 〈그림 2〉는 지방 교육재정의 상호 관계를 통해 단위 학교 교육재정의 구성을 나타내고 있다.

〈표 2〉는 교육부가 발표한 2013년 재원별 수입 현황이다. 〈표 2〉에 의하면 중앙정부로부터 이전수입은 전체 세입의 71.3%를 차지하고 있

표 2 | 재원별 세입 결산 현황

(단위: 10억 원, %)

구분			전국		시 지역		도 지역	
			결산액	구성비	결산액	구성비	결산액	구성비
합계			57,258	100.0	22,731	100.0	34,257	100.0
이전수입	중앙	소계	41,063	71.7	15,368	67.6	25,695	74.4
		지방 교육 재정 교부금	40,812	71.3	15,245	67.1	25.567	74.0
		국고보조금	251	0.4	123	0.5	128	0.4
	지방 자치 단체	소계	9,181	16.0	4,649	20.5	4,532	13.1
		지방 교육세	5,386	9.4	2,292	10.1	3,094	9.0
		담배소비세	525	0.9	525	0.9	-	-
		시·도세	1,870	3.3	1,343	5.9	527	1.0
		비법정 이전수입	930	1.6	370	1.6	561	1.6
자체 수입		소계	5,983	10.4	2,306	10.1	3,677	10.6
		교수 학습 활동 수입	1,066	1.9	460	2.0	606	1.8
		행정 활동 수입	20	0.03	12	0.1	8	0.03
		자산 수입	186	0.3	70	0.3	115	0.3
		이자 수입	183	0.3	64	0.3	119	0.3
		잡수입 등	109	0.2	51	0.2	58	0.2
		기타	4,419	7.7	1,649	7.3	2,770	8.0
지방 교육채		소계	958	1.7	366	1.6	593	1.7
		교부금 부담	958	1.7	366	1.6	593	1.7
		자체 부담	-	-	-	-	-	-
주민(기관)부담 등			72	0.1	41	0.2	31	0.1

출처: 한국교육개발원(2014, 20-22).

으며, 재원은 지방 교육재정 교부금이다. 중앙정부로부터의 이전수입 비중은 시 지역이 67.6%, 도 지역이 74.4%로 재정력이 상대적으로 취약한 도 지역이 높은 것으로 나타났다. 중앙정부로부터 이전수입은 지방 교육재정 교부금과 국고보조금이다. 지방 교육재정 교부금은 〈표 1〉에서 알 수 있듯이 보통 교부금과 특별 교부금으로 나누어지며, 보통 교부금은 당해 연도 내국세 총액의 20.27%에 해당하는 금액의 100분의

96이고, 특별교부금은 나머지 100분의 4이다. 국고보조금은 시·도교육청이 교육 관련 국가 시책 사업을 수행할 때 보조받은 금액이며, 2013년의 경우 2천5백억 정도이며 결산의 0.4%를 차지하고 있다.

지방자치단체로부터의 이전수입은 지방 교육재정 교부금법 제11조에 의한 법정 교부금과 비법정 교부금으로 구성되며, 전체 지방 교육재정의 16%를 차지하고 있다. 시 지역과 도 지역의 이전수입은 각각 20.5%와 10.6%로 시 지역이 9.9% 높게 나타났으며, 이 같은 차이는 시 지역에만 존재하는 담배소비세 전입금과 시·도세의 법정 비율이 서로 다르기 때문에 발생한다.

자체 수입은 지방 교육재정 총액의 10.4%이며, 지방 교육채를 통한 재원 조달은 전체 지방 교육재정의 1.7%이다. 지방 교육채의 경우 시·도교육청의 자체 부담으로 발생되는 교육채는 없고 모두 교부금 부담금인데, 세수 부진에 따른 지방 교육재정 교부금 감소분을 충당하기 위해 지방 교육 자치기관이 지방채를 발행하고 중앙정부가 이를 보전하는 형태로 사업을 진행한 것에 기인한다.[6]

3) 지방 교육재정의 세출 구조

지방 교육재정에 대한 세출을 정책 중심의 사업적 분류와 지출 대상 품목 중심의 성질별 분류로 살펴본다. 〈표 3〉은 2013년도 정책 사업별

---

[6] 지방 교육채를 발행할 때에는 일반 자치단체와 마찬가지로 지방채 발행 한도액 범위 내에서 시·도 의회의 의결을 얻어야 한다.

표 3 | 정책 사업별 세출 결산액

(단위: 10억 원, %)

구분		전국		시 지역		도 지역	
		결산액	구성비	결산액	구성비	결산액	구성비
합계		53,295	100.0	21,288	100.0	32,008	100.0
유아 및 초중등 교육	소계	51,240	96.1	20,519	96.4	30,720	96.0
	인적 자원 운영	27,277	51.2	10,679	50.2	16,597	51.9
	교수·학습 활동 지원	3,434	6.4	1,337	6.3	2,097	6.6
	교육 복지 지원	5,017	9.4	2,142	10.1	2,875	9.0
	보건·급식·체육 활동	1,718	3.2	634	3.0	1,084	3.4
	학교 재정 지원 관리	9,775	18.3	4,160	19.5	5,615	17.5
	학교 교육 여건 개선 시설	4,020	7.5	1,567	7.4	2,452	7.7
평생 직업 교육	소계	145	0.3	67	0.3	77,451	0.2
	평생교육	129	0.2	61	0.3	68,224	0.2
	직업교육	15	0.03	6	0.03	9,228	0.03
교육 일반	소계	1,912	3.6	701	3.3	1,210	3.8
	교육행정 일반	427	0.8	143	0.7	283	0.9
	기관 운영 관리	528	1.0	198	0.9	330	1.0
	지방채 상환 및 리스료	950	1.8	359	1.7	592	1.8
	예비비 및 기타	7	0.01	1	0.01	5	0.02

출처: 한국교육개발원(2014, 24-27).

세출 결산액을 나타낸 것이다. 전체 세출 53조 2,950억 원 중 유아 및 초중등 교육에 96.1%, 평생·직업교육에 0.3%, 교육 일반에 3.6%가 투자되고 있다. 유아 및 초등교육 사업 내의 단위 사업을 살펴보면 인적 자원 운영에 전체 예산의 51.2%, 학교 재정 지원 관리에 18.3%의 순으로 투입되고 있다. 지방 교육재정의 세출에서 인적 운영 부분 지출이 가장 높게 나타나고 있는데, 이것은 교육재정의 경직성이 매우 높다는 것을 시사한다. 세출 부분에서의 각 항목과는 달리 세출 부분의 각 단위 사업에는 시 지역과 도 지역 간에 큰 차이가 없다(강윤호·민기·전상경 2015, 512).

〈표 4〉는 성질별 세출 결산액을 나타내고 있다. 2013년도를 살펴보

표 4 | 성질별 세출 결산액

(단위: 10억 원, %)

구분		전국		시 지역		도 지역	
		결산액	구성비	결산액	구성비	결산액	구성비
합계		53,295	100.0	21,288	100.0	32,008	100.0
인건비	소계	31,672	59.4	12,828	60.3	18,844	58.9
	교원	21,494	40.3	8,680	40.8	12,815	40.0
	교육 전문 직원	383	0.7	135	0.6	248	0.8
	행정직	3,368	6.3	1,165	5.5	2,203	6.9
	공무원이 아닌 직원	1,836	3.4	645	3.0	1,192	3.7
	사립학교 직원	4,589	8.6	2,203	10.4	2,386	7.5
물건비		1,503	2.8	600	2.8	903	2.8
이전 지출		1,848	3.5	791	3.7	1,058	3.3
자산 취득 및 시설비	소계	4,993	9.4	1,857	8.7	3,136	9.8
	토지 매입비	726	1.4	191	0.9	535	1.7
	시설비	4,005	7.5	1,591	7.5	2,414	7.5
	자산 취득비	211	0.4	73	0.3	139	0.4
	기타 자산 취득비	49	0.1	2	0.01	48	0.1
상환 지출	소계	794	1.5	303	1.4	491	1.5
	지방교육채	126	0.2	63	0.3	64	0.2
	민간사업 지급금	668	1.3	241	1.1	427	1.3
학교 지원	소계	12,471	23.4	4,901	23.0	7,570	23.7
	공립학교	9,471	17.8	3,518	16.5	5,954	18.6
	사립학교	2,999	5.6	1,383	6.5	1,616	5.0
예비비 및 기타		11	0.02	6	0.03	6	0.02

출처: 한국교육개발원(2014, 29-32).

면 인건비가 전체의 59.4%로 가장 높고, 다음으로 공립·사립학교 지원 전출금이 23.0%이며, 자산 취득이 9.4%, 누리 과정[7] 등을 위한 민간

---

7) 누리 과정이란 우리나라 만 3~5세 어린이라면 유치원·어린이집의 구분 없이 동일한 내용을 배우는 것은 물론 부모의 소득수준에 관계없이 모든 계층의 유아에게 유아 학비와 보육료를 지원하는 사업을 말한다. 5세 누리 과정은 2012년 3월부터, 3~4세 누리 과정은 2013년 3월부터 시작되었다.

6장 _ 전남 교육재정의 현황과 발전 방향 209

부문 등으로의 이전 지출이 3.5%,[8] 물건비가 2.8%, 상환 지출이 1.5%, 예비비 및 기타 등이다.

4. 지방 교육재정의 지역 간 격차

1) 지방 교육재정 세입의 지역 간 격차

〈표 5〉는 2013년도 지방 교육재정의 세입 항목별 지역 간 격차를 산출한 것이다. 앞에서 설명한 바와 같이 지방 교육재정 특별회계의 세입은 중앙정부로부터의 이전 재원이 대분을 차지하고 있으며, 지방 교육재정의 세입 구성은 지역에 따라 크게 차이가 있음을 알 수 있다.

먼저, 서울시의 경우 다른 지역에 비해 중앙정부로부터 이전수입의 비중이 낮은 반면, 자치단체 이전 수입의 비중이 높다. 서울시의 경우 중앙정부로부터 이전수입의 비율은 59.2%로 다른 지역에 비해 가장 낮고, 서울시 일반회계로부터 전입금은 29.9%로 광역 자치단체 중 가장 높다는 것을 알 수 있다.

---

8) 2013년 이전 지출 결산액은 1조8,488억 원(세출 결산액 대비 3.5%)으로 2012년 이전 지출 1조869억 원(세출 결산액 대비 2.2%) 대비 7,619억 원(70.0%) 증가했다. 민간에 대한 보상 및 보조, 일부 자치단체에 대한 보조 사업 및 민간 위탁 사업 등으로 교육행정 기관에서 직접 집행하던 일부 사업(학비 지원)과 자치단체 보육료 보조 확대(누리 과정) 등에 따라 12년 대비 크게 증가했다.

표 5 | 지방 교육재정 지역별 세입 구조

단위: %

	합계	서울	부산	대구	인천	광주	대전	울산	세종
이전수입	87.8	89.3	90.5	89.4	92.3	84.4	87.5	76.0	85.1
중앙정부 이전수입	71.7	59.2	72.6	74.1	75.5	70.6	73.1	62.8	78.62
자치단체 이전수입	16.0	29.9	17.8	15.1	16.5	13.7	14.2	13.1	6.5
기타 이전수입	0.1	0.3	0.1	0.1	0.4	0.2	0.1	0.1	0.3
특별회계 부담 수입	2.8	2.8	2.4	2.6	4.0	3.0	2.6	4.1	1.2
교수-학습 활동 수입	1.9	1.9	1.8	1.9	3.2	1.3	2.2	2.6	0.3
기타 수입	0.9	0.9	0.6	0.8	0.8	1.6	0.4	1.4	0.9
지방 교육채	1.7	1.6	1.2	1.3	0.6	1.1	1.2	4.9	3.8
전년도 이월금	7.7	6.3	6.0	6.7	3.2	11.5	8.7	15.1	9.9
세출 합계(%)	100.0	100.0	100.0	100.0	100.0	100.0	100.0	100.0	100.0
(조 원)	57.29	8.17	3.48	2.61	2.70	1.85	1.69	1.64	0.58

	경기	강원	충북	충남	전북	전남	경북	경남	제주
이전수입	88.5	86.3	83.4	88.2	89.8	85.9	86.3	88.0	90.0
중앙정부 이전수입	69.3	75.6	73.7	75.7	81.4	79.0	78.8	74.2	75.1
자치단체 이전수입	19.2	10.6	9.4	12.3	8.4	6.8	7.4	13.7	14.9
기타 이전수입	0.1	0.1	0.2	0.1	0.1	0.1	0.1	0.1	0.0
특별회계 부담 수입	3.6	2.4	2.7	3.5	1.4	1.9	1.9	2.4	1.9
교수-학습 활동 수입	3.1	1.0	1.4	1.3	0.8	0.8	0.7	1.5	1.0
기타 수입	0.6	1.3	1.3	2.3	0.6	1.1	1.1	0.9	0.8
지방 교육채	2.9	0.5	0.9	1.3	0.9	2.3	0.6	1.4	0.0
전년도 이월금	4.9	10.9	12.9	7.0	7.8	10.0	11.2	8.3	8.1
세출 합계(%)	100.0	100.0	100.0	100.0	100.0	100.0	100.0	100.0	100.0
(조 원)	11.63	2.53	2.41	2.82	2.78	3.57	3.77	4.18	0.87

출처: 교육부(2014), 『교육통계연보』

다음으로 광역시가 도 자치단체보다도 중앙정부로부터 이전수입의 비중은 낮고, 자치단체로부터의 이전수입의 비율이 높다. 예를 들면 부산광역시와 강원도를 비교해 보면 부산의 경우 지방 교육재정 교부금의 의존도는 72.6%이고, 강원도는 75.6%로 강원도에 비해 3%가 낮다. 또한 지방자치단체 일반회계로부터 전입금은 부산의 경우 비율은 17.8% 수준이고 강원도는 10.6%로 부산이 7.2%포인트 높게 나타났다. 여기서 추가적으로 지적할 수 있는 것은 서울시와 광역시의 차이가 광역시와 도 자치단체와의 차이보다도 크다는 것이다.9)

마지막으로 도의 지방 교육재정은 서울시나 광역시보다 중앙정부 의존도가 높고, 지방자치단체로부터 이전수입의 비율이 낮다. 예를 들어 전라남도의 경우 중앙정부로부터 이전수입의 의존도는 79.0%로 매우 높지만, 전라남도 일반회계로부터 이전수입은 6.8%에 지나지 않는다.10)

2) 지방 교육재정 세출의 지역 간 격차

앞에서 살펴본 바와 같이 지방 교육재정 세입 구성의 경우, 서울·광역시·도 간의 지역 격차가 매우 크다는 것을 알 수 있다. 이에 반하여 〈표 6〉에서 알 수 있듯이 지방 교육재정의 교육 자치단체 간의 세출 구성에 있어서는 큰 격차가 보이지 않는다. 여기서는 2013년도 지방 교육재정의 세출 항목별 지역 간 격차를 산출한 〈표 6〉을 이용하여 세출의 지역 간 격차에 대해서 살펴본다.

먼저 앞의 〈표 3〉 및 〈표 4〉에서 우리나라 지방 교육재정 전체 세출

---

9) 원인은 광역시가 서울시보다 자치단체의 재원이 매우 작기 때문이다.

10) 경기도를 제외한 다른 도의 교육재정 세입의 사정도 큰 차이는 없다. 경기도는 서울시나 인천광역시를 에워싸고 있는 수도권에 위치하고 다른 도에 비해 자치단체의 재정이 풍부하기 때문에 중앙정부로부터 이전수입의 의존도나 자치단체 일반회계로부터 이전수입의 비율은 광역 자치단체 수준이다.

표 6 | 지방 교육재정 지역별 세출 구조

단위: %

	합계	서울	부산	대구	인천	광주	대전	울산	세종
유아 및 초등교육	96.1	96.5	96.8	95.8	96.4	96.2	97.0	95.8	94.9
인적 자원 운영	51.2	49.3	50.9	48.4	57.8	46.3	51.5	51.9	25.4
교수-학습 활동 지원	6.4	5.4	6.7	6.4	6.4	6.6	7.8	6.8	9.3
교육 복지 지원	9.4	10.1	10.7	11.8	9.8	9.5	9.4	8.1	6.6
보건/급식/체육 활동	3.2	5.6	1.9	1.5	2.4	0.3	0.5	0.9	2.1
학교 재정 지원 관리	18.3	20.1	18.9	22.8	15.8	25.0	19.8	16.3	4.5
교육 여건 개선 시설	7.5	5.9	7.7	5.0	4.4	8.5	8.1	11.8	46.9
평생 직업교육	0.3	0.3	0.4	0.3	0.5	0.2	0.2	0.2	0.3
교육 일반	3.6	3.2	2.8	3.8	3.1	3.6	2.8	4.1	4.9
교육 행정 일반	0.8	0.7	0.6	0.6	0.6	0.7	0.5	0.9	2.0
기관 운영 관리	1.0	0.6	1.0	1.8	0.6	1.6	0.8	1.1	0.5
지방채 상황/리스료	1.8	1.9	1.2	1.4	2.0	1.3	1.5	2.0	2.5
세출 합계(%)	100.0	100.0	100.0	100.0	100.0	100.0	100.0	100.0	100.0
(조 원)	53.30	7.87	3.30	2.46	2.64	1.68	1.59	1.36	0.39

	경기	강원	충북	충남	전북	전남	경북	경남	제주
유아 및 초등교육	95.5	97.1	95.9	95.7	96.3	95.9	96.0	96.5	96.9
인적 자원 운영	55.4	53.2	49.1	52.7	48.2	49.7	46.7	51.1	49.8
교수-학습 활동 지원	4.3	9.3	9.0	8.1	7.6	8.3	6.6	6.4	9.0
교육 복지 지원	9.9	7.0	12.7	7.7	9.1	5.8	9.6	8.0	10.4
보건/급식/체육 활동	4.8	6.6	1.3	0.9	2.4	6.0	1.0	1.6	0.9
학교 재정 지원 관리	13.0	12.4	14.8	20.2	22.9	17.2	25.4	23.1	16.2
교육 여건 개선 시설	8.2	8.5	9.0	6.0	6.1	9.0	6.7	6.3	10.6
평생 직업교육	0.1	0.4	0.3	0.4	0.3	0.4	0.3	0.3	0.4
교육 일반	4.4	2.5	3.8	3.9	3.4	3.7	3.8	3.3	2.7
교육 행정 일반	0.5	1.00	1.2	1.0	1.5	1.2	0.9	0.8	0.9
기관 운영 관리	0.5	0.8	1.5	1.7	0.9	1.8	1.8	0.8	1.1
지방채 상황/리스료	3.3	0.7	1.0	1.1	1.1	0.7	1.1	1.7	0.6
세출 합계(%)	100.0	100.0	100.0	100.0	100.0	100.0	100.0	100.0	100.0
(조 원)	11.07	2.31	2.15	2.64	2.62	3.04	3.46	3.92	0.82

출처: 교육부, 『교육통계연보』(2014).

53조2,950억 원 중 유아 및 초중등 교육에 96.1%, 평생·직업교육에 0.3%, 교육 일반에 3.6%가 투자되고 있으며, 성질별 세출 중에서는 인건비가 전체의 59.4%로 가장 많다는 것을 살펴본 바 있다. 지방 교육재정 세출은 세입과 달리 서울·광역시·도 간에 지출 비율의 지역 격차가 생기지 않는데, 그 이유는 유아·초중등 교육이 국가의 교육지도 요령의 지침에 의해 실시되고 있기 때문이다. 또한 인건비에 해당하는 인적 자원 운영비를 살펴보면 유아·초중등 교육의 경직적인 인건비의 특성을 반영하여 지역 간에 큰 차이가 없다는 것을 알 수 있다.11)

5. 전남 지방 교육재정의 현황과 과제

지금까지 전체적인 측면에서 우리나라 지방 교육재정의 현황과 실태를 파악했다. 여기서는 이런 전반적 이해를 바탕으로 전남 교육재정의 현황과 실태를 파악하고자 한다. 전남 교육재정은 중앙정부의 의존도가 높고 지방자치체의 전입금이 가장 낮은 지역이며, 지방 교육재정의 위기 속에서 학생 수 변동 반영 교부금을 배분할 경우 가장 취약한 곳이다.12)

---

11) 지방 교육재정 세출에서 예외 지역은 세종특별자치시이다. 세종특별자치시는 2013년에 출발하여 다른 지역에 비해 학교 여건 개선을 위한 다액의 지출이 이루어지고 있다.

12) 현행 지방 교육재정 교부금 제도는 학생 수의 변동과 관계없이 국가 세수입이 증가하면 교부금도 따라서 증가하도록 돼 있다. 그러나 학생 수가 계속 줄어들고 지속적인 불황 속에서 세수입의 감소는 지방 교육재정에 큰 타격을 주고 있다. 최근 세수 결손을 보전하기 위해 2013년 경우 약 1조 원 정도의 교육 지방채가 발행되었다. 세수 부족으로 인한 지방 교육재정의 개혁은 재정 효율화 측면, 즉 소규모 학교의 통폐합이 이루어지

(단위: 백만 원)

구분	2011년	2012년	2013년
합계	3,060,826 (100%)	3,248,271 (100%)	3,572,737 (100%)
중앙정부 이전수입	2,374,807 (77.6%)	2,523,358 (77.7%)	2,823,738 (79.0%)
자치단체 이전수입	218,418 (7.1%)	232,062 (7.1%)	241,5444 (6.8%)
지방자치단체 교육비 특별회계 부담 수입	466,204 (15.2%)	490,301 (15.1%)	423,305 (11.8%)
지방 교육채	0	0	80,610 (2.3%)
기타	1,397 (0.0%)	2,550 (0.1%)	3,540 (0.1%)
전년 대비 증감액	132,596	187,445	324,466
비율(%)	4.53%	6.12%	9.99%

주: ( )는 해당 연도의 총예산 내의 비중.
출처: 지방 교육재정분석 종합보고서(2012, 2013, 2014).

1) 전남 지방 교육재정의 현황

전라남도 교육비 특별회계 세입예산은 2013년 결산 기준으로 중앙
정부 이전수입 79.0%, 자치단체 이전수입 6.8%, 자체 수입 11.8%, 지
방 교육채 2.0%, 그리고 기타 0.9% 등으로 구성되어 있다. 전체 세입예
산에서 중앙정부 의존 재원이 증가함에 따라 지방 교육재정의 자율성은
점점 줄고 있으며, 자치단체의 이전수입이 전년도에 비하여 감소했으며
중앙정부의 이전수입은 약간 증가했다.[13] 그리고 최근 내수 침체 등으

면 가장 심각한 곳은 취학 인구가 지속적으로 감소하는 전남 지역이 가장 심각한 타격
을 받을 것이다.

표 8 | 전남 교육청 정책 사업별 세출 결산 변화

(단위: 백만 원)

구분	2011년	2012년	2013년
합계	2,629,980 (100%)	2,891,825 (100%)	3,038,472 (100%)
인적 자원 운영	1,387,971 (52.8%)	1,430,159 (49.5%)	1,510,140 (49.7%)
교수 학습 활동 지원	245,991 (9.4%)	293,773 (10.2%)	251,832 (8.3%)
교육 복지 지원*	82,925 (3.2%)	103,210 (3.6%)	175,320 (5.8%)
보건 급식 체육 활동	106,314 (4.0%)	138,467 (4.8%)	183,118 (6.0%)
학교 재정 지원 관리	471,621 (17.9%)	506,785 (17.5%)	521,529 (17.2%)
학교 교육 여건 개선 시설	237,113 (9.0%)	305,298 (10.6%)	272,823 (9.0%)
평생교육	10,199 (0.4%)	11,532 (0.4%)	10,937 (0.4%)
직업교육	3,986 (0.2%)	6,542 (0.2%)	388 (0.01%)
교육 행정 일반	24,595 (0.9%)	27,890 (1.0%)	37,039 (1.2%)
기관 운영 관리	37,575 (1.4%)	47,048 (1.6%)	54,691 (1.8%)
지방채 상환 및 리스료	21,360 (0.8%)	21,032 (0.7%)	20,044 (0.7%)
예비비 및 기타	330 (0.0%)	87 (0.0%)	210 (0.01%)

주: 1) ( )는 해당 연도의 총예산 내의 비중.
　　2) 2011년, 2012년, 2013년은 결산액.
　　3) 2011년도부터 교육 격차 해소가 교육 복지 지원으로 변경됨.
출처: 지방 교육재정 분석 종합 보고서(2012, 2013, 2014).

---

13) 전남 교육청의 자치단체 이전수입은 경북을 제외하고는 전체 재원에서 차지하는 비중이 매우 작다. 2013년 재원별 세입 결산 현황을 살펴보면 도 지역 평균 구성비는 12.9%이며, 경기 18.4%, 강원 9.6%, 충북 9.8%, 충남 12.3%, 전북 8.4%, 경북 6.8%, 경남 14.6%, 제주 14.5%이다.

로 인한 세수 결손으로 인해 약 8백억 정도의 교육 지방채가 발행되었다. 지방 교육채는 교육부 승인(원리금 지원)하에 발행되어 중앙정부의 교부금에 의해서 상환되나, 정부의 세수 결손을 반영하고 있으므로 향후 지방 교육재정의 큰 압박 요인으로 작용할 것이다. 지방 교육채는 대부분 지방 교육재정 교부금 감액분 보전 학교 시설비 보전을 위해 발행되었다.

초·중등교육에 대한 지원을 주요 임무로 하는 전라남도 교육비 특별회계 세출은 2013년 기준으로 인적 자원 운영과 학교 재정 지원 관리 사업의 비중이 약 67%를 차지할 정도로 경직적이다. 따라서 교육재정의 증가액이 인건비 등 경직성 경비의 증가액을 상회하지 못할 경우, 교육 여건 개선을 위한 재원이 잠식될 가능성이 높다. "2014년 중기 전남 교육재정 계획"에서도 지속적인 공무원 인건비의 증가, 교원 업무 경감 차원의 각종 비정규직 증원 및 처우 개선, 학부모가 부담하는 수익자부담 경비 경감 등으로 인한 학교 교육비 확충 등에 따라 경상적 경비는 더욱 증가하게 되어 자체 사업 가용 재원은 계속해서 감소할 것이라고 지적하고 있다.[14)]

또한 〈표 9〉에서 보듯이, 재정 여건의 한계 극복과 교육 여건의 개선을 위해 민간 투자 사업(BTL) 사업과 지방채 발행으로 추진한 학교의 신설과 개축 사업의 경우, 향후 전라남도 지방 교육재정에 상당한 부담으로 작용할 것이다. 민간 투자 사업은 해당 사업비를 20년간 임대료로 상환해야 하므로 지방 교육재정의 큰 압박 요인이 될 수 있기에 민간 투

---

14) 2014년도 "중기 전남 교육재정 계획," 16쪽.

표 9 | 민간 투자 사업 현황 및 상환 계획

(단위: 교, 백만 원)

구분	학교급별	학교수	총사업비	기상환액(A)	연도별 상환 예정액(수익률 포함)						합계(A+B)
					14년	15년	16년	17년	18년 이후	소계(B)	
교부금부담	초	3	51,653	17,961	2,555	2,555	2,555	2,555	23,473	33,693	51,654
	중	3	47,195	16,481	2,327	2,327	2,327	2,327	21,404	30,712	47,193
	고	3	44,036	13,935	2,143	2,128	2,132	2,137	21,561	30,101	44,036
	소계	9	142,884	48,377	7,025	7,010	7,014	7,019	66,438	94,506	142,883
자체부담	초	16	31,950	11,229	1,570	1,570	1,570	1,569	14,442	20,721	31,950
	중	9	15,074	5,248	744	744	744	744	6,851	9,827	15,075
	고	7	17,055	5,857	849	849	849	750	7,902	11,199	17,056
	소계	32	64,079	22,334	3,163	3,163	3,163	3,063	29,195	41,747	64,081
계	초	19	83,603	29,190	4,125	4,125	4,125	4,124	37,915	54,414	83,604
	중	12	62,269	21,729	3,071	3,071	3,071	3,071	28,255	40,539	62,268
	고	10	61,091	19,792	2,992	2,977	2,981	2,887	29,463	41,300	61,092
	합계	41	206,963	70,711	10,188	10,173	10,177	10,082	95,633	136,253	206,964

출처: 전남교육청, "전라남도 교육비 특별회계 교육재정 분석 보고서"(2013), 30쪽.

자 사업 상환액을 체계적으로 관리할 필요가 있다. 2013년 말 현재 총 사업비 2,069억6,300만 원 중 기상환액은 707억1,100만 원이며 2014년 이후 상환 총액은 1,362억5,300만 원이 예정되어 있으며, 자체 부담은 417억4,700만 원이다.

2) 전남 지방 교육재정의 주요 문제점

(1) 세입예산 측면의 문제점

다른 교육 자치단체와 마찬가지로, 전남 교육비 특별회계 세입예산의 국가 의존도가 너무 높아 지역에 적합한 자율적 교육정책의 수립 및

표 10 | 전국 시도별 교육비 특별회계 전입금 현황

(단위: 백만 원, %)

| 시도 | 연도 | 총예산액(A) | 전입금 | | | 비율 (B/A) |
			법정	비법정	소계(B)	
서울	2013	8,171,203	2,202,320	198,233	2,400,553	29
	2012	8,056,770	2,412,088	214,423	2,626,511	33
	증감	0	-209,768	-16,190	-225,958	-4.0
부산	2013	3,484,509	545,426	51,259	596,685	17
	2012	3,387,483	513,688	43,257	556,945	16
	증감	9,7026	3,1738	8,002	3,9740	1.0
대구	2013	2,605,518	354,465	31,105	385,570	15
	2012	2,569,815	318,031	35,671	353,702	14
	증감	35703	36434	-4566	31868	1.0
인천	2013	2,698,985	428,568	9,190	437,758	16
	2012	2,607,475	491,821	29,860	521,681	20
	증감	91510	-63253	-20670	-83923	-4.0
광주	2013	1,853,186	199,161	44,273	243,434	13
	2012	1,789,505	197,473	40,994	238,467	13
	증감	63681	1688	3279	4967	0.0
대전	2013	1,691,305	219,269	9,298	228,567	14
	2012	1,721,419	208,490	7,603	216,093	13
	증감	-30114	10779	1695	12474	1.0
울산	2013	1,642,807	194,503	13,831	208,334	13
	2012	1,483,064	175,477	9,085	184,562	12
	증감	159743	19026	4746	23772	1.0
경기	2013	11,632,856	1,924,485	44,264	1,968,749	17
	2012	10,968,245	1,834,318	1,997	1,836,315	17
	증감	644,611	90,167	42,267	132,434	0.0
강원	2013	2,528,559	163,942	100,916	264,858	10
	2012	2,463,329	155,683	78,316	233,999	9
	증감	65,230	8,259	22,600	30,859	1.0
충북	2013	2,408,391	164,636	56,612	221,248	9
	2012	2,259,456	155,063	63,180	218,243	10
	증감	14,8935	9,573	-6,568	3,005	-1.0
충남	2013	2,785,343	246,574	96,811	343,385	12
	2012	2,838,082	255,982	87,607	343,589	12
	증감	-5,2739	-9,408	9,204	-204	0.0
전북	2013	2,776,259	168,861	60,456	229,317	8
	2012	2,770,845	165,358	63,358	228,716	8
	증감	5,414	3,503	-2,902	601	0.0

전남	2013	3,572,737	166,160	70,384	236,544	7
	2012	3,248,271	153,653	68,409	222,062	7
	증감	324,466	12,507	1,975	14,482	0.0
경북	2013	3,771,408	250,498	23,819	274,317	7
	2012	3,702,094	221,113	26,839	247,952	7
	증감	69,314	29,385	-3,020	26,365	0.0
경남	2013	4,178,853	430,984	123,050	554,034	13
	2012	4,095,424	437,817	121,237	559,054	14
	증감	83,429	-6,833	1,813	-5,020	-1.0
제주	2013	872,631	104,804	21,973	126,777	15
	2012	830,675	98,024	17,597	115,621	14
	증감	41,956	6,780	4,376	11,156	1.0
합계	2013	56,674,550	7,764,656	955,474	8,720,130	15
	2012	54,791,952	7,794,079	909,433	8,703,512	16
	증감	1,882,598	-29,423	46,041	16,618	-1.0

주: 1) 결산 기준임. 2) 세종시는 생략.
출처: 한국교육개발원, "지방 교육재정 분석 종합 보고서"(2012, 2013).

실행이 어렵다. 또한 전남의 경제적 어려움을 감안하더라도 전남의 전입금 유치 수준이 상당히 낮아(2013년 결산 기준 7.1%), 지원 규모가 양호한 서울(32.9%), 부산(17.0%), 인천(20.8%), 경기(18.4%) 등과 비교할 때 교육 격차의 심화를 가져올 수 있다. 특히 비법정 이전수입은 2013년 684억9백만 원으로 전체 세입에서 2.1%를 차지하고 있다. 비법정 이전수입은 도 지역 평균 1.6%에 비해 높은 수준이지만 전남 교육의 실정을 감한 할 때 더욱 높일 필요가 있다(〈표 10〉 참조).15)

---

15) 비법정 이전수입이 낮은 이유는 우리나라의 경우 일반 행정·재정과 교육에 관한 행정·재정이 분리되어 있기 때문에, 법적 구속력이 없을 경우 지방자치단체가 지방 교육에 직접 재정을 지원할 유인을 갖지 못한다.

표 11 | 시도별 교육비 특별회계 전입금 현황

(단위: 백만 원, %)

지역	예산액	1/4분기		2/4분기		3/4분기		4/4분기		익년도		누계 비율 100.0
		금액	비율	금액	비율	금액	비율	금액	비율	금액	비율	100.0
광주('13)	199,161	18,772	9.4	50,375	25.3	44,585	22.4	37,186	55.5	48,243	24.2	100.0
광주('12)	197,473			44,247	22.4	43,653	49.7	109,573	55.5			100.0
대전('13)	219,269			36,545	16.7	54,817	25.0	91,362	41.7	36,545	16.7	100.0
대전('12)	208,490			51,993	24.9	50,436	24.2	106,061	50.9			100.0
전북('13)	168,861			25,830	15.3			73,063	43.3	69,968	41.4	100.0
전북('12)	165,358					52,059	31.46	113,339	68.54			100.0
전남('13)	166,160			22,604	13.6	33,296	20.0	89,623	53.9	20,436	12.4	100.0
전남('12)	153,653			20,432	13.30	37,330	24.3	95,891	62.4			100.0
경북('13)	250,498	7,333	2.9	73,385	29.3	49,281	19.7	120,500	48.1			100.0
경북('12)	221,113			36,356	16.4	51,862	23.4	132,895	60.2			100.0

출처: 한국교육개발원(2013, 2014), 지방 교육재정 분석 종합 보고서.

또한 〈표 11〉을 살펴보면 전라남도가 법정 전입금 전입 시기를 준수하지 않고 있음을 알 수 있다. 법정 이전수입이 분기별로 균등하게 전입되는 것은 지방 교육재정의 원활한 운영에 중요한 요소이다. 〈표 11〉에서 5개 시·도 교육청의 전입금 전입 시기 현황을 살펴보면 모두 4/4분기에 전입하는 비율이 높다.[16) 법정 전입금은 지방재정법과 지방세법에 따라 당해 연도 지방세 징수액의 징수 목적에 따라 월별로 균등하게 전출해 교육 사업의 원활한 추진이 이뤄지도록 해야 하지만, 늑장 관행으로 4/4분기에 집중되고 있다. 이는 교육의 질을 저하시키고, 재정 건전화에 바람직하지 않다.

---

16) 한국교육개발원 2014년 "지방 교육재정 분석 종합 분석 보고서"에 의하면 법정 이전수입 분기별 전입 실적은 시·도 교육청별로 차이가 크게 나타난다고 분석하고 있다.

표 12 | 전남의 학교 용지 매입비 일반회계 부담금

(단위: 백만 원, %)

| 회계 연도 | 학교 용지 매입비 규모 | | | 시·도 일반회계 부담액 | | | 시·도 미전입금 (C=A-B) | 미전입 비율 (C/A) |
| | 학교 수 | 면적(㎡) | 매입비 총액 | 시·도가 부담해야 할 금액(A) | 시·도 실제 전입금 | | | |
					전입액(B)	비율(B/A)		
'99~ '07	7	93,775	34,963	17,482	16,500	94.38	982	5.62
2008	2	23,000	12,670	6,335	2,181	34.43	4,154	65.57
2009	3	39,479	14,022	7,011	3,000	42.79	4,011	57.21
2010	3	31,843	6,650	3,325	3,000	90.22	325	9.78
2011	3	91,225	21,303	10,652	2,000	18.78	8,652	81.22
2012	3	51,536	6,633	3,316	–	–	3,316	100.00
2013	2	30,356	13,701	6,850	–	–	6,8590	100.00
계	23	361,214	109,942	54,971	26,681	48.21	28,290	51.56

출처: 전라남도 교육청(2012, 2013), 지방 교육재정 분석 종합 보고서.

〈표 12〉는 전남의 학교 용지 매입비 일반회계 부담 및 전입 현황을 나타낸다. 〈학교 용지 확보 등에 관한 특례법〉은 개발 사업을 시행하는 시·도는 학교 용지를 확보하여 시·도 교육비 특별회계 소관의 공유재산으로 하며, 개발 사업에 따른 학교 용지 확보에 소요되는 경비를 시·도 일반회계와 교육비 특별회계가 절반씩 부담하도록 규정하고 있다. 학교 용지 일반회계 부담금 전입 비율이 높을수록 시도와 긴밀한 협조 체제가 이루어지고 안정적 재원 확보에 노력하고 있는 것으로 해석할 수 있다. 〈표 12〉를 살펴보면 학교 용지 매입 비용에 대한 일반회계 부담금의 전입 비율은 각 연도별로 매우 불규칙적임을 알 수 있다. 2010년도 경우 전입 비율이 높은 수준이지만 2012년도와 2013년도에는 전입이 전혀 이루어지지 않았다.

〈표 13〉을 살펴보면 지방 교육재정 교부금 재원의 일부인 교육세수에서 2008년, 2010년, 2011년에 초과 수입이 발생하고 있다. 전년도

표 13 | 교육세 징수 실적

(단위: 천 원)

	2008	2009	2010	2011	2012
세입 예산액(A)	106,830,000	101,392,257	104,400,000	132,900,000	134,171,718
징수 결정액	126,732,341	101,392,257	144,495,296	142,163,637	134,171,718
수납액	126,732,341	101,392,257	144,495,296	142,163,637	134,171,718
수납차(B-A)	9,542,341	0	40,095,296	9,263,637	0

출처: 전라남도 교육청 내부 자료.

정산분 및 경기 침체에 따른 세수 감소 등을 예상하고 예산을 축소 편성했지만, 예산보다 지방세수가 증가함에 따라 초과 수입이 발생한 것이다. 전남의 교육비 특별회계의 확보는 지속적인 학생 수 감소와 의무교육 연한의 확대에 따른 학생 입학금 및 수업료 수입의 감소 등으로 인해 자체 수입 또한 줄어들어 상당히 어려울 것으로 예상된다.

(2) 세출예산 측면의 문제점

앞에서 지방 교육재정의 지역 간 격차를 보면, 교육 자치단체 간의 세출 구성에 있어서는 큰 격차가 보이지 않는다고 설명했다. 세출예산의 문제점은 전남뿐만 아니라 전국의 교육 자치단체가 비슷한 문제점을 안고 있다. 전라남도 교육비 특별회계 세출예산의 가장 큰 문제점은 그 규모가 적정 규모에 미흡함에도 불구하고 인건비, 기본 운영비, 채무 상환 등 경직성 경비의 비중이 매우 커 교육 사업 재원의 활용이 크게 제한될 수밖에 없다는 것이다. 특히 교원 복지 수준의 지속적인 향상으로 인한 인건비 수준의 증가, 학교 신설 및 증설 수요의 증가, 교육과정 운영의 내실화와 교실 수업의 질 향상을 위한 기초·기본 교육비 투자 규모의 증가, 그리고 과학 및 영재교육, 평생교육과 같은 지역 인적 자원 개발의 필요성 제고로 인한 적정 수준의 인적 자원 개발비 확보 등 세출 수요의 꾸준한 증가를 감안할 때 특단의 대책이 요구된다 하겠다(이남국 2008, 251).[17]

3) 전남 지방 교육재정의 향후 전망[18]

저출산·고령화의 빠른 진행, 삶의 질 향상에 따른 양질의 교육 수요 증가 등으로 대표되는 향후 지방 교육의 변화에 합리적으로 대응하기 위해서는 지방 교육 환경에 대한 신중한 분석이 선행되어야 한다. 특히 전남은 대부분 농·어촌 지역으로 산업구조가 주로 농·수산업 위주의 1차 산업에 편중되어 주민 소득이 낮고 지방자치단체(일반회계)의 재정 자립도가 전국 최저이며, 이농·이어 현상으로 인한 인구수 및 학생 수급감에 따라 소규모 학교가 매년 증가하여 통·폐합 대상 학교가 생겨나는 악순환이 되풀이되고 있을 뿐만 아니라 저출산으로 취학 대상자가 없는 지역이 생겨나는 등 도·농 간 학생 수용의 불균형 현상이 심화되고 있다.

첫째, 전남의 전체 학생 수는 인구의 역외 유출과 출산율의 감소로 인해 꾸준히 감소하는 추세이다. 학생 수는 2013년 대비 2014년에 학생

---

17) 전남의 경우 2012년 전남 교육비 특별회계에서 568억4,500만 원의 불용액이 발생했는데 이것은 미지급 사유의 발생, 집행 잔액 같은 지방 교육 행정 기획 역량의 부족에서 발생한 것이라 할 수 있다.

18) 2014년도 중기 전남 교육재정 계획을 참고해 정리했음.

표 14 | 전라남도 학생, 학교, 교원의 수 변화 전망(2013~2017)

(단위: 명, 교)

구분		2013	2014	2015	2016	2017
유치원	학생 수	18,271	18,264	18,415	18,541	18,909
	학교 수	559	560	560	561	536
	교원 수	1,470	1,472	1,477	1,482	1,529
초등학교	학생 수	99,128	97,832	97,942	97,347	98,171
	학교 수	428	426	425	425	422
	교원 수	7,444	7,352	7,266	7,166	7,091
중학교	학생 수	67,550	64,998	60,485	55,871	52,789
	학교 수	247	247	246	240	241
	교원 수	4,632	4,607	4,582	4,557	4,710
고등학교	학생 수	71,184	69,004	66,823	64,998	63,083
	학교 수	153	148	148	148	144
	교원 수	5,373	5,351	5,329	5,307	5,481
특수학교	학생 수	992	991	987	882	977
	학교 수	8	8	8	8	8
	교원 수	609	612	616	617	610
합계	학생 수	247,125	251,089	244,652	237,639	233,929
	학교 수	1,395	1,389	1,387	1,382	1,351
	교원 수	19,528	19,394	19,270	19,129	19,477

주: 공사립 학교 기준.
출처: 2014년도 중기 전남 교육재정 계획.

수가 4,924명 감소할 예정으로 향후 전반적으로 계획 기간 동안 감소세가 지속될 전망이며, 교원 수는 중·고등학교 진로 교사 배치로 당분간 증가할 것으로 전망된다.

둘째, 전반적인 학생 수의 감소에도 불구하고 여수·순천·나주·광양·무안 등 택지개발과 혁신 도시 건설 등에 따른 학생들을 수용하기 위해 계속적인 학교 신설이 요구되는 한편, 구도심 공동화 현상이 나타나는 등의 문제점이 대두되고 있다. 셋째, 농·어촌 인구의 격감으로 1백 명 이하의 소규모 학교가 매년 증가하고 있으며, 특히 6학급 이하 학교 수가 전체 학교의 41%에 달해, 소규모 학교군 운영, 복식수업 교재 및 원격 교육 콘텐츠 개발 등 지역 실정에 적합한 소규모 학교 모델을 정립하고, 소인수 학급에 알맞은 교수·학습 방법을 개선할 방안을 모색해야 할 것이다.

넷째, 국가 교육 정책은 유아교육에 대한 공교육 수혜율 제고, 방과후 학교 운영, 소외 계층 자녀에 대한 교육 복지 확대 등 교육 복지 정책을 크게 확대하고 있으나 이들 사업이 대부분 지방 이양 사업으로 전환됨에 따라 지방 교육재정 운영에 큰 부담이 되고 있다.

6. 전남 지방 교육재정의 확충과 발전 방안

국내외적으로 저성장의 경제가 지속되고, 재정 긴축 상황에서 지방 교육에 대한 중앙정부의 지원 감소로 인해 시·도 교육청과 학교는 심각한 재정 상황에 놓여 있다. 중앙정부가 부담해야 할 급식 지원이 지방정부 차원에서 이루어지고 있으며, 지방 교육재정 교부금의 증액 없이 한정된 예산 내에서 2012년부터 시작된 누리 과정이 만3세에서 5세까지 전면적으로 확대 실시되는 등 지방 교육재정에 많은 문제점이 드러나고 있다.[19] 무상 급식과 관련해 시·도 교육청과 지방자치단체가 충돌하고

---

19) 근본 원인은 지방 교육재정 교부금 제도에 원인이 있다. 학생 수의 변동과 국가 세수입이 증가하면 교부금도 따라서 증가하도록 돼 있다. 경제 불황에 따른 재정 여건이 어려운 가운데 지방 교육재정 교부금 및 교육세의 증액 없이 누리 과정의 전면적 실시 및 무

있으며, 유아교육의 경우 국가 보조 없이는 누리 과정 예산을 편성하지 못하겠다는 자치단체와, 지방 교육재정의 세수입으로 지출해야 한다는 중앙 정부의 의견이 대립하고 있다.[20] 이런 문제는 단기간에 해결될 수 있는 문제가 아니다. 재정 자립도가 낮고 인구의 지속적인 유출 등으로 인구수 및 학생 수가 급감하는 전남 지역에서 지방 교육재정의 위기는 전남 교육에 심각한 위기를 초래할 것이다.

지방 교육재정의 위기 속에서 교육을 통해 지역이 변화하고 발전하기 위해서는 교육재정의 지속 가능성을 유지하는 것이 중요하다. 따라서 여기서는 전남 교육재정의 활성화를 위한 방안을 중앙정부와, 지방 자치단체, 도 교육청의 관점에서 살펴본다(이남국 2008, 251-256).

1) 지방 교육재정의 규모 확대를 통한 재정의 안정적 확보

OECD(2014)[21]에 의하면, 우리나라의 학생 1인당 공교육비 지출액은 8,382달러(초등 6,976달러, 중등 8,199달러, 고등 9,927달러)로 OECD 평균 9,487달러보다 낮은 수준이다. 그동안의 지속적인 재정 규모 확충 노력에도 불구하고, 우리나라 초중등 교육의 재정 규모는 여전히 미흡

상 급식은 지방 교육재정에 많은 문제점을 야기하고 있다.

20) 2015년 5월 제주에서 열린 전국 시도 교육감 협의회 회의에서는 누리 과정 예산 의무 지출 경비 편성 거부 결의문을 발표하고, 누리 과정 자체 지방채 발행 철회 촉구 결의문을 채택하는 등 지방 교육 경비에 대한 정부의 책임을 촉구하고 있다.

21) 2014년 OECD 교육 지표 조사 결과.

표 15 | 특별교부금의 편성 내역(2009~20010)

(단위: 억 원)

교부금 종류	국가 시책			지역 교육 현안			재해 대책			계		
	2009	2010	증가	2009	2010	증가	2009	2010	증가	2009	2010	증가
금액	6,283	6,822	539	3,142	3,411	269	1,047	1,137	90	10,472	11,370	898

한 편이다.

특히 정부 재정 능력의 한계가 지방 교육재정의 어려움으로 이어지는 구조 속에서 교육재정의 확충을 위해 지방 교육재정 교부금법 개정이 필요하다. 지방 교부금법 개정을 통해 내국세 교부 비율을 상향 조정하여 지방 교육재정의 안정성을 제고하고 시도 특성에 맞는 교육 사업을 자율적으로 추진할 수 있게 해야 한다. 누리 과정, 무상 급식, 무상교육, 노후 환경 개선 등을 추진하는 데 추가로 소요되는 경비를 확보하기 위해 내국세 교부 비율을 현행 20.27%에서 25%로 상향 조정할 필요가 있다.[22]

또한 장관의 선심성 사용 논란이 제기된 특별교부금 제도는 교부금의 대폭 축소 및 통폐합, 교부금 대상 사업의 선정 기준 및 교부 기준의

---

22) 지방 교육재정의 위기는 전남뿐만 아니라 전국의 공통된 사안이며, 전국 지방의회에서 "지방 교육재정 위기 극복을 위한 지방 교육재정 교부금 확대 촉구 건의안"을 채택하고 이를 정부와 국회에 촉구하고 있다. 확대 건의안은 최근 정부가 막대한 예산이 소요되는 누리 과정, 초등 돌봄 교실, 방과후 학교 사업 등 국책 사업의 증대로 심각한 재정난에 시달리는 지방 교육재정을 위해 대책을 시급히 마련해야 한다는 점을 강조하고 있으며, 교육재정의 위기를 극복하려면 지방 교육재정 교부금 교부율을 현재 내국세 총액의 20.27%에서 25.27%로 인상해야 한다고 주장하고 있다.

객관화, 그리고 집행 내역의 투명한 공개 등의 개선이 이루어져야 한다. 특별교부금의 지역 현안, 재해 대책 수요를 보통 교부금으로 전환하고 특별교부금 비율을 4%에서 2% 정도로 축소할 필요가 있다.

2) 지방자치단체와 교육 자치단체의 협력 강화

전남 지방 교육재정의 문제에서 살펴보았듯이 법정 이전수입이 분기별로 균등 전입되고 있지 않으며, 학교 용지 매입 비용에 대한 일반회계 전입이 최근 전혀 이루어지지 않고 있다. 따라서 전라남도의 교육 발전을 도모하기 위해서는 지방자치단체와의 협력 기반이 조성되어야 한다.[23] 우리나라의 지방 교육 자치는, 지방정부의 일반 자치와 이원화되어 있기 때문에 자치 교육기관과 지방자치단체의 협력은 교육 재원의 확보라는 측면에서 매우 중요하다. 특히 지방자치단체 일반회계로부터 이루어지고 있는 교육 경비 보조금은 단위 학교 교육 재원의 확보로서 큰 의미를 갖는다.

전남 지역 자치단체들이 교육 경비를 지원하는 근거인 자치단체별 조례 제정 현황을 보면 전라남도와 22개 시·군에 87개 관련 조례가 있으며, 2014년 기준으로 1,404억 원 수준이다.[24] 이 중 〈지방자치단체

---

23) 전라남도 기숙형 중학교 등 학교 통폐합 문제로 몸살을 앓은 전남도 교육청이 작은 학교 시원 조례안을 제안하여 농어촌 활성화를 위해 도의원, 교직원, 학교운영위원회, 교육 관련 단체 전문가 등이 참석하여 토론회를 개최하는 등, 향후 기반을 구축하기 위해 노력하는 것도 하나의 사례라고 판단할 수 있다.

의 교육 경비 보조에 관한 규정〉에 해당하는 규모는 2014년도 기준으로 450억 원 수준이며, 전체 투자 규모 대비 32.1%에 해당한다. 이런 지원은 전남 지역 내 도농 간의 교육 격차를 완화하는 데 중요한 역할을 수행한다. 따라서 전남 교육청과 지방자치단체의 행정 협조를 통해 원만하게 교육 자치와 상생하는 방안을 강구해야 할 것이다.

첫째, 전라남도와 전남 교육청이 교육 분야의 연계 협력을 위해 정기적으로 현안 문제를 논의하고 합의를 도출하고 있는 전남교육행정협의회의 지속적인 추진 및 역할의 강화가 필요하다.[25] 동 협의회는 교육 사업 지원에 관한 사항, 우수 인재 육성에 관한 사항, 평생교육에 관한 사항, 지역 전략 산업과 연계한 인력 양성에 관한 사항 등 많은 기능을 두고 협의 조정하도록 하고 있다.

그러나 동 협의회는, 전라남도 지방재정이 최악의 상황으로 치닫고 있어 지자체와 교육청 간의 교육 협력 필요성이 갈수록 높아지고 있음에도 불구하고, 구성만 한 채 단 한 차례도 열리지 않았다. 동 협의회에서 현재 전남 교육청의 최대 난제인 시도 일반회계 법정 부담의 세입계

---

24)

전남 시·군별 교육투자 현황

단위: 천 원

	2010	2011	2012	2013	2014
계	93,016,340	126,243,693	148,709,054	145,289,406	140,467,001

주: 지원액은 비법정 전입금＋교육 경비 지원금＋기타 법령 지원금 현물 및 직접 지원.
출처: 전남교육청 내부 자료(2015).

25) 지방 교육 자치에 관한 법률 제41조에 따라 전라남도의 교육 학예에 관한 사무를 효율적으로 처리하기 위하여 "전라남도 교육행정협의회 설치·운영에 관한 조례"를 설치 운영하고 있다.

상 및 확보를 추진해야 할 것이다. 그간 시도 일반회계의 재정 여력 부족 등을 감안하여 학교 용지 부담금 등 법정 전출금의 확보가 어려웠으나 조속한 전입 등에 대한 대책이 도출되어야 할 것이다.

둘째, 현재 선택 사항인 지방자치단체 교육 경비 지원의 실효성을 담보하고 교육 사업 수행의 안정성을 확보하기 위해 전남 비법정 전입금 지원을 규정한 〈교육 경비 지원 조례〉의 제정이 요구된다.[26]

셋째, 전남 교육청이 2015년 1월부터 초중등 교육, 영재교육, 평생교육 등의 분야에 대한 협력을 위해 전남도청에 파견하고 있는 교육 협력관 제도를 활성화해야 한다.[27]

3) 민관과의 교류 강화 및 교육재정의 효율적 관리

경기회복 지연 등에 따라 지방 교육재정의 여건이 매우 어려운 가운데 교육 복지가 지속적으로 확대되고 있어 향후 교육 핵심 서 비스를 제공하는 데에도 차질이 예상되는 상황에서 재정 운영 건전성·효율성의

---

26) 전남의 경우 지역 교육 협력 체제가 활성화되지 않다 보니 비법정 전입금도 큰 폭으로 하락해, 2013년도 비법정 전입금은 703억8,400만 원으로 예산 총액의 0.48%였으나, 2014년은 428억9,000만 원으로 줄어들었다.

27) 교육 협력관 제도를 2003년 최초로 도입한 경기도와 2005년 도입한 서울시를 비롯한 광역 자치단체의 사례를 살펴보면, 동 제도가 일반 자치단체와 교육 자치단체의 유기적 협력 체제 구축, 지역 주민의 교육 수요에 대한 능동적 대처, 그리고 비법정 전입금의 확충 등의 현안 대응에 유용하며, 경기도와 서울시의 경우 교육 협력 관련 조직의 확대를 통한 협력 체계 강화를 도모하고 있는 것으로 나타났다(이남국 2008, 254).

제고가 중요하다.

전남 교육청이 지방 교육재정을 효율적으로 운용하기 위해 지방 교육재정에 대한 분석 진단 강화가 필요하다. 매년 "전라남도 교육비 특별회계 교육재정 분석 보고서"를 발행하여 재정을 진단 분석하고 있지만, 체계적인 재정 분석 지표 개발을 통하여 재정 운영 실태를 좀 더 쉽게 파악할 수 있게 해야 한다.

또한 의존 재원과 자체 수입을 확보하기 어려운 전남 교육청이 지방 교육재정을 확충하기 위해 수행할 수 있는 대표적인 노력이 바로 지역 주민을 비롯한 민간과의 협력을 강화함으로써 재정 지원을 확보하는 것이다.

전남 교육청과 전남도 내 학교를 중심으로 지역사회와 기업 등의 요구가 연계된 다양한 프로그램과 지원 방안을 개발하고 프로그램의 성과에 대한 협의 및 평가를 수행함으로써, 지역사회와 기업의 적극적인 참여를 유도하고 장기적인 연계 협력이 가능하도록 노력해야 할 것이다.

7. 결론

이 글에서는 우리나라 지방 교육재정의 현황을 살펴보고, 이를 바탕으로 전라남도 지방 교육재정의 안정적 확충과 효율적 운용에 기여할 수 있는 대안을 제시했다.

우리나라의 지방 교육재정의 특징을 정리하면, 첫째, 일반 지방재정과 지방 교육재정이 일원화되지 않고 이원적 구조를 지니고 있으며, 지방자치단체가 아무런 권한을 행사할 수 없는 상황에서 재정을 부담할 유인을 갖지 못하고 있다. 둘째, 지방 교육재정의 세입의 대부분을 중앙 정부 부담 수입이 차지하고 있으며, 재원은 지방 교육재정 교부금이다. 지방 교육재정 교부금은 내국세에 연동되어 있기 때문에 경기에 민감하 며, 상대적으로 취약한 도 지역의 의존도가 높다. 셋째, 지방 교육재정 의 세출은 주로 유아 및 초중등 교육 사업에 지출되고 있으며, 절반 이 상이 인적 자원 운영(인건비)에 충당되고 있다. 넷째, 지방자치단체로부 터 이전되는 전입금은 16.0%로 20%를 넘지 못하고 있다. 지방자치단 체로부터의 이전수입은 지방 교육세를 재원으로 하는 법정 전입금이 가 장 크며, 법정 전입금에는 그 밖에도 특별시·광역시의 담배 소비세액의 45%, 시도 세액의 3.6~10%도 포함된다(〈표 1〉 참조). 다섯째, 우리나 라 지방 교육재정의 세입은 서울특별시·광역시·도 간의 재정력 격차를 반영하고 있으며, 중앙정부나 지방자치단체에 대한 의존도에서도 지역 간에 큰 격차를 보이고 있다(〈표 5〉 참조). 중앙정부로부터의 이전수입 비율은 서울특별시가 60% 정도이고, 광역시는 70%를 넘고 있으며, 도 는 80% 정도에 이른다. 마지막으로, 지방 교육재정의 세출은 지역 간 격차가 거의 나타나지 않는다. 그 이유는 유아 및 초중등 교육이 국가의 교육 지침에 따라 각 지방자치단체에 의해 수행되고 있기 때문이다. 결 론적으로 우리나라의 지방 교육재정은 중앙정부의 책임하에 지역의 재 정력 격차를 반영하여 중앙정부가 재원을 메워 주는 방식이며, 지방자 치단체의 역할은 크다고 말할 수 없다. 따라서 지방 교육재정의 위기 속 에서 재원의 문제를 두고 중앙정부와 지방 교육 자치기관과의 갈등은 매우 심화되고 있다.

전남의 경우를 보면, 세입 측면에서 중앙정부 의존도가 심화되고 지 방자치단체의 역할이 점점 줄어들고 있다. 또한 세출 측면에서 보면, 인 건비, 기본 운영비, 채무 상환 등 경직성 경비의 비중이 매우 커 교육 사업 재원의 활용이 크게 제한되고 있다.

지방재정의 위기 속에서 개방적이며 무한 경쟁적인 지식 기반 사회를 선도할 인재의 육성을 위해서는 중앙정부의 특단의 대책과 지방자치단체의 역할이 강조되어야 한다.

먼저 중앙정부 차원에서 지방 교육재정 교부금법 개정을 통해 내국세 교부 비율을 상향 조정하여 지방 교육재정의 안정성을 제고할 필요가 있다. 누리 과정, 무상 급식, 무상교육, 노후 환경 개선 등의 추진에 추가로 소요되는 경비를 위해 내국세 교부 비율을 현행 20.27%에서 25%로 상향 조정할 필요가 있다.

둘째, 열악한 지방 교육재정을 보충하기 위한 지방자치단체의 역할이 강조되어야 한다. 교육 자치와 지방자치가 통합되든지 또는 현재와 같이 독립된 상태로 남든지 간에 책임성과 자율성을 보장할 수 있는 제도 개선이 모색되어야 할 것이다.

셋째, 교육 자치단체 차원에서 민간과의 협력 강화를 통한 재정 지원의 확보, 재정 사업의 체계적 관리를 위한 합리적 재정 관리 시스템의 구축 및 기존 사업·인력 등 운영 시스템의 재검토를 통한 낭비 요소의 제거, 자체 세입 증대 노력의 강화 등이 요구된다.

| 참고문헌 |

감사원. 2008. "교육과학기술부 특별교부금 운영실태보고서."

강윤호·민기·전상경. 2015. 『현대 지방재정론(제4판)』, 박영사.

곽영우·최준렬. 1997. "지방 교육재정의 합리적 배분 방안에 관한 연구." 『교육재정·경제연구』 6(2), pp. 9-26.

교육부. 2014. 『교육통계연보』.

교육부. 2014. 『2014년도 지방 교육재정교부금 보통교부금 교부보고』.

국민권익위원회. "교육과학기술부 특별교부금 부패영향평가 개선 권고안."

김미희·김지하. 2012. "지방 교육재정 특별교부금제도의 성과와 과제." 『교육재정경제연구』 21(3), pp. 1-34.

김주성. 2001. "교육자치 활성화를 위한 지방 교육재정 확충방안에 관한 연구." 한남대학교 석사학위논문.

박정수. 1998. "교육재정체계 개혁방안." 『지방행정연구』 13(1), 한국지방행정연구원.

설동근. 2006. "지방 교육재정의 구조적 특성에 관한 연구." 동아대학교 박사학위논문.

안종석. 2000. "지방 교육재정 지원체계의 문제점 및 개편방안." 『재정포럼』 45, pp. 45-63.

안종석·박노욱·정재호·김진영. 2006. 『교육재정의 효율성 제고방안 연구』. 한국조세연구원.

윤정일. 2004. 『교육재정학원론』. 서울: 세영사.

윤홍주. 2011. "지방 교육재정 규모의 변화 및 결정요인분석." 『교육재정·경제연구』 20(1), pp. 75-102.

_____. 2012. "지방 교육재정 보통교부금의 성과와 과제." 『교육재정·경제연구』 21(3), pp. 157-160.

이남국. 2008. "지방 교육재정의 확충 및 효율적 운용방안: 부산광역시교육청 사례를 중심으로." 『지방정부연구』 12(3), pp. 239-259.

이승종. 2005. 『지방자치론: 정치와 정책(제3판)』. 서울: 박영사.

임성일·손희준. 2011. "지방 교육재정제도의 개선방안: 지방 재정과 지방 교육재정간의 관계 재정립." 『지방행정연구』, 한국지방행정학회, pp. 59-92.

장병구. 1993. 『지방행정론』. 형설출판사.

전남교육정책연구소. 2015. "교육경비 보조사업 제한의 의미와 향후 대응과제."

전라남도교육청. 2012, 2013, 2014. "전라남도 교육비 특별회계교."

──────. 2014. "중기전남교육재정계획(2013~2017)."

──────. 2015. "전남교육계획(2015)."

전상경. 2011. 『현대 지방재정론(제3판)』. 박영사.

전상경·류춘호. 2008. "기초지방정부의 교육재정지원에 관한 연구: 부산시를 중심으로." 『한국지방재정논집』, 한국지방재정학회, pp. 81-110.

정현주. 2009. "지방 교육재정분권 추이 분석: 지방 교육 자치제도 도입 전후를 중심으로." 이화여자대학교 석사학위논문.

조인식. 2014. "지방 교육재정 관련 논의와 개선을 위한 과제." 〈위기의 지방 교육재정 진단과 해법 모색〉 국회 토론회 자료.

진세혁. 2004. "지방자치와 교육재정." 『지방행정』 53(607호), pp. 38-46.

최준렬. 2010. "지방 교육재정 특별교부금의 운영 실태와 개선 방안." 『교육재정·경제연구』, pp. 137~165.

하봉운. 2004. "지방분권시대의 지방자치단체의 교육재정지원 활성화 방안 : 경기도 사례를 중심으로." 『한국지방재정논집』 9(2), 한국지방재정학회.

한국교육개발원. 2012, 2013, 2014. "지방 교육재정분석 종합보고서."

鞠重鎬. 2015. 『韓国の財政と地方財政』. 春風社.

| 7장 |

전남 지방자치 20여 년의
관광 정책 성과와 평가

심원섭

1. 서론

1995년 지방자치제 시행 이후 지방분권이 확대되면서 지방정부의 관광 정책에 대한 결정 및 집행이 확대되고 있다(이연택 2012). 이에 지방자치단체 독자적으로, 때로는 중앙정부와 지방자치단체가 협력하여 지역 경제 활성화를 목적으로 다양한 관광사업을 추진하고 있다. 예를 들어 2013년에 문화체육관광부가 추진한 사업이 452개에 이르며, 관련 부처 사업까지 고려하면 상당한 규모의 재원이 투입되었다. 이런 관광사업 추진의 근본이유는 더 많은 관광객을 지역으로 유치하고, 이것이 지역경제를 활성화시키는 원동력이 된다는 판단에 따른 것이다(김성진 2013).

관광산업은 고부가가치를 창출하는 미래 성장 동력 산업으로 인식되면서 각 지방자치단체에서는 지역의 경제 발전을 위한 수단으로서 관광산업에 대한 관심과 투자를 증대시키고 있으며, 지역 문화의 보존과 계승, 자연환경의 효율적 보전이라는 측면에서 지역 주민이 참여하는 다양한 관광사업이 추진되고 있다(장병권 2005). 우리나라는 1995년 지방자치제도가 실시된 이후, 지방자치단체가 지역의 경제성장을 위해 적극적인 노력을 기울여야 하는 명분이 생기게 되었다. 예컨대 주민선거로 선출된 민선 지방자치단체장은 재임 기간과 그 이후 연임을 위해서라도 지역의 소득을 증대시킬 필요성을 인식하게 되었으며, 이에 따라 국가 총량의 성장이라는 시각이 아니라 지역의 시각에서 경제 발전을 도모하게 되었다. 이와 같은 배경에서 지방자치단체들은 지역 발전에 대한 수단을 찾게 되었으며, 다른 산업에 비해 비교적 접근이 용이하고 각 지역 나름의 특화 발전이 가능하다고 판단되는 관광산업에 관심을 기울이게 되었다.

전남의 경우 지방자치제를 실시한 초기부터, 제조업이 상대적으로 취약해 산업 기반이 다른 지역에 비해 열악하며 지역 경제 활성화를 위한 자원과 인력이 부족한 기초 자치단체들이 많아 지역 경제의 발전을 위한 수단으로서 관광산업에 많은 관심을 가지고 있다(이정록 외 1995). 관광에 대한 이 지역의 관심은 지방자치제 실시 이후 해를 거듭할수록 더욱 고조되고 있다.

이 글은 지난 20여 년 동안 전남의 관광 정책을 되짚어 볼 것이다. 우선 지방화 시대 도래에 따른 지방분권화 요소를 포괄하면서 관광 정책이 적절하게 추진되고 있는가를 평가했다. 이런 평가는 과연 지방화 시대에 중요한 가치는 무엇이며, 지방분권을 통해 달성하고자 하는 정책 목표에 부합하여 관광 정책이 추진되고 있는지를 판단하는 근거가 되기 때문에 중요하다. 다음으로 전남 관광 정책의 내용과 변천 과정을 고찰하고, 이런 정책들이 과연 지역 관광 환경 변화에 따라 적절하게 이루어지고 있는가를 평가했다. 이는 지난 20년 동안 전남의 관광 정책의 공과를 평가함으로써 향후 관광 정책의 방향을 수립하는 데 기초가 될 수 있다는 점에서 중요하다.

요컨대, 본고는 지방자치제 실시 이후 지난 20년간 전남에서 추진된 관광 정책의 성과를 분석하고, 이를 토대로 새로운 전남의 관광 정책 방향을 제시하고자 했다.

2. 지방자치제의 실시와 지역 관광의 의미

1) 지방자치제 실시의 의의

우리나라의 행정조직은 중앙행정조직과 지방행정조직으로 구분할 수 있으며, 이들 간의 상호 관계에 따라 중앙집권적 구조 혹은 지방분권적 구조를 가질 수 있다. 우리나라는 전통적으로 중앙집권적 구조를 가지고 있었으며, 1995년 지방자치단체장 선출을 기점으로 지방자치제도가 실시되었다(이연택 2012). 1995년 이전까지 지방정부는 중앙정부의 계획과 재원에 의해 모든 것이 좌우되는 중앙정부의 하위 조직으로 운영되어 자율성과 독립성을 유지하지 못했다. 따라서 본격적인 지방자치가 개막된 것은 기초·광역단체장 선거 이후인 1995년 이후라 하겠다.

1995년 본격적인 지방자치제도 실시 이후 우리나라는 정치·경제·사회·문화의 모든 면에서 중앙정부가 주도하는 하향식에서 지방정부 주도의 상향식으로 변화하고 있으며, 지방의 역할과 기능은 점차 확대되고 있다. 그동안 중앙정부가 수행해 오던 역할을 축소시킬 수 없는 상황에서 지방자치단체의 역할은 증대되고 있으며 지역 경제 활성화 역시 지방자치단체의 책임으로 여겨지고 있다.

이런 상황은 관광 부문에서도 마찬가지이다. 범국가적 차원에서 특정 지역을 거점으로 삼아 추진되어 온 대규모 관광 개발은 이제 지역 차원에서의 독자적인 관광 개발로 변화하고 있다. 대부분의 지방자치단체들은 지역 활성화를 위한 바람직한 수단의 하나로 지방 관광 활성화를 꼽고 있으며, 지역의 특성과 현안 문제 등을 종합적으로 고려하여 지역별로 차별화된 관광 개발을 통해 지역 경제를 활성화시키고 주민의 복지를 향상시키는 방향으로 나아가고 있다.

지방화는 국가의 중심이 지방으로 분산됨과 동시에 모든 것이 지방으로부터 출발한다는 시각, 즉 국가 발전의 주체가 중앙정부가 아닌 지방으로 다극화 내지 다원화되는 것을 의미한다(장병권 2005). 지방화의 의의는 분권과 자율을 기조로 한 지방과 국가의 대내·외적 경쟁 능력 강화에 있으므로, 지방화의 궁극적 목적은 정치적 분권화와 행정적 분산화를 통하여 지방이 당해 지역의 권한과 기능을 확대하고 그에 따라 자율성을 증대시킴으로써 중앙 하달식이 아닌 하부 상달식으로 궁극적인 국가와 지방 발전에 도움이 되도록 하는 데 있다고 할 수 있다.

지역개발은 지역의 경제적 효용 증가 또는 지역 주민의 생활수준을 향상시키는 일체의 행위를 말한다. 관광을 포함한 지역개발이 지역 내에서 구체적인 성과를 얻기 위해서는 지역 내에 있는 지역 주민, 지방자치단체, 지역단체, 기업, 지역개발의 절차와 제도, 지역이 보유하고 있는 자원과 기술, 사회간접자본 등의 요소들이 적절히 연계 및 융합되어야 한다. 그런 점에서 지방화 시대의 관광 개발은, 일부 지역에만 집중적인 투자와 개발이 이루어져 지방이 지닌 잠재력과 발전 역량을 충분히 이끌어 내지 못했던 하향식 방식을 대체하고 있다.

우리나라는 지방자치제 이후 다양한 지방분권 정책을 실시해 왔다. 당초 지방분권은 현대자본주의가 공통적으로 직면한 대도시 인구 집중, 환경오염, 자원 고갈, 지역 간 불균형 심화 등의 문제를 지역 차원에서 접근하는 것이 효과적이었기 때문이다. 또한 지방분권화는 과거 국가 중심의 수직적이고 획일적이며 효율성을 강조하는 통치에서 벗어나 중앙과 지방의 협력 및 자율성·생산성·경쟁성을 강조하는 방향으로 정부 간의 관계가 재정립되는 계기가 되었다(장병권 2005). 지방분권 정책으로 인해 지역 주민이 지역의 주인으로 등장했으며, 지역의 자율성과 창의성을 전제로 한 발전 기반이 생성되는 데 기여해 온 것이 사실이다. 하지만 보다 거시적 시각에서 보면, 자치 입법권, 자치 행정권, 자치 재정권을 보장하는 지방분권 정책은 성과가 미흡하다고 할 수 있는데, 이는 지방의회의 유명무실화, 자치단체 간 협력 부재, 지방자치단체의 자치 역량 미확보 등에 기인한다(육동일 2010). 그 밖에도 지방분권의 성과가 미흡한 요인으로는 지방자치에 대한 정부의 철학과 고민 부족, 자치와 분권에 대한 국민적 공감대 형성 미비, 중앙정부의 기득권 유지와 지방분권 관련 제도의 미비, 지방 자치에 대한 언론의 이해와 관심 부족 등을 들 수 있다(육동일 2010). 지방자치단체의 역기능을 해소하기 위해서는 주민 참여를 활성화시켜 분권화를 촉진시키는 것이 필요하다. 그럼에도 불구하고 지방분권화를 통해 지방자치단체가 권한을 합리적으로 행사할 수 있는 자치 역량을 갖지 못할 경우 그 효과는 미미할 것이다(최용환 2014).

지방분권화는 지역 관광 정책과 밀접한 상호 관련성을 가지고 있다.

지역 관광 정책은 지역 주민, 자치단체, 지역 관광 사업자, 지역 전문가, 여타 관광 단체 등 공공 부문과 민간 부문의 이해관계자가 망라된 지역사회를 대상으로 한다. 이런 점에서 지방분권화는, 관광 정책에 대한 지역의 의사 결정권 확대라는 측면에서 중요한 의미를 가지고 있다(심원섭 2004). 특히 관광을 지역 활성화 수단으로 활용하기 위해서는 무엇보다 관광을 지역의 논리로 재인식할 필요가 있는데, 이런 인식의 기초는 정부 간 지리적 권력 구조의 양상에서 볼 때 지방분권화가 선행적으로 이루어져야 할 요소라는 측면에서 의미 있는 변화이다.

2) 지방자치 시대 관광의 지방화와 가치

지방화란 지방자치단체들이 각 지방의 다양한 형성 기반과 주어진 특수한 여건을 토대로 자립하고 지역 특성을 확립하기 위하여 노력하는 것을 근본으로 하며, '중앙의 논리'에서 '지방의 논리', '관 중심'에서 '민 중심' 문화로의 전환을 의미한다(조찬식·한만호 2000). 지방화의 의미에 대해서는 여러 논의가 있지만 공통적으로 지방의 자주성과 자립성을 존중하고 각 지방의 개성과 특성을 중요시해 모든 일을 지방에서 발견하고 또 지방에서 출발하는 것이다(김정훈 2007). 즉, 지방화는 각 지역의 특성에 맞고 지역사회에 부합되는 발전 과정이며 총체적인 과정이라 할 수 있다.

관광산업은 지방화라는 관점에서 보면 몇 가지 특징을 갖는다. 관광산업은 지역 그 자체가 주요한 고객 접점이자 세일즈 포인트이며, 여타 다른 제조업 입지와 달리 모든 지역이 대상이 될 수 있다(강신겸 2010). 관광산업은 유입된 원재료나 부품을 단지 가공, 조립해서 출하하는 공업 생산에 비해 지역 내에서의 원재료 조달 파급효과가 커 지역의 여타 사업의 진흥에도 공헌한다. 또한 관광산업은 단순한 서비스 노동에서부터 다양한 형태의 일자리가 만들어질 수 있으므로 지역 내 고용 창출 효과가 크다. 더불어 관광 산업화 과정에서 도로, 상하수도 등 생활 기반의 정비와 지역 생활환경의 확충으로 연결되어 지역 주민의 삶의 질 개선에도 도움을 준다. 이런 관점에서 볼 때 관광과 지방의 관계는 단순히 지역 경제라는 측면의 양적인 증가만이 아니라 그 지방의 정책적·재정적·문화적 가치에 기초하여 관광자원을 개발·활용하는 것으로 그 지방의 역량을 발휘하면서 진흥할 수 있다. 따라서 지방화를 통한 관광산업의 활성화란 지방화 시대에 맞는 관광산업의 새로운 정의라 할 수 있다.

본격적인 지방화 시대를 맞아 지역 관광이 추구해야 할 가치는 다음과 같다. 첫째, 지역성의 관점에서 관광 정책이 이루어져야 한다. 지역성이란 지역의 지리적 특성과 문화 전통, 독자성을 존중하고 지역 상황에 부합하는 관광 정책을 시행하는 것을 말한다. 관광산업을 통해 각 지역의 전통과 문화를 계승 발전시킴으로써 지역 문화의 독자성을 보전하고 지역 주민의 긍지와 애향심을 높일 수 있으며, 새로운 경험을 원하는 관광객의 관심을 끌 수 있어야 한다.

둘째, 관광 정책에 대한 지방의 자율성이 보장되어야 한다. 자율성은 하향식 의사 결정이 아닌 상향식 의사 결정에 의해 관광 정책이 입안되고 집행되는 것을 말한다. 이런 자율적 의사 결정을 통해 각 지방의 여건과 민의에 부합한 정책이 이루어질 수 있다. 이를 위해서는 관광 행정과 관련된 권한이 대폭 지방으로 이양되어야 한다.

셋째, 지역 주민의 참여성 원칙이 지켜져야 한다. 참여성은 관광 정책의 입안과 집행 과정에 지역 주민의 참여를 높이는 것을 말한다. 지역 주민의 참여를 통한 자주적 의사 결정이 지방자치의 핵심임을 생각할 때 관광 정책에 있어서도 주민의 참여를 높이는 일은 매우 중요하다.

넷째, 지역 환경을 위해하지 않는 적정성 원칙이 중요하다. 적정성은 적정한 수준의 관광 개발을 의미한다. 개발 대상지의 여건에 적합한 적정 수용 능력을 설정하고 이를 벗어나지 않는 범위 내에서 개발을 추진함으로써 자연·문화 등 지역 환경에 무리한 영향을 미치지 않도록 해야 한다.

다섯째, 사회적 약자와 지역 간 균형 발전을 고려하는 형평성도 중요하다. 관광 정책에서 형평성은 사회적 형평에 기초한 개념으로서, 관광 권리를 향유하기 어려운 소외 계층에 관광 기회를 제공하는 데 관심을 기울이는 것을 말한다. 또한 관광 개발이 지역 간 불균형 발전을 해결하는 데 기여해야 한다.

마지막으로 관광 정책은 계획성의 관점에서 추진되어야 한다. 계획성이란 치밀한 사전 계획을 바탕으로 정책을 전개해 나가는 것을 의미한다. 국가 발전을 도모하는 데 있어 지방의 중추적 역할이 기대되고 있는 오늘날, 각 지역 단위의 중장기 계획 수립이 필요하며, 특히 관광 정책은 토지 이용 계획, 산지 이용 계획 등 많은 분야와 연관되므로 좀 더 치밀한 계획이 수립되어야 한다.

3) 지방자치제 실시에 따른 지역 관광의 여건 변화

그간 우리나라의 관광 정책은 발전 국가의 자체적 필요성에 의해 채택된 것으로, 관광을 통한 경제성장 등 경제적 가치를 우선시했다(심원섭 2009). 그 결과 지역 관광 산업이 주민들의 이해를 우선으로 하는 국내자적 시각이 아닌 대도시 주민, 외래객 등 이용자 편의 위주의 국외자적 시각에서 추진되었으며, 각 지방의 주체성과 특성이 반영되지 않고, 지역 간 관광시설의 불균형이 초래되었다(한국관광공사 1992). 그러나 지방자치제가 실시되면서 지역 관광에 많은 변화가 이루어지고 있다.

첫째, 지역 발전의 수단으로 관광에 대한 관심과 투자가 증가했다. 관광자원 이외에는 뚜렷한 부존자원이 없고, 인력 등 기존 가용 자원이 불완전 고용 상태에 있을 때 관광산업은 그 지역의 경기를 끌어올리는 주된 산업으로서 역할을 한다. 지방자치제 실시 이후 많은 지역에서 관광산업의 경제적 파급효과에 주목하여 관광산업에 대한 투자를 확대했다.

둘째, 각 지자체의 독자적인 관광 자치 역량이 향상되었다. 기존에 지방자치단체 관광 업무는 중앙정부에 대한 지원 기능과 일부 관광사업에 대한 인허가와 지도에 그쳤으나, 지방자치제가 실시된 후 관광 정책 및 계획 수립과 같은 전문적 업무의 수행을 위해 조직과 기능, 전문성 등 관광 자치 역량을 지속적으로 향상시켰다.

셋째, 각 지역의 특성에 맞는 지역 단위의 관광 경쟁력 제고 노력이 강화되었다. 각 지자체에서 지역 문화 및 주체성을 재발견하고, 지역 문화 및 지역 특성을 관광 자원화하기 위한 노력이 매우 활발해졌다. 그 결과 다양한 관광 상품이 공급되었고, 관광 행태도 달라졌으며, 다시 지역의 관광 정책이 변화하는 선순환 구조가 만들어졌다.

넷째, 지역 관광 개발 방식이 변화되고 있다. 지역 관광 사업은 관광지, 관광단지, 관광특구, 문화 및 생태 녹색 관광자원 개발 사업 등 지구지역 단위 개발로서 관광 기반을 구축하기 위한 사업으로 추진되었다. 이는 관광객을 수용하기 위해 필요한 사업이지만 지역의 재정 여건을 고려할 때 지속적으로 추진되기 어렵다는 문제가 있고, 물리적 시설 중심의 관광지 조성 사업은 관광지의 유형과 규모, 사업 방식과 개발 주체에 따라 개발 방식과 운영 제도 등에서 전반적인 변화가 이루어지고 있다.

다섯째, 민간 참여형 관광사업이 확대되었다. 지방자치 실시 이전에는 관광지와 관광단지 등을 개발하는 과정에 한국관광공사나 각 광역 지자체 등이 참여해 공공 주도형 사업으로 추진되는 것이 보통이었으나, 지방자치제 실시 이후 민간 기업의 참여 비율이 높아졌다.

마지막으로 주민 주도형 관광사업에 대한 인식이 제고되었다. 지방자치의 근본 취지가 지역 주민의 의사를 존중하고 지방의회를 통해 주민 의견을 수렴하는 데 있으므로 관광사업에 있어서도 주민 참여가 제도적으로 보장되는 계기가 되었다.

3. 지방자치제 실시 이후 전남 관광 정책의 추진 현황

1) 기본 방향

정책은 환경과 체제의 영향을 받으며, 관광 역시 환경 변화와 체제 변화에 민감하게 반응하는 특징을 갖는다(이연택 2012). 지방자치체 실시 이후 20여 년 동안 지역은 경제·사회·정치 부문에서 커다란 변화를 경험했으며, 이런 환경 변화는 지방정부의 관광 정책에도 영향을 미쳐 왔다. 이를 살펴보면, 지난 20년간 전남의 관광 정책을 이해하는 데 도움이 될 것이다.

본고에서는 지방자치제 실시 이후 전남의 관광 정책 추진 현황을 두 가지 관점에서 살펴보았다. 우선 지방자치제 실시 이후 전남도 차원에서 추진한 관광사업을 살펴보기 위해 1995년 이후 민선 시기별로 구분해서 주요 추진 사업을 분석했다. 민선 시기별로 분석한 것은 지방정부의 변화 과정에 따라 전남도의 관광 정책의 변화 과정을 살펴보기 위함이다. 이는 시기별로 정책 변화의 흐름을 파악하고 중앙정부 정책과의 관계를 살펴보는 데 용이하기 때문이다.

다음으로 전남도에서 개별적으로 추진한 사업과 별도로 중앙정부의 지원하에 지역 관광의 경쟁력 강화 차원에서 추진한 주요 역점 사업을 살펴보았다. 이런 사업들은 중앙정부와 협력해 추진된 사업이기는 하지만 전남도의 지방비가 반영되었으며, 전남도의 지속적인 건의와 요구 속에서 추진된 국책 사업이라는 점에서 전남의 관광 성과로 보아도 무리 없을 것으로 생각된다.

2) 시기별 전남의 주요 관광 정책

(1) 민선1기(1995~1998)

이 시기는 본격적인 지방화 시대를 맞아 전남을 포함한 각 지방자치단체가 지역 경제 발전과 주민 소득 증대를 위하여 관광 진흥에 본격적인 노력을 기울이기 시작한 때이다. 각 지방자치단체는 관광 진흥이 경제적 효과뿐만 아니라, 지역의 고유 이미지 개발을 촉진함으로써 지역 전체적으로는 관광 상품과 자원이 다원화될 수 있으리라 기대했다.

그러나 취약한 지방재정 등으로 지역 차원에서 관광 정책을 독자적으로 추진할 수 있는 여건은 미흡했다. 따라서 이 시기에는 지역별 균형발전을 통한 전국 개발의 일관성이 유지되고, 각 지역의 특성에 맞는 특

표 1 | 민선1기 정책 환경의 변화 및 전남의 주요 관광 정책 추진 현황

구분		주요 내용

정책 환경
변화
		– 1996년 6월 광역 및 기초 자치단체장 선거 실시
		– 1996년 10대 계열 기업의 관광시설용 부동산 취득 허용, 관광단지용
		  부동산 비업무용 판정 유예기간을 3년 연장, 관광단지 개발 사업
		  시행자의 양도소득세 감면 확대.
		– 1997년 7월 1일부터 내국인 출국자에게 출국 부담금 징수

연도별 주요 관광 정책	1996	– 권역별 거점 관광 개발 추진 – 해양 관광 산업 육성 – 관광객 유치 증진을 위한 다각적 홍보 활동 – 관광 이벤트의 국제화 – 관광 기반 시설의 확충, 광역 관광 추진 체제 확립
	1997	– 권역별 지역 축제 연계 사업 실시 – 18개소 관광지 개발 사업 본격 추진 – 비경, 문학, 사찰 등 테마형 관광 코스 개발 – 관광 종합 안내소, 관광 안내 표지판 정비 – 레저 관광 문화 설명회 개최
	1998	– 국제 해양 엑스포의 전남 유치 노력 가시화 – 서남 해안 일주 도로 건설 착수 – 남도 음식 대축제, 진도 영등제, 강진 청자 문화제가 '전국 10대 문화 관광 축제'로 선정 – 도청 내 문화 관광국 신설

화 진흥 개발이 지향되었다. 1995년 지방자치제 실시 이후 전남에서 추진된 관광 정책을 살펴보면 〈표 1〉과 같다.

1996년 전남은 지역 특성을 살린 관광 산업 육성을 정책 목표로 설정했다. 이에 따라 총 9개 부문의 사업이 추진되었는데, 주요 사업으로는 권역별 거점 관광 개발 적극 추진, 해양 관광 산업 육성, 관광객 유치 증진을 위한 다각적 홍보 활동, 관광 이벤트의 국제화, 관광 기반 시설의 확충, 광역 관광 추진 체제 확립 등이 추진되었다.

1997년에는 이벤트 연계 조정과 주요 축제 집중 지원 등을 통하여 지역 축제를 권역별로 연계하고, 18개소의 관광지 개발 사업과 비경·문학·사찰 등의 테마 기행 코스 개발을 본격 추진했다. 또한 34개 관광 종합 안내소와 관광 안내 표지판에 대한 일제 정비를 추진했으며, 관광 홍보를 위하여 각종 관광 안내 홍보물의 다원화, 레저 관광 문화 설명회 개최, 타 지역 국제 이벤트 시 전남 홍보관 설치 운영 등의 사업을 추진했다.

1998년에는 전국 최초로 수립한 해양 종합 개발 계획에서 제시된 '국제 해양 엑스포'의 전남 유치를 가시화하기 위해 노력한 결과, 정부의 전남 유치 방침을 이끌어 냈다. 또한 고부가가치 산업인 문화 관광산업을 전남의 21세기 전략산업으로 육성하기 위해 서남 해안 일주도로 건설에 착수했으며, 남도 음식 대축제, 진도 영등제, 강진 청자 문화제가 '전국 10대 문화 관광 축제'로 선정되었다. 또한 문화 관광을 전남의 중점 전략산업으로 추진하기 위해 조직 개편을 통해 문화 관광국을 신설했고, 시·군에서 개최되던 각종 지역 축제를 가까운 시·군끼리 하나의 이벤트로 통합·연계하여 세계적 관광 상품으로 개발했는데, 남도 음식 대축제가 그 대표적인 사업이다.

(2) 민선2기(1998~2002)

민선2기는 김대중 대통령 집권기로서 IMF 경제 위기를 겪고 있던 시기이다. 김대중 정부는 국정 개혁 과제의 하나로 중앙 권한의 지방 이양과 자치 경찰 제도의 실현을 채택하는 등 분권화의 요구를 반영하면서 출범했다. 지방분권 정책을 복리 증진과 지역 발전이라는 목표하에 실시했으나, 이전 정부인 김영삼 정부와 마찬가지로 단위별 사무 이양을 중심으로 추진되었다. 김대중 정부의 출범은 지방분권 차원에서 새로운 체제가 출범했다는 의미를 갖지만 IMF 경제 위기로 인해 지방분권 정책의 실시에 대한 정치적 지지가 높지 않았으며, 지방 이양 성과도 높지 않은 것으로 평가되고 있다.

민선2기에 전남에서 추진된 주요 관광 정책을 살펴보면 다음과 같다.

1999년에는 관광 기반 시설을 확충하기 위해 49억 원의 예산을 투입하여 지정 관광지 6개소를 정비했고, 전남을 대표하는 10대 문화 관광 축제 사업을 선정하여 육성하기 시작했으며, 남도 음식 대축제를 세계화하기 위해 남도 향토 및 개발 음식 5백여 종의 전시회를 개최했다. 또한 지역 특성을 살린 관광 기념품 개발을 위한 연구 용역, 전남 관광 기념품 특허청 상표등록, 도 관광 기념품 휘장 사업을 추진했고, 무한한 잠재력을 지닌 전남을 알리기 위한 사업을 추진했다.

2000년도에는 목포·영암·진도·완도 등 4개 지역을 문화 관광 진흥을 위한 거점 지역의 시군별 특화 사업 지역으로 선정하여 총사업비 951억 원을 투입하여 중점 개발했으며, 체계적인 해양 관광 자원의 개발을 위해 도서에 대한 선정 조사 사업 및 개발계획을 수립했다. 또한 남도만의 특화된 관광 상품과 체험 관광을 중점 개발하기 위해 강진 청자 문화제, 진도 영등제, 영암 왕인박사 축제, 남도 음식 문화 축제 등을 지원했다. 한편, 2001년 한국 방문의 해 및 2002년 월드컵 축구 대회 등 대규모 국제 행사에 대비하여 60여 명의 관광 전문 가이드를 선발하여 남도 음식 축제, 외국 수학 여행단 방문 등에 활용하기 시작했다.

2001년에는 대규모 국제 행사에 대비해 관광지 개선 사업을 추진했고, 관광 안내 표지판 개선 사업 등 관광 수용 태세 개선 사업을 전개했다. 또한 숙박료, 입장료 할인이 가능한 수첩 제작 발부, 전통 문화 체험 프로그램 개발 등 외래 관광객 유치 확대를 위한 여러 정책을 추진했다.

2002년에는 본격적인 해양 관광 시대를 대비하여 서남 해안 일주 도로, 국제 해양 관광 지구 지정, 관광 외자 유치 등 관광 인프라 구축 사업을 추진했다. 또한 서남 해안 일주 도로 역사 문화 자원 개발, 일본 및 중국 시장의 수학 여행단 유치, 외래 관광객 수용 태세 확립 사업 등을

표 2 | 민선2기 정책 환경의 변화와 전남의 주요 관광 정책 추진 현황

구분		주요 내용
정책 환경 변화		- 1999년 광역 관광권 개발 사업 착수 - 1998년 문화체육부, 문화관광부로 명칭 변경 - 1999년 정부 수립 이후 최초로 '문화 관광의 진흥'을 국정 지표로 채택
연도별 주요 관광 정책	1999	- 지정 관광지 6개소 정비 - 전남 대표 10대 문화 관광 축제 사업 선정 및 육성 - 지역 특성을 실린 관광 기념품 개발, 관광 기념품 특허청 상표등록, 관광 기념품 휘장 사업 추진
	2000	- 목포, 영암, 진도, 완도 등 4개 지역을 문화 관광 진흥 거점으로 선정, 사업 추진 - 해양 관광 도서에 대한 선정 조사 사업 및 개발계획 수립 - 강진 청자 문화제, 진도 영등제, 영암 왕인박사 축제, 남도 음식 문화 축제 등 지역 축제를 문화 관광 축제로 육성 - 2001년 한국 방문의 해, 2002년 월드컵 등 대규모 국제 행사를 대비 전문 관광 가이드 선발 및 육성
	2002	- 해양 관광 시대 대비 국제 해양 관광 지구 지정, 테마파크 외자 유치 등 관광 인프라 구축 사업 추진

전개했다.

(3) 민선3기(2002~2006)

민선3기는 김대중 정부에서 노무현 정부로 이어지는 시기이다. 새로 집권한 노무현 정부는, 지역 균형 발전과 지방자치 역량 강화에 대한 대통령의 의지를 강하게 표명하면서 지방분권의 제도화를 본격적으로 시도했다. 구체적으로 지방분권 로드맵을 작성함으로써 새로운 과제를 제시하고, 지방 분권 특별법을 제정하고, 제주특별자치도가 출범했으며, 주민투표·주민소환·주민소송제 등을 도입했다.

특히 이 시기 국가 균형 발전 특별회계 제도를 도입하여 지방 주도의 예산편성이 이루어지는 등 혁신적인 지방분권화 정책이 이루어졌다. 그

표 3 | 민선3기 정책 환경의 변화와 전남의 주요 관광 정책 추진 현황

구분		주요 내용
정책 환경 변화		- 2004년 국가 균형 발전 특별회계 제도 도입 - 2005년 기업 도시 특별법 제정·공포 - 2005년 관광 레저 도시 추진 기획단 문화 관광부 국 단위 조직으로 설치
연도별 주요 관광 정책	2003	- 문화 환경이 조화된 균형 잡힌 관광 인프라 확충 - 외래 관광객 유치 증대를 위한 홍보관 운영 - 차별화된 테마 관광 및 체험 관광 상품 개발 사업 추진
	2004	- 가족형, 체험 관광객 증가에 부응한 숙박 시설 지원 강화 - 외래 관광객 유치 증대를 위한 홍보관 운영 - 체험 관광, 남도 음식 상품화 등 추진
	2005	- 서울 관광 설명회 개최 - 남도 우수 관광 상품 본격 개발 착수 - 1시군 1축제 육성
	2006	- 서남 해안 관광 레저 도시, 서남 해안 관광 벨트 조성 사업 등 대규모 관광 인프라 구축 사업 착수 - 문화 관광 포털 사이트 구축 및 운영

결과 관광에 대한 지역의 관심이 증가되고 자율적 사업이 확대되는 긍정적 움직임이 나타났다. 그러나 지역의 재정적 분권화가 이루어지지 않는 상태에서 이런 제도들이 추진된 결과, 지역 관광 개발 사업에 대한 조정 기능의 위축, 지자체의 무분별한 사업 실시로 인한 난개발, 중앙정부와 지자체 간 갈등 등의 문제가 초래되었다(심원섭 2005). 노무현 정부는 이전 정부와는 달리 사무의 포괄 이양을 제도화했으나, 실질적으로는 단위별 사무를 연계하여 이양이 이루어졌다. 또한 지방 분권 정책을 조직적으로 뒷받침하기 위해 지방이양추진위원회를 지속적으로 운영했으며, 정부혁신지방분권위원회를 신설했다.

지방분권 정책이 본격적으로 추진됨에 따라 다양한 관광 정책이 혁신이라는 이름하에 각 지자체에 의해 시도되었다. 민선 3기에 들어 전남도가 추진한 주요 관광 정책을 정리하면 〈표 3〉과 같다.

2003년에는 문화 환경이 조화된 균형 잡힌 관광 인프라 확충, 외래 관광객 유치 증대를 위한 홍보관 운영, 차별화된 테마 관광 및 체험 관광 상품 개발 등이 추진되었다. 2004년에는 동북아 관광 허브 육성이라는 정부 비전에 호응하고 주 5일 근무제 확대 등 관광 여건의 변화에 대응하기 위해 가족형, 체험 관광객 증가에 부응한 숙박 시설 지원을 강화했다. 또한 외래 관광객 유치 증대를 위한 홍보관 운영, 체험 관광, 남도 음식 상품화 등을 추진했다.

2005년에 전남은 서울 관광 설명회를 개최해 국내외 관광객을 유치하기 위한 관광 마케팅 활동을 본격적으로 추진했다. 이를 위해 남도 우수 관광 상품을 개발하는 데 본격적으로 착수했고, 관광 안내소 및 고속도로에 남도 관광 홍보물을 배포했다. 또한 전남도 내의 무분별한 지역 단위 축제를 1시군·1축제 중심으로 차별화하여 육성하기 시작했다.

2006년에는 신해양 시대를 맞이하여 전남을 동북아 해양 관광 거점으로 육성하기 위해 중앙정부의 지원을 받아 서남 해안 관광 레저 도시, 서남 해안 관광 벨트 조성 사업 등 대규모 관광 인프라 구축 사업과 육상 및 해상의 각종 SOC 확충 사업을 추진했다. 이외에도 전남 관광의 경쟁력 강화를 위한 체험형 관광 상품 개발 및 운영, 인터넷 시대에 맞추어 전남 관광을 홍보하기 위한 관광 문화 포털 사이트 구축 및 운영, 관광 홍보물 배포, 문화 관광 해설사 양성 등의 사업을 본격 추진했다.

(4) 민선4기(2006~2010)

민선4기는 노무현 정부에서 이명박 정부로 이어진 시기이다. 이명박 정부가 들어서면서 지방분권화 정책에 많은 변화가 있었는데, 노무현 정부에서 추진해 오던 지방분권의 확대 정책을 중심 과제로 선정했다.

또한 〈지방분권특별법〉을 〈지방분권촉진에 관한 특별법〉으로 전면 개정하여 지방분권과 지방 이양 추진 체계를 일원화했다.

특히 이명박 정부는 일자리와 삶의 질이 보장되는 경쟁력 있는 지역 창조를 위하여 신성장 동력 발굴, 분권 강화, 광역 경제권 발전 구상과 같은 정책을 추진했으나 눈에 띄는 성과를 달성하지는 못했다. 광역 발전 특별회계 제도 도입 등을 통해 관광 정책 사업 예산의 상당 부분을 지방이 자율적으로 편성·집행하도록 했다. 민선4기는 정권 교체기로서 전남의 관광 정책 또한 많은 변화가 이루어졌다.

구체적으로 살펴보면, 2007년에 전남은 서남 해안 관광 레저 도시, 서남 해안 관광 벨트 조성 사업 등 대규모 관광 인프라 구축 사업을 본격적으로 추진했다. 또한 남해안 관광 벨트 조성, 서해안권 및 지리산권 관광자원 개발 사업, 생태 녹색 관광자원 개발, 문화 관광자원 개발 사업 등을 추진하여 내륙과 해양이 조화를 이룬 체류형의 특색 있는 관광자원을 지속적으로 개발했다. 더불어 영산강 유역의 문화 유적을 관광자원화하기 위한 사업에 착수했다.

2008년도에는 서남 해안 관광 레저 도시, 서남 해안 관광 벨트 조성 사업 등 대규모 관광 인프라 구축 사업에 집중했다. 또한 섬과 해안선을 관광자원으로 활용하고 테마별 섬 관광 개발을 위한 공공 기반 시설 설치 사업을 본격적으로 추진했다. 지역 특화 관광 인프라 구축 차원에서 생태 관광 사업, 해양 관광 사업을 추진했다. 한편, 해양 관광 산업의 육성 기반을 구축하기 위하여 도립 갯벌 공원에 대한 사전 조사 및 타당성 조사를 본격적으로 실시했다.

2009년도에는 해양 관광 자원 개발 사업, 차별화된 문화 관광 상품 개발, 스포츠 마케팅 등의 사업을 중점적으로 추진했다. 우선 체계적인 관광 자원 개발 및 인프라 확충을 위해 남해안권 관광 벨트 개발, 갯벌

표 4 | 민선4기 정책 환경의 변화와 전남의 주요 관광 정책 추진 현황

구분		주요 내용
정책 환경 변화		– 2008년 〈지방분권특별법〉을 〈지방분권촉진에 관한 특별법〉으로 개정 – 2008년 광역 발전 특별회계 제도 도입 – 2009년 5+2 광역 경제권 추진
연도별 주요 관광 정책	2007	– 서남 해안 관광 레저 도시 사업 본격 추진 – 남해안 관광 벨트 조성, 서해안권 및 지리산권 관광자원 개발 사업, 생태 녹색 관광자원 개발, 문화 관광자원 개발 사업 등 추진 – 영산강 유역 문화 유적의 관광자원화 사업 착수
	2008	– 테마별 섬 관광 개발을 위한 공공 기반 시설 설치 사업 본격 추진 – 생태 관광 사업, 해양 관광 사업 등 지역 특화 관광 개발 사업 추진 – 갯벌 공원에 대한 사전 조사 및 타당성 조사 실시
	2009	– 남해안권 관광 벨트 개발, 갯벌 도립 공원, 서해안권·지리산권 광역 개발, 생태 녹색 관광자원 등 해양 관광자원의 체계적 개발 – 한옥 민박, 중저가 숙박 시설, 국민 여가 캠핑장 등 체류형 숙박 인프라 확충 – 지역 문화 예술의 관광 상품화 등 차별화된 문화 관광 상품 개발
	2010	– 섬 관광자원 테마형 종합개발 – 역사와 전통이 깃든 유람선 운항 – 남도 토요 예술 관광 상품화 등 관광과 문화를 연계한 관광사업 추진

도립공원 지정, 서해안권·지리산권 광역 개발, 생태 녹색 관광자원 등 비교 우위 해양 관광 자원을 체계적으로 개발하기 시작했다. 또한 한옥 민박 신축, 중저가 숙박 시설 개선, 자연친화적이고 특색 있는 국민 여가 캠핑장 조성 등 체류형 관광을 위한 숙박 인프라를 확충했다. 다음으로 전남만의 독특한 관광 상품 개발, 지역 문화 예술의 관광 상품화 및 창작 활동 기반 조성 등 차별화된 문화 관광 상품을 개발했다.

2010년도에는 특색 있고 지속가능한 관광자원 개발, 역사와 전통이 깃든 유람선 운항, 섬 관광자원 테마형 종합개발, 체류형 관광을 위한 숙박 시설 확충 등 천혜의 자연조건을 활용한 관광 인프라를 확충했다. 또한 해외 관광객 유치 추진, 특화 자원을 활용한 국내 관광 상품 개발

운영 등 차별화된 관광 문화 상품을 개발했다. 한편, 지역 근대 산업 유산을 활용한 예술 창작 벨트 조성, 문화를 통한 전통 시장 활성화 등 문화를 활용한 지역 테마 시설의 관광자원화를 본격적으로 추진했다. 그 밖에 남도 토요 예술 관광 상품화 등 관광과 문화를 연계한 관광사업을 추진했다.

(5) 민선5기(2010~2014)

민선5기는 이명박 정부 시기로서 관광 산업의 도약기에 해당한다. 미국발 경제 위기로 인한 환율 효과로 해외 관광객이 증가하기 시작했으며, 중앙정부 차원에서 다양한 관광산업 경쟁력 강화 대책이 본격적으로 추진되었다. 또한 내부적으로는 제조업 중심의 성장 및 일자리 창출의 한계로 인해 새로운 대체 산업을 육성할 필요성이 있었고, 중국 경제의 부상으로 인한 중국 관광객의 증가 등 외부적 환경 조성으로 인해 관광 정책이 본격적으로 추진되었다. 그 핵심 내용은 관광산업의 국제경쟁력을 제고하기 위한 규제 완화였다. 또한 부동산 경기 침체로 인해 과거 하드웨어 중심의 관광 정책보다는 소프트웨어와 콘텐츠 중심의 관광 정책으로의 일대 전환이 이루어졌다. 이 시기 전남은 슬로우 시티 지정, 생태 및 문화 관광자원 개발 등 하드웨어 중심에서 콘텐츠 강화로 관광 정책이 변화되었다. 민선5기에 추진된 전남의 주요 관광 정책을 살펴보면 〈표 5〉와 같다.

2011년도에는 여수박람회, F1 등 국제 행사를 활용한 관광 마케팅을 활성화하기 위해 중·일을 주요 목표 시장으로 한 상품 개발 및 판매 촉진 활동을 강화했다. 관광객 만족도 제고를 위해 관광 안내소, 안내 인력 및 기념품 판매장 등 인력과 시설 보완 정비에 집중했다. 또한 슬로

표 5 | 민선5기 정책 환경의 변화와 전남의 주요 관광 정책 추진 현황

구분		주요 내용
정책 환경 변화		− 미국발 경제 위기에 따른 환율 효과로 외래객 급증 − 관광산업 규제 완화 본격 추진 − 관광산업 경쟁력 강화 대책 본격 추진
연도별 주요 관광 정책	2011	− 중·일 등을 목표 시장으로 한 상품 개발 및 판매 촉진 − 슬로우 시티 주민이 운영하는 관광 사회적 기업 육성 − 생태 자원, 길 등 특색 있는 비교 우위 관광자원 개발 − 관광 숙박, 휴양 레저 및 문화 산업 분야 투자 유치

	2012	− 관광 포털 〈남도 여행 길잡이〉 선진형 관광 안내 정보 서비스 제공
		  사업 추진
		− 체험 및 상설 문화 관광 프로그램 운영 사업 추진
		− 테마별 섬 관광자원화 사업, 섬 유형화를 위한 도서 종합 개발
		  사업 등 섬 관광자원화 사업 추진

	2013	− 생태·섬·해안·길·슬로우 시티 등 비교 우위 자원 관광자원화 − 지역 관광자원 및 국제 행사와 연계한 국내외 관광객 유치 마케팅 전개 − 민간 관광 투자 지원 및 수용 태세 개선

우 시티 주민이 운영하는 관광 사회적 기업 육성과 생태 자원, 길 등 특색 있는 비교 우위 관광자원을 지속적으로 개발했다. 마지막으로 관광 숙박, 휴양 레저 및 문화 산업 분야 투자 유치 활동을 강화했다.

2012년도에는 관광 진흥 기반 구축을 위해 관광 안내소 운영, 문화 관광 해설사 양성, 관광 포털 〈남도 여행 길잡이〉 선진형 관광 안내 정보 서비스 제공 사업 등을 추진했다. 또한 경쟁력 있는 관광 상품을 개발하기 위해 관광 상품 개발 팸투어 추진, 체험 및 상설 문화 관광 프로그램 운영 사업을 추진했으며, 아시아 최초 슬로우 시티 인증 추진 등 슬로우 시티 관광자원화 사업을 본격적으로 진행했다. 한편, 남해안 관광 클러스터 개발, 서해안권 및 지리산권 광역 관광 개발 사업 등 관광 자원 개발 사업을 지속적으로 추진했으며, 테마별 섬 관광자원화 사업, 섬 유형화를 위한 도서 종합 개발 사업 등 섬 관광자원화 사업을 추진했다.

2013년도에는 생태·섬·해안·길·슬로우 시티 등 비교 우위 자원 관광자원화, 지역 관광자원 및 국제 행사와 연계한 적극적인 국내외 관광객 유치 마케팅 전개, 민간 관광 투자 지원 및 수용 태세 개선, 문화 예술 시설 확충 및 문화 자원 관리 강화, 친환경 녹색 명품 경관 및 공공 디자인 행정 시스템 구축, 관광과 문화를 연계한 레저 대회 개최 등의 사업을 추진했다.

3) 전남의 주요 사업별 관광 정책

(1) 남해안 관광 벨트 개발 사업

남해안 관광 벨트 개발 사업은, 2000년 남해안 지역의 다양한 관광 자원을 연계 개발하여 국제적인 관광 거점 지역으로 육성하기 위해 국가 정책 사업으로 추진되었다. 이 사업은 지역 경제 활성화 및 국가 경제 발전을 촉진하기 위하여 전남·경남·부산 등 남해안 지역을 국제적 수준의 대표적인 국내외 관광 거점 지역으로 개발하는 것을 목표로 했다. 또한 산발적인 관광 개발 사업을 국가 차원에서 재조명하여 연계 개발을 추진함으로써 시너지효과를 높이고, 관광 개발을 통하여 국토의 균형 개발을 유도하는 동시에 새로운 21세기 해양 지향의 국토 개발축을 형성하기 위한 기반을 조성하며, 영·호남 지역을 연결하는 관광 개발 사업을 공동으로 추진함으로써 동서 화합을 유도하는 것 등을 목표로 했다.

이 사업은 지역성의 부각을 통한 관광 요소의 특성화·관광상품화, 다

표 6 | 남해안 관광 벨트 전남 시·군별 사업 현황

시·도	사업 수	시·군	사업 수	사업 명
전라남도	35	광양시	1	옥룡 지구
		장흥군	1	방촌 지구
		고흥군	2	남열·팔영 지구, 나로도 지구
		강진군	2	정다산 유적지 정비, 강진 고려청자 관광지
		신안군	2	증도 갯벌 생태 공원, 임자·대광 지구
		목포시	3	삼학도 복원 사업, 고하도 유원지, 자연사박물관 건립
		여수시	3	사도·낭도 지구, 무술목 유원지, 화양 관광단지
		순천시	3	순천만 자연 생태 공원, 임란 전적지 역사 공원화, 조계산 불교 테마 관광지
		보성군	3	보성만 지구, 소설 태백산맥 문학 공원, 비봉 공룡 공원 조성
		진도군	3	회동 관광지, 아리랑 마을 조성, 상만·귀성 예술촌
		영암군	3	마한 문화 공원 조성, 성기동 관광지, 영산호 관광지 확대 개발
		완도군	4	신지명사십리 해수욕장 개발, 보길도 윤선도 유적지 복원, 묘당도 이충무공 유적지 복원, 청해진 역사 공원 조성 및 성역화 사업
		해남군	5	해남 관광 화원 단지, 보길도 윤선도 유적지 정비, 우항리 공룡 화석지 자연 학습장, 땅끝 관광지 정비, 우수영 관광지

출처: 문화체육관광부(2007). 남해안 관광벨트사업 평가연구. 한국문화 관광연구원.

양성 확보를 위한 지역 특유의 관광자원 네트워크화, 동·서 지역 간 교류 확대를 통한 지역 화합의 장 조성, 계절별 관광 수요 편중 현상 완화를 위한 사계절 관광지화, 동북아 거점 관광지로의 도약, 접근성 향상을 위한 기반 시설 정비 등을 추진 전략으로 설정했다.

전라남도는 장흥 방촌 지구, 고흥 남열·팔영 지구, 목포 삼학도 복원 사업, 해남 우항리 공룡 화석지 자연 학습장 등 총 35개 사업을 추진했다. 남해안 관광 벨트 개발 사업의 전체 사업비는 4조1,455억 원이며 국비 5,188억 원으로 12.5%, 지방비 6,609백만 원으로 15.9%, 민자

표 7 | 남해안 관광 벨트 전남 시·군별 사업비 현황

(단위 : 백만 원)

구분	사업명	계획액				
		총 사업비	공공 계	국비	지방비	민자
	계	2,055,170	598,670	265,500	333,170	1,456,500
광양시	소계	15,800	6,000	2,000	4,000	9,800
	옥룡 지구	15,800	6,000	2,000	4,000	9,800
여수시	소계	748,120	38,420	19,050	19,370	709,700
	사도·낭도 지구	5,400	5,400	2,700	2,700	-
	무술목 유원지	4,620	4,620	2,150	2,470	-
	화양 지구	738,100	28,400	14,200	14,200	709,700
순천시	소계	34,400	34,400	19,900	14,500	-
	순천만 자연 생태 공원	13,400	13,400	6,700	6,700	-
	임란 전적지 역사 공원화	10,600	10,600	5,300	5,300	-
	조계산 불교 테마 관광지	10,400	10,400	7,900	2,500	-
목포시	소계	109,000	109,000	42,800	66,200	-
	고하도 유원지	27,200	27,200	12,700	14,500	-
	삼학도 복원 사업	61,000	61,000	23,900	37,100	-
	자연사 문화 박물관 건립	20,800	20,800	6,200	14,600	-
고흥군	소계	81,800	39,700	19,900	19,800	42,100
	남열·팔영 지구	32,900	10,600	5,300	5,300	22,300
	나로도 지구	6,500	4,100	2,100	2,000	2,400
	보성만 지구(고흥 지구)	42,400	25,000	12,500	12,500	17,400
보성군	소계	108,100	76,500	26,400	50,100	31,600
	비봉 공룡 공원 조성	45,900	35,900	6,000	29,900	10,000
	소설 태백산맥 문학 공원 조성	11,900	8,500	4,300	4,200	3,400
	보성만 지구(보성 지구)	50,300	32,100	16,100	16,000	18,200
장흥군	소계	29,000	17,300	7,600	9,700	11,700
	방촌 지구	29,000	17,300	7,600	9,700	11,700
강진군	소계	16,950	15,650	7,200	8,450	1,300
	강진 고려청자 관광지	12,550	11,250	5,000	6,250	1,300
	정다산 유적지 정화 사업	4,400	4,400	2,200	2,200	-
해남군	소계	594,000	88,300	40,750	47,550	505,700
	땅끝 관광지 정비	33,100	11,300	5,650	5,650	21,800
	우항리 공룡 화석지 자연 학습장	66,000	46,000	19,600	26,400	20,000
	우수영 관광지	13,800	7,800	3,900	3,900	6,000
	해남 화원 관광 단지	471,100	13,200	6,600	6,600	457,900
	윤선도 유적지 정비	10,000	10,000	5,000	5,000	-
완도군	소계	144,000	104,200	47,600	56,600	39,800
	보길도 윤선도 유적지 복원	34,400	34,400	14,450	19,950	-

	묘당도 이충무공 유적지 복원	6,300	6,300	4,400	1,900	–
	신지명사십리 해수욕장 개발	32,700	8,200	4,100	4,100	24,500
	청해진 역사 공원 조성 및 성역화 사업	70,600	55,300	24,650	30,650	15,300
진도군	소계	47,300	25,700	11,500	14,200	21,600
	회동 관광지	14,000	9,600	4,800	4,800	4,400
	아리랑마을 조성	24,200	8,200	4,100	4,100	16,000
	상만·귀성 예술촌 조성	9,100	7,900	2,600	5,300	1,200
영암군	소계	60,500	27,300	13,200	14,100	33,200
	성기동 관광지	8,000	8,000	4,000	4,000	–
	마한 문화공원 정비	7,500	7,500	3,800	3,700	–
	영산호 관광지	45,000	11,800	5,400	6,400	33,200
신안군	소계	66,200	16,200	7,600	8,600	50,000
	증도 갯벌 생태 공원 조성	35,600	13,600	6,300	7,300	22,000
	임자·대광 지구	30,600	2,600	1,300	1,300	28,000

출처: 문화체육관광부(2007). 남해안 관광 벨트 사업 평가 연구. 한국문화 관광연구원.

2조 9,659억 원으로 71.6%를 차지하고 있는데, 전라남도 총 사업비는 2조 551억 원으로 국비 2,655억 원, 지방비 3,332억 원, 민자 1조 4,565억 원으로 구성된다. 이중 여수시는 총 사업비가 7,481억 원으로 전라남도 사업비의 36.4%에 해당되어 전라남도에서 가장 높은 비율을 차지하며, 해남군 5,940억 원(28.9%), 완도군 1,440억 원(7.0%)의 순서이다.

남해안 관광 벨트 개발 사업은, 낙후 지역으로 남아 있던 전남 지역에 관광 기반 시설에 대한 투자 및 자원 활용 등이 이루어짐으로써 대도시 중심의 도시형 관광뿐만 아니라 자연 및 생태 관광을 활성화해 지역 관광 경쟁력 제고에 기여했다. 남해안 관광 벨트 개발 사업 이전의 관광 개발 사업은 국비 보조를 중심으로 한 관광(단)지 사업이 대부분이었으나, 남해안 관광 벨트 개발 사업은 관광 개발을 통하여 낙후 지역의 불균형을 극복하고 지역 경제의 활성화를 시도했다는 점에 의의가 있다.

이 사업으로 인해 전남 남해안 지역은 관광객의 다양한 요구에 부응하는 관광 지역으로 발전했으며, 관광객 증가로 경제적 이익이 창출되어 다른 산업에 비해 높은 경제적 효과를 보였다. 전남 남해안 지역은 자연 자원과 문화 자원이 다양하게 분포되어 있으나 서울 및 수도권에서의 접근성이 떨어지고 홍보가 부족하여 지역 인지도가 높지 않았다. 남해안 관광 벨트 사업을 통해, 일부 지역에 집중되어 있던 관광지가 전남 남해안으로 확장됨으로써 국내외 관광객의 다양한 요구를 충족시킬 수 있는 새로운 관광지대로 부각되었다. 또한 그동안 방치되어 있었거나 시·군에서 사업비를 감당하지 못해 보수하기 힘들었던 유적지와 문화재들이 새롭게 정비되기도 했다.

그러나 현재까지 민자 유치가 원활하게 이루어지지 못해 일부 사업의 경우 지연된 사례가 많으며, 특히 인프라 시설 및 배후 시장이 충분하지 못한 낙후 지역은 아직도 민자 유치에 많은 어려움을 겪고 있다. 여수시와 신안군 등은 성공적으로 민자를 유치한 우수 사례로 평가받고 있다. 마지막으로 남해안 관광 벨트 사업은 광역 발전 특별회계(국가균형발전 특별회계)에서 집행되어 사업비 비율이 국비 50%, 지방비 50%로 구성되었는데, 지자체의 재정 여건을 고려하지 않고 동일한 보조율을 적용함으로써 재정 여건이 열악한 일부 지자체에서 사업을 추진하는 데 재정적 어려움이 발생하기도 했다.

(2) 남해안 관광 클러스터 개발 사업

남해안 관광 클러스터 개발 사업은 남해안 관광 벨트 개발 사업의 후속 사업으로 2010년부터 2014년까지 추진되었다. 동 사업은 5대 테마 콘텐츠를 통해, '이야기가 있는 해양 문화 관광 공간 창출'이라는 비전

표 8 | 남해안 관광 클러스터 전남 지역 공간과 거점 지역

권역	전남 해당 시군	거점 도시	거점 관광단지	해당 테마					연계 도시
				이순신	섬	공룡	습지	크루즈	
남중권 (Center Zone)	광양시, 순천시, 여수시, 보성군, 고흥군	여수	여수화양 관광단지	여수	여수	보성	순천	여수	광양 고흥
남서권 (West Zone)	목포시, 신안군, 진도군, 해남군, 강진군, 장흥군, 완도군, 영암군	목포	서남 해안 관광 레저 도시	목포 해남	신안 진도	해남	진도	목포	강진 장흥 영암

출처: 문화체육관광부(2013). "남해안 관광 클러스터 조성 사업 중간평가 연구." 한국문화 관광연구원.

하에 관광자원의 체계적 보전관리를 통한 녹색 성장의 관광 지역 조성, 관광산업의 효과가 지역에 확산되는 지역 기반형 관광 지역 조성, 자원 간 연계와 협력이 활성화된 통합 관광 지역 조성, 독특한 테마 자원 및 사업을 통한 특화 관광 지역 조성, 효율적 관광 개발을 통한 국제경쟁력 있는 관광 지역 조성을 목표로 추진되었다.

이를 위해 관광자원의 체계적 보호와 지속가능한 활용 및 경관 관리 강화, 경쟁력과 파급효과가 높은 테마 사업의 선정 및 지속 추진, 추가적인 기능 보완을 통한 사업의 지속성 확보 및 완결성 제고, 자원 간 시너지 효과를 제고하는 복·융합 관광 클러스터 구축, 클러스터 내 관광객 순환을 유도할 수 있는 관광자원 및 사업의 배분, 5대 테마(이순신, 섬, 공룡, 습지, 크루즈)의 경쟁력과 특징을 극대화하는 추진 방향과 전략 설정, 지역 관광 경쟁력 향상을 위한 특화 시설 및 프로그램의 고품격화 전략을 추진했다.

본 사업은 이순신, 섬, 공룡, 습지, 크루즈 등의 테마를 중심으로 남동권(부산광역시, 김해시, 진해시, 창원시, 마산시, 통영시, 거제시, 고성군), 남중

표 9 | 남해안 관광 클러스터 조성 사업 전남 지역 사업 현황

단위 : 백만 원

구분	해당 테마	계	국비	지방비	민자
서남 해안 관광 레저 도시 개발	크루즈	-	-	-	-
사도·낭도 관광지 개발	섬	112,406	8,532	10,531	93,343
여수 화양 관광단지 개발	크루즈	26,716	13,358	13,358	-
여수 크루즈 터미널 건설	크루즈	-	-	-	-
고하도 충무 연수원 조성	이순신	20,540	10,270	10,270	-
목포항 크루즈 전용부두 건설	크루즈	-	-	-	-
순천만 습지 센터 건립	습지	43,000	21,500	21,500	-
비봉 공룡 공원 조성	공룡	11,660	5,830	5,830	-
세계 해양 영웅 공원 조성	이순신	42,000	21,000	21,000	-
명량대첩 테마 공간 조성	이순신	20,100	10,000	10,100	-
이순신 명량대첩 승전 광장	이순신	13,500	5,500	5,500	2,500
조도 전망의 섬 개발	섬	37,100	18,550	18,550	-
증도 슬로우 타운 조성	섬	58,000	15,000	15,000	28,000
계	-	385,022	129,540	131,639	123,843

출처: 문화체육관광부(2013). "남해안 관광 클러스터 조성 사업 중간평가 연구." 한국문화관광연구원.

권(사천시, 하동군, 남해군, 광양시, 순천시, 여수시, 보성군, 고흥군), 남서권(목
포시, 신안군, 진도군, 해남군, 강진군, 장흥군, 완도군, 영암군) 등으로 구분하
여 추진되었는데, 전남 지역은 남중권과 남서권에 해당된다.

전남 지역에서는 이순신 테마와 관련해서 명량대첩 테마 공간 조성
사업, 세계 해양 영웅 공원 조성 사업, 이순신 명량대첩 승전 광장 조성
사업, 고하도 충무연수원 조성 사업, 섬과 관련해서는 사도·낭도 관광
지 개발, 조도 전망의 섬 개발, 증도 슬로우 타운 조성 사업, 공룡과 관
련해서는 비봉 공룡 공원 조성 사업, 습지와 관련해서는 순천만 습지 센
터 건립 사업, 크루즈 사업으로 여수 화양 관광단지 개발, 여수 크루즈
터미널, 목포항 크루즈 전용 부두 건설 등이 추진되었다.

남해안 관광 클러스터 사업은 2010년부터 추진되었는데, 총사업비

표 10 | 남해안 관광 클러스터 전남 지역 관광객 수

(단위: 천 명, %)

남해안 클러스터 전남 지역 관광객 수	2009	2010	2011	2012	'09년 대비 증감률
계	9,385	39,414	37,289	48,379	22.8
내국인	39,269	39,286	37,193	48,190	22.7
외국인	116	128	96	189	62.9

출처: 관광지식정보시스템(www.tour.go.kr).

는 문화체육관광부 광역 발전 계정 남해안 관광 클러스터 사업비를 중심으로 했으나, 일부 사업은 타 부처 및 타 회계 예산으로 사업을 완료했거나 추진 중에 있다. 구체적으로 여수 크루즈 터미널 건설은 해양수산부 사업으로 완료되었으며, 목포항 크루즈 전용 부두 건설은 해양수산부 사업으로, 서남 해안 관광 레저 도시 개발은 민자 등으로 추진 중에 있다. 순천만 습지 센터 건립은 습지 국제 관광자원화 사업으로 관광진흥개발기금을 통해 사업을 완료했다. 또한, 명량대첩 테마 공간 조성은 남해안 관광 클러스터 조성 사업 세부 내역과 상이하지만, 관련된 시설을 우수영 관광지 조성 사업으로 지역 개발 계정을 통해 추진하고 있다. 한편, 증도 슬로우 타운 조성은 남해안 관광 클러스터 조성 사업 세부 내역과 관련된 시설을 각각 타 사업비를 통하여 추진했다.

시·군 특유의 자연 자원 및 역사 문화 자원 등 특화된 테마에 초점을 맞추어, 과도한 시설 개발을 지양하고 지역 자원의 보존과 활용에 기반한 지역 밀착형 관광 개발 사업으로 추진한 남해안 관광 클러스터 조성 사업은 해당 시·군 관광객 수의 증가, 지역 관광 기반 조성 및 관광 사업체 수 증가, 개발투자에 의한 경제 파급효과 증가, 관광 소비에 의한 지출 파급효과 증가, 지역내총생산(GRDP) 증가, 지역 고용 상승, 재정 자립도 증가 및 지역 수입 증대 등의 성과를 보인 것으로 나타났다.

표 11 | 남해안 관광 클러스터 전남 지역 개발투자 및 관광 소비 파급효과(2010~12)

(단위: 백만 원, 명)

구분		생산 파급	소득 파급	고용 파급	부가가치 파급	수입 파급	세수 파급
개발투자 파급효과		135,631	24,651	795	47,891	15,675	6,051
관광 소비 파급효과	소계	1,617,453	332,378	11,744	815,383	163,350	102,180
	내국인	1,585,985	325,911	11,516	799,519	160,172	100,192
	외국인	31,468	6,467	228	15,864	3,178	1,988

출처: 문화체육관광부(2013). 남해안 관광 클러스터 조성사업 중간평가 연구. 한국문화 관광연구원.

그러나 사업 추진 과정에서 문제점도 발생했다. 남해안 관광 클러스터 조성 사업 대상지가 한려해상·다도해 해상 국립공원 혹은 문화 자원으로서 가치가 높은 장소에 위치하여, 한려해상·다도해 해상 국립공원 심의, 문화재 현상 변경 심의 등 각종 인·허가 절차로 사업이 지연되었고, 재정 자립도가 낮은 시·도에서는 사업비 지원 조건인 공공 부문 사업비의 50%에 해당하는 지방비를 확보하지 못하거나, 지자체의 사업 우선순위에서 밀려나 사업이 지연되기도 했다. 또한 경기 침체로 인하여 대부분 민자 유치가 불투명하거나 계획이 축소되면서 기반 시설 마련을 계획한 공공 부문 사업이 동반 지연되는 경우도 발생했고, 일부 사유지가 포함된 사업 대상 지역의 경우, 토지 보상 협의가 장기간 지속되거나 토지 매입을 위한 지방비 재원 조달이 어려워져 일부 사업 내용을 포기하는 경우도 발생했다.

(3) 서남 해안 관광 레저 도시 개발 사업

전남은 낙후된 지역 여건을 극복하고 국가 균형 발전의 한 축을 담당하기 위해 민선3기인 2003년부터 J-프로젝트(서남 해안 관광 레저 도시

개발 사업)를 구상했다. 전남은 개발 예정지인 영암호와 금호호 일대의 지리적 이점을 충분히 활용하여 동북아시아 관광 레저 허브 도시로 건설하기 위해 다방면으로 노력한 결과, 해남·영암 일대 간척지 약 49km^2(1,482만 평)가 기업도시개발특별법에 의거 2005년 8월 25일 관광 레저형 기업 도시 시범 사업 지역으로 선정되었고 2006년부터 서남 해안 관광 레저 도시 개발계획을 본격 착수했다.

전남은 서남 해안 관광 레저 도시 개발 사업의 원활한 추진을 통한 사업 부지의 확보가 사업의 성패를 좌우하는 핵심 사항임을 인식하고 개발 예정지 내 간척지 양도 및 양수를 추진했다. 간척지 양도·양수의 추진과 함께 삼호 지구, 구성 지구, 삼포 지구 등의 간척지에 대해 농림부가 기업 도시 개발 부지로 활용하는 데 동의했다. 이에 따라 삼호 지구는 2009년 10월, 구성 지구는 2010년 1월, 심포 지구는 2010년 10월에 각각 개발계획이 정부로부터 승인되었고, 2010년 6월에서 8월 사이에 삼호·구성·삼포 지구에 대한 공유수면매립권리 양도·양수 협약이 공유수면 매립권자인 한국농어촌공사와 지구별 시행사 간에 각각 체결되었다.

서남 해안 관광 레저 도시는 크게 4개의 지구로 구성되어 있는데, 이중 구성 지구는 Joyful City(다양한 레저 활동과 흥미롭고 신나는 여가 체험으로 잊지 못할 즐거움과 기쁨을 주는 도시)로 테마파크, 해양 스포츠 단지, 남도 음식 문화촌, 골프 빌리지, 비즈니스 센터, 시네마 타운, 메디컬 타운 등을 개발할 예정이다. 이런 내용을 담고 있는 구성 지구 개발계획이 중앙도시계획위원회와 기업도시위원회 심의를 거쳐 2010년 1월 13일 승인되었고, 2010년 10월 8일에는 문화체육관광부에 실시 계획 승인 신청서를 제출하여 1년 1개월이 지난 2011년 11월에 환경부 환경영향평가를 마지막으로 중앙 15개 부처 협의를 완료했다. 이후 2012년 12월

21일 문화체육관광부로부터 최종 승인을 받고 본격적인 착공을 앞두고 있다.

삼호 지구는 Wealthy City(아시아의 베네치아를 꿈꾸는 수려한 수변 공간과 다채로운 문화 콘텐츠의 고품격 풍요 도시)로 허브 테마 단지, 마리나, 리조트 단지, 골프 마을 등을 개발할 예정이다. 삼호 지구 개발계획은 중앙도시계획위원회와 기업도시위원회 심의를 거쳐 2009년 10월 8일 승인되었고, 2010년 7월 9일 문화체육관광부에 실시 계획 승인 신청서를 제출하여 2011년 5월 환경부 환경영향평가를 마지막으로 중앙 15개 부처 협의를 완료했으나 농어촌공사와 간척지 감정평가에 대한 이견으로 최종 승인이 지연되고 있다.

부동 지구는 Vital City(청정 자연환경 속의 휴식으로 삶의 에너지를 재충전하고 회복과 활력을 주는 도시)를 표방하고 있으며 워터파크, 마리나 클럽, 식물원, 골프 아카데미, 재활의료센터, 연수원 등을 개발할 예정이다. 부동 지구 개발계획은 2009년 6월 3일 문화체육관광부에 승인을 신청하여 14개 중앙 부처 협의는 완료했으나 농림수산식품부가 골프장 과잉 공급 및 간척지 가격 등을 문제 삼아 개발계획을 재검증해 줄 것을 요구했다. 이후 한국개발연구원(KDI)이 수행한 예비 타당성 결과를 놓고 전남도와 중앙 부처 사이에 행정소송이 진행되고 있어 사업이 장기화될 전망이다.

삼포 지구는 세계인의 스피드 축제인 "F1 Korean Grand Prix"가 열리는 곳으로 개발 방향은 Dynamic City(젊음의 에너지와 역동성을 느끼게 하는 도시)이며, F1경기장, 카트장, 모터 산업 클러스터, 신재생 에너지(태양광) 산업 등을 조성 및 유치할 예정이다. 삼포 지구는 2007년 8월 〈국토의 계획 및 이용에 관한 법률〉에 의한 영암군 도시계획 시설 사업 실시 계획 인가·고시를 득하여 경주장 건설의 근거법을 마련했고,

2010년 4월 5일 중앙도시계획심의위원회 심의, 2010년 10월 4일 기업 도시위원회를 거쳐 2010년 10월 21일 개발계획이 승인·고시되었다.

서남 해안 관광 레저 도시 개발 사업은 기업도시개발특별법에 의해 추진되고 있으나 인허가 지연과 관련 부처 간 이견, 개발 방향에 대한 이견, 주요 도입 시설의 타당성 문제, 그리고 부동산 경기 침체에 따른 투자 유치의 부진 등으로 인해 예상과 달리 순조롭게 진행되지 못하고 있어 전체적인 사업 조정이 불가피한 상황에 놓여 있다.

(4) F1 국제 자동차경주 대회

전남은 국민소득 증가와 지속적인 경제 발전에 따른 삶의 질 향상, 레저 행태의 변화에 따라 그 수요가 증가할 것으로 예상되는 F1 경주 대회를 유치했다. F1 경주장은 전남 영암군 삼호읍 삼포리·난전리 일원 간척지 185만m^2의 부지에 F1 대회 운영법인(KAVO)이 경주장 건설 사업비 약 4천억 원을 조달(자본금 6백억 원, PF 및 국도비 3천4백억 원)하여 트랙, 그랜드스탠드, 피트 및 패독, 컨트롤 타워, 팀빌딩, 주차장 등이 2010년 10월에 건설되었다.

경주장 건설을 위한 사전 행정절차 진행을 위해서 2007년 8월 〈국토의 계획 및 이용에 관한 법률〉에 의한 영암군 도시계획 시설 사업 실시 계획 인가·고시를 득하여 추진했다. 또한 2009년에는 영암·해남 관광 레저형 기업 도시 개발을 위한 기업 도시 개발 구역 지정 제안 및 개발 계획 승인 신청을 위해 문화체육관광부와 국토해양부 등 관련 부처와 협의를 추진했다. 2009년 3월 4일 개발 구역 지정 제안 및 개발 계획 승인 신청을 2009년 3월 4일 문화체육관광부에 제출, 2010년 4월 8일 중앙도시계획심의위원회 의결과 2010년 10월 4일 기업도시위원회를

표 12 | F1 경주장 시설 현황

대지위치		영암군 삼호읍 에프원로 2
면적		1,853,321㎡
지역 지구		계획관리지역
용도		문화 및 집회 시설(관람장)
건축면적		79,349.26㎡(연면적 72,107.13㎡)
건물 (66동)	F1블록 (21동)	그랜드 스탠드 23,7698㎡ PIT동 14,603㎡ 레이스컨트롤동 2,522㎡ 미디어센터동 3,566㎡ 팀빌딩 9,059㎡ 엔트런스 빌딩 780㎡ 보도 육교 724㎡ 창고 200㎡
	상설 블록 (4동)	PIT동 6,541㎡ 레이스컨트롤동 1,990㎡ 메디컬센터동 492㎡ 경주지원동 855㎡
	기타 (41동)	일반 관람석(25동) 4,781㎡ 오수 중계 펌프장(2동) 386㎡ 야외 화장실(13동) 1,604㎡ 카트 경기장(1동) 306㎡
주차대수		9,320대 (법적 주차대수: 1,193대)

출처: 2013 도정백서. 전라남도.

거쳐 2010년 10월 21일 개발계획이 승인 고시되었다.

2009년 3월부터 본격적인 건축 공사에 착수하여 2010년 10월 F1 경주 대회에 필요한 전체 시설을 완료했고, 2011년에는 야외 화장실 및 관람객 편의 시설 등을 추가로 확보하여 2011년 9월 30일 최종 준공했다.

2010년부터 시작된 F1 그랑프리 경기 대회는 4년 연속 16만 명의 관람객이 방문하여 모터스포츠의 대중화가 정착되는 계기를 마련하고, 전세계 190여 개국 중계로 국가 브랜드 가치의 제고와 공중파 생중계로 인한 F1 관심도 제고, F1 가치 증대 및 관람객 참여 확산, 경제적 파급효과 등의 긍정적 성과를 낳았다. 그러나 기대에 못 미치는 수익과 적자 대회 운영으로 인한 도 재정의 부담 증가, 국제자동차연맹(FIA)과의 개최권료 갈등으로 인한 대회 운영의 불확실성 증가 등은 해결해야 할 과제가 되고 있다.

4. 지방자치 20여 년의 전남 관광 성과와 한계, 그리고 극복 과제

1) 성과

우리나라는 1995년 지방자치단체장의 선출로 본격적인 지방자치 시대가 전개되었다. 지방자치의 실시로 인해 각 지자체는 지역 주민의 삶의 질을 제고시키고 지역 발전을 도모해야 하는 과제를 안게 되었다. 전남 지방자치의 목표와 과제도 지역 주민의 복리와 지역 경제의 활성화라고 할 수 있다.

이를 위해 전남은 그동안 지역의 특성에 맞는 지역개발 전략과 수단을 확보하고자 많은 노력을 해 왔다. 새로운 지역 개발 전략은 지자체의 자율성과 독자성이 존중되고 경제적 효과 외에 사회문화적 효과를 거둘 수 있으며 지역 주민의 입장과 이해를 최대한 우선시해야만 그 타당성을 인정받을 수 있는데, 관광산업이 그동안 지역 발전의 전략산업으로서 그 역할을 다해 왔는지 점검해 볼 필요가 있다.

지방자치제 실시 이후 관광산업은 사회적 가치와 경제적 가치의 결합을 통해 지역 발전에 기여할 수 있는 적절한 대안으로 주목받아 왔다. 즉, 관광산업은 지역 주민의 자긍심이라는 사회적 요인과 지역 경제 활성화라는 경제적 요인이 모두 충족됨으로써 진정한 의미의 지속가능한 지역 발전을 이루는 중요한 수단이 될 수 있다고 여겨져 왔다. 또한 관광산업은 그 자체의 효과뿐만 아니라 지역 활성화 및 문화와의 접목으로 지역 이미지 창출과 지역 주민의 정체성 형성, 의사소통에 기여할 수 있으며, 지역마다 독특한 전통문화 자원이나 소재가 풍부해 지역 단위로 육성할 수 있는 적합한 특성을 지니고 있다.

그렇다면 1995년 지방자치제 실시 이후 전남 관광이 궁극적으로 지향했던 목표를 달성했는지 검토해 볼 필요가 있다. 이런 점에서 전남 관광의 성과를 양적·질적 측면에서 살펴보자.

첫째, 지방자치제 실시 이후 전남은 방문객 수에 있어서 괄목할 만한 발전을 거듭해 왔다. 1995년 전남을 방문한 관광객 수는 2,413만 명에 불과했으나 2013년 9,558만 명으로 1995년에 비해 296% 증가했으며 방문객 수 기준으로는 약 3.96배 증가했다. 특히 외국인 방문객은 1995년 대비 287.8% 증가했다.

표 13 | 지방자치제 실시 이후 전남 방문 관광객 증가 추이(1995~2013년)

(단위: 천 명, %)

구분	방문객 수	내국인	외국인	1995년 대비 증가율
1995	24,137	24,070	66	–
1999	30,348	30,244	104	25.7
2002	50,754	50,458	296	110.3
2006	76,470	76,110	360	216.8
2010	73,547	73,400	147	204.7
2013	95,586	95,330	256	296.0

출처: 관광지식정보시스템(www.tour.go.kr).

둘째, 관광 사업체가 지속적으로 증가했다. 전체적으로 2000년 이후 관광 사업체는 꾸준히 증가했으며, 특히 2010년 이후 비약적인 성장을 하여 2013년 기준으로 2000년에 비해 전체적으로 약 620% 증가했다. 관광진흥법상 관광업은 전체적으로 109.5%가 증가했으며, 업종별로는 관광객 이용 시설업이 7백% 이상 증가하여 가장 높은 성장세를 보였으며, 다음으로는 관광 편의 시설업(378%), 유원 시설업(288%) 등의 순이었다. 그러나 여행업과 관광 숙박업은 다른 업종에 비해 상대적으로 증가율이 낮은 것으로 나타났다. 특히 관광 호텔업은 2013년 현재 33개소에 2,405실로 16개 광역 지자체 중 충남, 충북, 전북 다음으로 낮은 것으로 조사되었다.

표 14 | 지방자치제 실시 이후 관광 사업체 수 증가 추이(2000~2013년)

(단위: 개 소수, %)

구 분	2000년	2002년	2005년	2006년	2010년	2013년	2000년 대비 증가율
여행업	255	285	297	310	443	492	93.0
관광 숙박업	22	24	29	28	36	38	73.0
관광객 이용 시설업	2	2	4	4	7	16	700.0
국제 회의업	0	0	0	0	0	0	0
카지노업	0	0	0	0	0	0	0
유원 시설업	8	6	10	12	21	31	288.0
관광 편의 시설업	9	21	24	23	31	43	378.0
계	296	338	364	377	538	620	109.5
2000년 대비 증가율	–	14.2	22.9	27.4	81.8	109.5	–

출처: 관광지식정보시스템(www.tour.go.kr).

표 15 | 전남 지역 관광 호텔업 현황(2013년)

구분		서울	경기	강원	충북	충남	전북	전남	경북	경남	제주	합계	전국대비 비중(%)
등급	개소수												
특1급	업체수	22	4	7	1	0	1	3	5	2	11	75	4.0
	객실수	10,742	1,072	1,871	328	0	118	650	1,627	487	3,447	25,949	2.5
특2급	업체수	31	6	6	1	4	3	3	4	4	5	88	3.4
	객실수	6,891	1,047	1,066	180	568	459	256	691	478	517	15,255	1.7
1급	업체수	42	25	13	12	2	6	12	14	13	12	189	6.4
	객실수	4,811	2,007	827	898	105	517	784	909	1,035	1,070	15,779	5.0
2급	업체수	22	16	4	1	8	9	3	9	7	4	114	2.6
	객실수	1,336	835	199	30	366	435	149	515	360	250	6,001	2.5
3급	업체수	15	21	2	5	1	6	2	7	4	1	93	2.2
	객실수	739	1,176	114	184	50	220	122	314	151	95	5,506	2.2
등급미정	업체수	46	27	7	2	2	2	10	9	12	30	175	5.7
	객실수	3,823	1,426	630	77	104	97	444	370	524	2,085	10,903	4.1
계	업체수	178	99	39	22	17	27	33	48	42	63	734	4.5
	객실수	28,342	7,563	4,707	1,697	1,193	1,846	2,405	4,426	3,035	7,464	79,393	3.0

출처: 관광지식정보시스템(www.tour.go.kr).

셋째, 관광 지구 개발이 지속적으로 추진되었다. 우선 관광지는 1995년 20개소에서 2013년 28개소로 증가하여 1995년 대비 40% 증가했다. 관광단지는 1995년 지방자치단체장 선거 이전에는 해남 오시아노 관광단지 하나에 불과했으나 이후 2003년 여수 화양, 2009년 고흥 우주 해양, 2009년 여수 경도 해양 관광단지가 추가됨으로써 현재 총 4개소가 지정되어 조성 사업을 추진 중에 있다. 관광특구는 1995년 이전에는 지정된 곳이 없었으나 1997년 구례, 2007년 목포가 지정되어 현재 2개소가 운영 중이다. 한편, 관광지 이외에 주요 관광 지구의 추진 성과를 살펴보면, 농어촌 휴양 체험 마을과 휴양 단지는 2013년 현재 각각 116개소와 3개소가 개발되었으며, 관광농원은 45개소에서 67개소, 농어촌 민박은 12개소에서 3,736개소로 성장했다.

표 16 | 지방자치제 실시 이후 관광지 추진 성과

(단위: 개소수, %)

구분	1995년	2002년	2006년	2013년	1995년 대비 증가율
개소수	20	21	25	28	40.0
증감률	–	5.0	19.0	12.0	

출처: 관광지식정보시스템(www.tour.go.kr).

표 17 | 지방자치제 실시 이후 관광단지 추진 성과

단지명	지정 조성 계획	위 치	사업 기간	규모 (km^2)	사업비 (억 원)	개발 주체	주요 도입 시설
해남 오시아노	1992.10 1994.6	해남군 화원면 주광·화봉리 일원	1991-2015	5.073	11,809	한국관광 공사	관광호텔, 콘도, 골프장, 마리나, 해수욕장, 남도음식 빌리지 등
여수 화양	2003.10 2006.5	여수시 화양면 장수·화동· 안포리	2003-2015	9.989	14,435	일상해양산 업(주)	호텔, 스포츠타운, 골프장 테마파크, 화훼원, 오션파크
고흥 우주 해양	2009.5 2009.5	고흥군 영남면 남열리 일원	2008-2015	1.158	3,239	(주)태인개발	우주 해양 전망대, 우주 과학 교육관, 해양 생물 수산 교육관, 숙박 시설, 골프장 등
여수 경도해양	2009.12 2009.12	여수시 경호동 대경도 일원	2009-2016	2.165	4,292	(재)전남개 발공사	해양 생태 체험장, 기업 연수원, 숙박 시설, 골프장, 마리나 등

출처: 관광지식정보시스템(www.tour.go.kr).

표 18 | 지방자치제 실시 이후 관광특구 추진 성과

특구명	지정 지역	면적(km^2)	지정시기
구례	구례군 토지면·마산면·광의면·신동면 일부	78.02	1997.01.18
목포	북항·유달산·원도심·삼학도·갓바위·평화광장 일원(목포해안선 주변 6개 권역)	6.89	2007.09.28

출처: 관광지식정보시스템(www.tour.go.kr).

표 19 | 지방자치제 실시 이후 주요 관광 지구 추진 성과

(단위: 개 소수)

구분	1995년	1998년	2002년	2006년	2010년	2013년
농어촌 체험 휴양 마을			2	16	56	116
휴양 단지	–	–	–	–	3	3
관광농원	45	79	66	64	64	67
농어촌 민박	12	45	57	1,701	2,384	3,736

출처: 관광지식정보시스템(www.tour.go.kr).

넷째, 축제는 지방자치제 실시 이후 전남 관광이 이룬 성과 중 가장 주목할 만한 분야이다. 지방화 시대의 중요한 변화 가운데 하나는 지역 축제의 활성화이다. 1995년 지방자치단체장 선거를 계기로 707개의 지역 축제가 새로 등장했으며, 2000년 이후 새로 등장한 축제만 해도 155개에 이른다. 2008년 이후 전시 행정이나 낭비 등, 축제에 대한 무용론이 등장하면서 지역 축제가 없어지기도 했지만, 여전히 많은 지역 축제가 개최되고 있다. 전남도는 다른 지역에 비해 질적으로 우수한 축제를 다수 개최했다. 대표적으로 함평 나비 축제를 들 수 있다. 1999년 처음 개최된 후 2010년 전국 최우수 축제로 선정되어 전국에서 가장 성공적인 지역 축제의 하나로 자리매김했다. 전남은 2013년 기준으로 7개의 축제가 문화 관광 축제로 지정되어 전국에서 양적·질적으로 가장 성공적인 축제를 개최하는 지역이 되었다.

표 20 | 문화 관광 축제 지정 현황(2013년 기준)

시도	축제명
부산(2)	해운대 모래 축제, 광안리 어방 축제
대구(1)	대구 약령시 한방 문화 축제
인천(1)	인천 펜타포트 축제
광주(2)	광주7080충장 축제, 광주 김치 대축제
울산(1)	울산 고래 축제

경기(3)	자라섬 국제 재즈 페스티벌, 이천 쌀문화 축제, 수원 화성 문화제
강원(5)	화천 산천어 축제, 양양 송이 축제, 춘천 국제 마임 축제, 평창 효석 문화제, 정선 아리랑제
충북(2)	충주 세계 무술 축제, 괴산 고추 축제
충남(6)	천안 흥타령 축제, 기지시 줄다리기 민속 축제, 강경 발효 젓갈 축제, 한산 모시 문화제, 부여 서동 연꽃 축제, 해미읍성 역사 체험 축제
전북(3)	김제지평선축제, 무주반딧불축제, 순창장류축제
전남(7)	강진 청자 축제, 진도 신비의 바닷길 축제, 보성 다향제·녹차 대축제, 담양 대나무 축제, 목포 해양 문화 축제, 정남진장흥물 축제
경북(5)	문경 찻사발 축제, 풍기 인삼 축제, 고령 대가야 체험 축제, 봉화 은어 축제, 포항 불빛 축제
경남(4)	산청 한방 약초 축제, 진주 남강 유등 축제, 통영 한산대첩 축제, 가고파 국화 축제
제주(1)	제주 들불 축제

출처: 문화체육관광부 내부 자료.

다섯째, 1995년 지방자치제 실시 이후 관광 경쟁력 강화 노력을 통해 관광 정책 및 행정에 대한 운영 노하우가 축적되었다. 특히 전남은 관광을 주력 산업으로 지속적으로 육성하는 과정에서 지자체의 관광 행정력이 과거에 비해 확대되었다고 할 수 있다. 관광 조직은 1997년 도청 내 문화 관광국이 새로 신설된 이후 지속적으로 확대되어 왔다. 관광 담당 행정 인력은 1997년 16명에 불과했으나 2013년 현재 106명으로 비약적으로 늘어났고 예산은 1997년 72억 원에서 2013년 1,706억 원으로 대폭 확대되었다.

표 21 | 지방자치체 실시 이후 전라남도 관광 담당 부서의 조직·인력·예산 변화

(단위: 명, 백만 원)

연도	조직	인력	예산
1997	-문화 관광국 관광진흥과 관광기회계, 관광 개발계, 관광홍보계	17(16)	7,250
2000	-문화환경국 관광진흥과: 관광기획담당, 관광 개발담당, 관광홍보담당	14(14)	28,030

2003	-관광문화국 관광진흥과: 관광진흥담당, 관광상품담당, 관광홍보담당 관광 개발과: 관광시설담당, 관광투자담당	27(26)	57,423
2004	-관광문화국 관광진흥과: 관광진흥담당, 국제관광담당, 국내관광담당,, 관광분석지원담당 관광 개발과: 관광 개발기획담당, 관광투자시설담당, 관광투자담당	35(35)	38,717
2005	-관광문화국 관광진흥과: 관광진흥담당, 관광상품담당, 축제홍보담당, 관광마케팅담당 관광 개발과: 민박한옥담당, 관광 개발담당, 섬가꾸기담당	37(37)	47,418
2008	-관광문화국 관광진흥과, 관광 개발과, 문화예술과, 스포츠산업과, 전국체전기획단	98(98)	313,200
2009	-관광문화국 관광진흥과, 문화예술과, 공공디자인과, 스포츠산업과	88(85)	285,457
2013	-관광문화국 관광 정책과, 문화예술과, 공공디자인과, 스포츠산업과	103(106)	170,675

주: 인력의 ( )는 정원을 의미함.
출처: 각 년도 관광 동향에 관한 연차 보고서를 참고하여 재정리.

마지막으로 지방자치제 실시로 인해 전남 관광이 국제화되는 계기가 되었다. 과거 국가로 대표되는 중앙정부가 대외적인 접촉을 독점했을 때 지방의 국제화 노력이 사실상 불가능했지만 지방자치제의 실시 이후 해외 관광전 참여, 여행사 팸투어 실시, 지자체 간 교류 협력 사업 등 외국과의 관광 교류 협력 사업이 크게 증가하면서 전남의 국제화에 기여했다.

2) 한계

1995년 지방자치제 실시 이후 대부분의 지자체들은 관광을 주력 산업의 하나로 삼게 되었다. 지방자치 초기부터 관광은 다른 분야에 비해 지방정부가 주도적으로 추진해야 할 영역으로 지목되면서 주목을 받았다. 그러나 진정한 관광 자치란 지자체가 주축이 되어 지역사회의 특성에 맞는 독자적이고 차별화된 관광 전략을 스스로 찾아내어 추진하는데 의의가 있다. 그러나 이런 관점에서는 아직 미흡한 것이 사실이다.

전남은 문화 예술, 생태 자원과 다도해, 해안선 등 자연 관광자원이 우수한 지역이지만 관광 수요 시장의 접근성이 열악하고, 미비한 관광 수용 태세, 빈약한 지방재정 등의 문제가 동시에 존재하고 있다. 전남은 20여 년 동안 지역개발과 관광 진흥을 통해 관광 거점 구축과 새로운 성장 동력화에 심혈을 기울여 왔다. 그러나 여전히 전략적이고 효율적인 관광 개발에 미숙하고 고유한 관광 브랜드 가치 창출에 역부족인 면모를 드러내고 있다. 특히 지방화의 분위기에도 불구하고 전남의 재정 자립도가 열악해 독자적인 사업을 추진하지 못하고 여전히 중앙정부 의존적인 사업 방식에서 머무르고 있다. 또한 지역의 특성에 맞는 내생적 발전 모델을 찾아야 함에도 불구하고 여전히 경쟁적이고 모방적인 관광 사업에 그치고 있는 것은 안타까운 점이다.

지방자치단체장 선거 실시로 인해 일부 관광사업이 선거 쟁점화되고 있는 점은 아쉬운 부분이다. 특히 타당성이 면밀하고 객관적으로 검증되지 않고 선거운동 과정에서 공약화된 사업이 무리하게 추진되는 경우, 지방재정을 더욱 악화시키는 결과를 낳았다. 예를 들어 일부 축제가 지역 주민의 생활환경이나 지역의 정체성과 결합되지 못한 채 정치적 이해관계를 염두에 둔 단체장의 홍보 수단으로 전락하는 경우도 있었다. 한편, 지역 주민의 참여를 제도적으로 보장하는 지방화 시대가 전개되고 있음에도 불구하고 관광사업을 추진함에 있어 여전히 관 주도형 방식에서 벗어나지 못해 관광 정책을 둘러싸고 지역사회 내에서 갈등이 표출되는 사례도 종종 있어 왔다.

지방자치제 실시 이후 전남 관광 정책의 문제점을 구체적으로 살펴보면 다음과 같다. 첫째, 관광 정책의 지속성과 일관성의 결여이다. 관광 정책을 추진함에 있어, 국비 재원 확보의 한계, 지방재정 자립도의 저위 등으로 인한 지방비 부담의 가중, 민간 투자 유치의 실패 등으로 정책의 지속성과 일관성이 부족하다. 또한 지자체장의 이해관계에 따라 정책 방향이 달라져 사업의 지속성이 침해당하는 경우도 있었다. 그 결과 계획은 있으되 결과는 없는 사업이 다수 양산되었다.

둘째, 하드웨어 중심의 투자로 인해 관광시설에 대한 운영 및 이용 관리 등 소프트웨어 프로그램이 미비한 것은 여전히 문제로 남아 있다. 지금까지 물리적 시설 확충과 하드웨어 중심 개발을 지향한 나머지 운영 관리와 이용자 측면의 프로그램 개발, 상품 개발, 서비스 개발 등 소프트웨어에 대한 투자가 부족했던 것이 사실이다. 특히 관광 콘텐츠에 대한 투자가 부족해 콘텐츠웨어가 없는 관광시설을 다수 양산했다.

셋째, 관광사업은 다양한 이해관계가 존재하는 네트워크형 사업임에도 불구하고 관광 주체 간 협력 네트워크가 형성되지 못했다. 자치단체, 지역 주민, 관광 사업체, 시민 단체, 언론, 전문가 등을 망라한, 지역사회 내 다양한 이해관계자들의 협력을 바탕으로 할 때 비로소 관광을 통한 지역 활성화가 가능하다. 그러나 전남은 지난 20여 년간 많은 투자에도 불구하고 관광 거버넌스 시스템을 형성하지 못해 관광사업을 둘러싼 여러 갈등이 있었다. 대표적인 것이 F1 국제 자동차 경주 대회를 둘러싼 갈등이라고 할 수 있다.

넷째, 오랜 기간 동안 관광에 대한 관심과 투자가 지속되었음에도 불구하고 세계적인 관광 명소를 만들어 내는 데 소홀했다. 선택과 집중의 전략이 부재한 결과, 즉 단기적이고 대중적인 관광에 치중한 나머지 지역 관광자원의 매력을 명소·명품 수준으로 극대화하는 데 실패했다.

마지막으로 지금까지 전남 관광은 제도나 계획을 통한 중장기 적인 접근보다는 예산 사업을 통해 지역의 인프라를 확충하거나 관광객 수를 늘리는 데 급급했다. 이는 상대적으로 지역 주체의 역량 강화, 시스템 구축과 운영, 상품과 서비스 품질의 개선 측면의 부족으로 이어졌다. 또한 단위 사업 중심으로 추진되면서 지역 전체적으로 볼 때 종합적이고 체계적인 관광 시스템 구축이 미흡했으며, 다양한 부서에서 추진하는 사업을 지역의 관광 시스템으로 통합하려는 노력도 부족했다.

3) 극복 과제

지방자치제를 실시한 지 20여 년이 지난 시점에서 지방자치의 관점에서 전남 관광의 경쟁력과 새로운 정책 방향을 모색해야 한다. 전남 관광의 경쟁력은 비단 전남의 관광 인프라에 대한 투자 및 개발만을 의미하는 것이 아니다. 전남 관광의 환경을 분석하고, 진정한 지방분권 및 지방자치를 실현하기 위한 정책 방향을 모색해야 한다. 특히 지금까지의 정책 방향과 추진 시스템, 그리고 산업 여건 등 전남 관광의 구조적 특성을 파악하고, 지역의 부가가치를 창출할 수 있는 혁신 과제를 도출해야 한다. 이상의 문제의식하에 향후 전남 관광의 극복 과제를 제시하면 다음과 같다.

첫째, 관광 정책의 방향이 관광 개발 중심에서 관광자원의 활용 중심으로 전환되어야 한다. 그동안 전남은 관광지, 관광단지, 레저형 기업도시 등 대규모 관광 개발 사업에 많은 역량을 집중해 왔지만 향후에는 전남이 가지고 있는 관광자원의 매력을 최대한 이끌어 내기 위한 활용

중심의 관광사업이 추진되어야 한다.

둘째, 전남 특유의 로컬리티(locality)를 살려 차별화를 시도해야 한다. 전남 지역이 보유한 빼어난 자연 자원과 생활 문화, 문화유산 등 지역의 다양한 모습들이 관광자원인 것이다. 이제까지 전남의 관광 개발은 특정한 몇몇 자원에 의존한 제한된 범위의 개발이었다면 앞으로는 전남 고유의 자연환경과 경관, 생활 풍속, 생활양식 등을 창의적으로 활용하여 볼거리, 놀 거리, 먹거리, 쇼핑 거리 등을 창의적으로 연출해야 한다. 이런 차별화된 세세한 매력들은 결국 훌륭한 관광 콘텐츠가 되어 지역 관광 활성화에 기여할 것이다.

셋째, 전남 관광의 킬러 콘텐츠를 발굴하고 지속적으로 육성해야 한다. 지역 관광의 성공은 단지 자연 자원이 풍부하고 관광시설이 잘 갖추어져 있다는 것만으로는 달성될 수 없다. 무엇보다도 먼저 지역의 특성 및 장·단점을 확실하게 파악하는 데에서 출발해야 한다. 따라서 전남의 근저에 있는 저력과 잠재력은 무엇이고 관광객이 전남 지역에서 얻고자 하는 핵심 편익과 가치가 무엇인지를 파악하여, 그것에 맞게 활용하는 노력이 절실히 요구된다. 따라서 전남의 여건과 특성에 맞는 관광 발전 방향을 정확하게 인식하고 공감대를 형성하는 것은 전남 관광의 발전을 위한 시급한 과제이다.

넷째, 지역 산업과의 융합 전략이 필요하다. 관광산업은 숙박, 음식, 교통, 오락 등 관광 관련 산업에만 국한되지 않는다. 관광산업은 그 자체가 융합 산업이자 융합의 매개체로서 역할을 한다. 따라서 관광객의 욕구를 충족시키고 매력을 느끼게 하는 요소들을 관광산업과 연계시켜 지역 산업으로 활성화시키는 전략을 수립해야 한다.

다섯째, 향후 전남 관광은 지역 주민의 참여와 지지 기반 확립, 그리고 무엇보다도 지역 주민의 소득 증대에 기여하며 부가가치를 높이는 차원에서 추진되어야 한다. 지금까지 전남은 관광 개발 과정에서 지역 주민의 의견과 의사가 충분히 반영되지 못했고 이로 인해 관과 주민 사이에 갈등도 있었다. 따라서 지역 주민의 의견 수렴과 의사 반영, 원활한 상호 이해가 이루어져야 한다. 또한 지역 주민들이 사업에 참여하는 것을 전제로 하여 다양한 관광사업으로 인해 지역 주민의 경제적 가치가 보장되는 방향에서 추진되어야 한다.

여섯째, 전남 관광의 지속적인 발전을 위해서는 전문가 양성과 안내 서비스 개선, 체계적인 홍보 등 관광의 기본이 바로 세워져야 한다. 전남 관광이 한 단계 발전하기 위해서는 건물, 도로, 각종 시설뿐만 아니라 전남의 관광 특성을 이해하고 관광객에 감동을 줄 수 있는 지역 관광 전문가가 필요하다. 또한 체계적이고 상세하며 편리한 안내 서비스가 제공되어야 한다. 특히 관광객들로부터 인정받을 수 있는 친절하고 전문적인 환대 서비스가 중요하다는 점을 인식해야 한다. 더불어 체계적이고 정확한 관광 정보의 제공 등 적극적인 홍보 전략이 필요하다.

마지막으로 전남이 가지고 있는 독특한 자원에 주목하고 경쟁력 있는 관광 시스템을 갖춰 미래 전남의 먹거리를 책임질 '산업'으로서 관광을 육성해야 한다. 이를 위해 지역 산업과 경관 정비, 문화 예술과 지역 문화, 인재 육성과 주민 참여 등 지역 발전 전반에 걸쳐 통합적이고 창조적인 전략을 추구해야 한다. 특히 부족한 재원을 탓하여 정부의 국고 보조에 기댈 것이 아니라, 차별화된 관광 시스템을 구축하고 지역의 창조적인 관광 인재를 키우는 데 역량을 집중해야 한다.

5. 결론

지금까지 1995년 지방자치제 실시 이후 지난 20여 년 동안 이루어진 전남 관광의 주요 성과와 한계에 대해서 살펴보았다. 지방자치제가 실시되면서 각 지역은 차별화된 정책을 통해 지역의 정체성을 표출하기 위한 다양한 전략들과 노력을 가시화했다. 이와 같이 지방자치제의 실시는 지역 간의 경쟁과 협력, 집중과 선택 등 새로운 패러다임으로의 전환이 시도되는 계기가 되었다. 또한 중앙정부 주도의 하향식 방식에서 지방정부 주도의 상향식 방식이 확산되는 계기가 되었으며, 지역 스스로 지역 발전을 책임지는 지방자치의 시대가 되었다.

관광 또한 국가 주도로 특정 지역을 개발하는 대규모 개발 방식에서, 기업가적 지방정부 운영 방식을 토대로 지역이 독자적인 관광 발전 노력을 경주하는 지방 관광 경영의 시대로 진입하는 계기가 되었다. 또한 지방자치제의 실시는 지자체들이 각 지역의 독특한 여건과 특성에 맞는 관광 발전 전략을 수립하여 경쟁하는 시대로 진입했음을 알리는 신호탄이 되었다. 지방자치제 실시로 인해 지난 20여 년 동안 중앙 정부의 관광 관련 행정 권한이 지자체로 상당수 이양되었으며, 광역 발전 특별회계 제도 등 새로운 제도 도입으로 인해 지역의 관광 자율성이 지방자치제를 실시하기 전보다 확대되었다.

전남은 지난 20여 년 동안 관광 부문에서 양적으로나 질적으로 괄목할 만한 발전을 거듭해 왔다. 특히 전남은 세계적 수준의 해양·문화·생태 관광자원을 보유한 지역으로서 정부가 추진하는 광역권 관광 개발 사업, 기업 도시 사업 등의 중요한 대상 지역으로 발전해 왔으며 지난 20여 년 동안 전국 어느 지자체보다 주목받는 지역이 되었다. 특히 남해안 관광 벨트 개발 사업, 남해안 관광 클러스터 개발 사업, 서남 해안 관광 레저 도시 개발 사업, F1 국제 자동차 경주 대회, 슬로우 시티, 여수 해양 엑스포, 순천만 정원 박람회 등 굵직굵직한 관광사업을 성공적으로 추진해 우리나라 광역 지자체 중 가장 성공적인 선도 관광 지역으로 성장해 왔다.

그러나 그 과정에서 크고 작은 시행착오 또한 겪어 왔다. 특히 지금까지 양적 성장 우선의 관광 정책하에 관광객 유치와 관광 수입 증대에만 치중해 온 것이 사실이다. 그 결과 지역 관광 발전 정책이 지역사회보다 자본과 관광객을 우선하는 방향으로 추진되어 지역의 특성이 무시되고 지역 간, 주민 간 갈등이 심화되는 등의 문제점들이 나타났다. 또한 지역의 특성에 맞는 내생적 관광 발전 모델을 찾아야 함에도 불구하고 여전히 이런 저런 정책 방향이 시험 중에 있는 것은 안타까운 점이다.

이제 지방자치제가 실시된 지 20여 년이 지난 시점에서 지방화 시대에 걸맞은 전남 관광의 발전 모델을 찾아야 한다. 전남의 실정에 맞는 논리를 갖고 지방화 시대에 맞게 관광 발전을 추진해야 하고, 지역사회의 인식으로 자체 논리를 갖추어야 한다. 즉, 지역 주민이 관광 발전의 주체라는 사고방식으로의 전환이 필요한 시점이다.

| 참고문헌 |

강신겸. 2010. "지방, 투어노믹스시대를 열자."『한국관광정책』42, pp. 4-5.

김성진. 2013. "관광두레: 주민주도형 관광사업 경영체 육성."『한국관광정책』53, pp. 68-73.

김정훈. 2007. "분권의 개념과 적정 재정분권: 현실비판과 관련 이론의 소개."『재정논집』21(2), pp. 69-92.

문화체육관광부. 2007.『남해안 관광 벨트사업 평가연구』. 한국문화관광연구원.

_____. 2013.『남해안 관광 클러스터 조성사업 중간평가 연구』. 한국문화관광연구원.

심원섭. 2005.『지방분권화에 따른 중앙-지방간 협력적 관광 정책 추진 방안』. 한국문화관광연구원.

_____. 2009. "한국관광정책의 변화과정 연구 : 역사적 제도주의하의 경로의존성을 중심으로."『관광학연구』33(7), pp. 161-185.

장병권. 2005. "지방관광정치학 : 그 비판적 논의."『한국관광정책』22, pp. 54-59.

_____. 2010. "글로벌시대 지역관광 개발의 추진전략."『한국관광정책』4, pp. 16-23.

조찬식·한만호. 2000. "지방화를 통한 관광산업의 보편적 서비스에 관한 연구."『산업연구』6, pp. 217-240.

이정록 외. 1997. "지방화시대 광주·전남지역 관광의 발전전략."『지리학연구』7, pp. 149-163.

이연택. 2012.『관광 정책학』. 서울: 백산출판사.

육동일. 2010. "지방자치와 지방분권 20년의 성과와 발전 방향." 2010년 4월 한국지방자치학회 토론회 자료집, pp. 3-31.

최용환. 2014. "미국 지방지치단체의 구조와 지방분권."『충북 issue & trend』15, pp. 44-57.

한국관광공사. 1997.『지방관광 활성화 협력방안』.

한국관광공사. 1992.『지방화시대의 관광 정책』.

관광지식정보시스템(www.tour.go.kr).

문화체육관광부(각 년도).『관광동향에 관한 연차보고서』

전라남도(각 년도).『전남도정백서』.

| 8장 |

지역과 축제

전남 축제의 성찰을 위하여

하상복

1. 들어가며

해방 이전부터 최근까지 우리나라에서 개최되고 있는 축제의 수를 양적인 차원에서 살펴보면 다음과 같다.

최초 개최 연도	축제 수	백분율
1945년 이전	4	0.6
1946-1950	1	0.1

● 이 논문은 2014년 4월 한국정치학회와 목포대학교 지방자치연구소 등이 공동 개최한 춘계 특별학술회의의 〈지방정치와 지방자치〉 패널에서 발표한 "전남의 지방자치와 문화정책"을 수정·보완한 것이다.

1951-1955	2	0.3
1956-1960	3	0.4
1961-1965	8	1.1
1966-1970	8	1.1
1971-1975	7	0.9
1976-1980	14	1.8
1981-1985	19	2.5
1986-1990	23	3.0
1991-1995	53	7.0
1996-2000	169	22.3
2001-2005	176	23.2
2006-2010	187	24.7
2010-2012	61	8.0
미조사	23	3.0
합계	758	100

출처: 최덕균·이훈(2013, 34).

이 표에서 주목할 수 있는 부분은 1996년을 기점으로 신규 축제 수가 월등이 많아졌다는 점이다. 문화체육부의 한 조사에 따르면, 1990년부터 1996년까지 새롭게 개최된 지역 축제들의 수가 1990년 12개, 91년 12개, 92년 18개, 94년 31개, 95년 36개, 96년 62개이다(문화체육부 1996). 1990년대 중반은 우리나라에서 지방자치제도가 본격화되는 때라고 할 수 있는데, 그 점에서 1996년부터 축제의 수가 눈에 띄게 늘어난 것과 관련해, 우리는 지방자치제도가 궤도에 오르면서 각 자치행정 기관이 지역 발전의 전략으로 축제에 많은 관심을 기울이기 시작한 것으로 해석할 수 있다(하상복 2011, 165).

잘 알려져 있듯, 한국의 지방자치단체들은 예외 없이, 지역의 고유성에 부합하는 형식과 내용을 기반으로 축제를 개발하고 홍보하며 실천하고자 한다. 지역의 발전을 위한 방법론적 기획으로서 축제가 주요 부문으로 동원되는 것은 무엇보다, 문화가 경제와 산업의 동력으로 이행하고 있는 현재 상황과 밀접히 연결되어 있다. 현대사회에서 문화는 사회집단의 결속 및 정체성의 구축과 강화를 위한 인류학적 전통을 넘어 경제적 이윤의 창출을 위한 새로운 산업부문으로 전환하고 있다. 1930년대 서유럽의 정치사회적 상황 속에서 대단히 부정적으로 사용되었던 '문화산업'(아도르노·호르크하이머 2004)은 이제 긍정적이고 활성화해야 할 용어로 정착하고 있다. 하나의 산업으로서 지역 축제가 지방자치의 물질적·경제적 토대를 확립하기 위한 주요 문화적 전략으로 이용되고 있는 상황은 그와 같은 맥락에 위치한다. '축제의 경제학적 접근'이라고 말할 수 있다.

인류는 집단적·공동체적 삶을 영위해 온 이래 축제를 실천해 왔다(조성애 외 2006, v). 축제는 공동체를 유지하고 재생산하는 효과적인 제도이자 실천이기 때문이다. 그럼 축제는 공동체의 유지와 재생산에 어떻게 기능하는가? 축제의 경제학적 접근에 입각하자면, 축제가 지역 경제와 물질적 기반을 강화함으로써 그와 같은 목적을 수행한다고 말할 수 있다. 하지만 축제와 공동체의 관계가 언제나 경제학적 차원으로만 설명되어 온 것은 아니다. 오히려 축제의 역사에서 그런 시각은 예외적이라고 말해야 할지도 모른다.

인류는 오랜 시간 공동체적 삶 속에서 축제의 필요성을 인지해 왔는데, 그 필요는 경제학적 필요와 무관한 적이 많았다. 오히려 축제는 인류학적이거나 정치사회학적인 동기 위에서 만들어지고 실천되어 왔다. 알제리 한 농촌 공동체에 대한 한 사회학적 관찰이 말해 주고 있듯이 전자본주의사회에서 축제는 물질적 성장을 도모하기 위한 수단이 아니었다. 오히려 축제는 축제를 위해 아껴 둔 것을 함께 먹고 마시고 놀며 소비하면서 공동체의 연대를 확인하는 공간이고 시간이었다(부르디외

2002, 24). 생산과 이익이 아니라 낭비와 상호 증여가 공동체 결속의 기초가 되었다는 말이다. 또한 축제는 종교성과 깊이 연관되기도 했다. 속(俗)으로 불리는 일상의 시공간을 살아가던 사람들은 축제를 통해 성스러운 시공간을 집단적 차원에서 주기적으로 체험하곤 하는데, 그와 같은 종교적 과정을 통해 공동체 구성원들은 일상에서는 불가능한 강렬한 집단 경험을 느끼게 된다. 그것은 공동체의 결속 강화에 부응하는 매우 중요한 사회학적 과정이다. 그런 점에서 축제는 공동체에 관한 다양한 상징의 발명과 공유의 과정이기도 하다. 여기서 우리는 축제가 '현재성의 물적 필요'에 고착된 문화적 현상으로 탄생한 것이 아니라는 사실을 인지하게 된다.

대단히 오랜 역사 속에서 축제는 공동체의 경제적 조건과 밀접한 관련성을 지니고 있지 않았던 것처럼 보이지만 아이러니컬하게도 현대의 축제는 그런 전통으로부터 상당히 벗어나 있는, 또는 완전히 역전된 것처럼 보인다. 현재 우리나라의 지방자치단체들이 경쟁적으로 실천하고 있는 축제 또한 그런 상황에 속하는 것 같다. 여기서 우리는 왜 그와 같은 변화가 지역적 차원에서 일어나고 있는가를 살펴볼 필요를 갖게 된다. 다음으로 경제학적 동기에 지배적으로 연관되어 있는 현재 축제의 경향성이 지역공동체의 토대를 구축하고 강화하는 과제에 충실히 조응할 것인가, 라는 질문을 제기한다. 그에 대한 비판적 문제 제기를 통해 우리는 전라남도 축제에 대한 진지한 성찰의 계기를 마련하고자 한다.

2. 축제, 경제학적 접근을 넘어

엘리아데(M. Eliade)의 종교 인류학에 따르면 축제는 본질적으로 종교적이고 초월적인 현상이다. 엘리아데는 세계를 전통과 근대로 구분하면서 그 차이를 종교성에서 찾고 있다. 그에게 종교성은 '성'과 '속'의 이분법적 가치 체계를 본질로 한다. 전통은 성과 속의 이분법 위에 서 있는 세계이고, 근대는 순전히 속, 다시 말해 탈신성화의 세계이다. 그와는 달리 전통 속에서 살아가는 인간은 성스러움을 경험하려 한다.

고대사회의 인간은 성스러운 것 가운데서 혹은 성화된 사물에 아주 가까이 접근하여 살려고 노력한다. 이런 경향은 전적으로 이해할 수 있는 일이다. 왜냐하면 원시인 및 모든 전근대적인 인간에게 성스러운 것은 힘이며, 궁극적으로는 무엇보다도 실재 그 자체를 의미하기 때문이다. 성스러운 것은 존재로 가득 차 있다. 성스러운 힘은 실재를 의미하며 동시에 영원성과 효력을 의미한다. [···] 그러므로 종교적 인간이 존재하고자 하는 갈망, 실재에 참여하려는 갈망, 힘으로 충만해 있고자 하는 갈망을 갖고 있음을 이해하기란 어렵지 않다(엘리아데 2010, 50).

이 성스러움은 공간과 시간으로 나타나는데, 먼저 성스러운 공간은 그 지리적 위치와는 별개로 상징적 차원에서 세계와 우주의 중심이다. 이 중심 공간은 지상, 천상, 하계의 세 우주 공간을 연결하는 매개의 장소의 의미를 지닌다(엘리아데 2010, 66). 따라서 성스러운 공간으로 들어오는 일은 하나의 우주에서 다른 우주로의 이행을 향한 상징적 체험의 과정이라고 할 수 있다. 또한 전통적 인간은 성스러운 시간의 체험을 통해 또 하나의 초월을 체험한다. 그는 원초적 시간, 신화적 시간으로 거슬러 올라가는 신비의 경험을 통해 일상의 시간과는 다른 시간의 세계로 이동한다.

이와 같은 성스러운 공간과 시간의 체험은 축제의 과정을 통해 가능하다. 축제는 속된 세상을 살아가는 인간들을 성스러움의 세계로 들어가게 하는 의식이다. 그런 차원에서 축제는 공간과 시간 모두에서 현재성과는 무관한 일이다. 엘리아데는 특히 성스러운 시간으로의 복귀와 관련해 축제의 기능을 설명하고 있다.

주기적인 축제 때마다 인간은 작년의 축제 혹은 백 년 전의 축제에 현현했던 동일한 성스러운 시간으로 되돌아간다. 그것은 축제가 재현한 행위 (gesta)의 기간에 신들이 창조하고 성화한 시간이다. 다른 말로 하면, 축제에 참여한다는 것은 태초에(ab origine), 그때에(in illo tempore) 나타난 성스러운 시간의 최초의 출현과 맞닥뜨리는 것이다. 왜냐하면 이 축제가 벌어지는 성스러운 시간은 그 축제가 기념하는 신들의 행위 이전에는 존재하지 않았기 때문이다(엘리아데 2010, 90).

축제 연구자 류정아에 따르면 축제(festival)의 어원은 성일(聖日)을 의미하는 'festivalis'라는 라틴어에서 유래한다. 천신, 조상신, 자연신 등을 불러내는 의례의 형식을 지닌 것이 축제였는데(류정아 2003, 5), 그 점에서 엘리아데가 말하고 있는 축제의 인류학적 기원에 부합한다.

한편, 엘리아데의 종교 인류학을 뒤르켐이 주창한 종교사회학적 관점에서 해석하면 축제는 매우 중요한 정치사회적 기능을 수행한다. 뒤르켐은 종교와 종교현상을 공동체의 통합과 질서 구축이라는 사회학적 필요로 해석한다. 그에 따르면 모든 공동체는 공동체에 대한 신성함의 집단적 인식 위에서만 통합과 질서를 구축할 수 있는데, 축제는 공동체의 신성화를 만들어 내는 의례의 과정이고 그 점에서 공동체의 필요에 부응한다(김종엽 2001, 163). 축제는 공동체의 신성함을 드러내 주는 여러 상징물들과 집단의식들로 구성되는데, 그것들을 통해 공동체는 공간적이고 시간적인 차원에서 성스러움의 세례를 받게 되고, 궁극적으로 통합과 질서의 토대를 확보하게 된다.

축제 연구에서 축제의 주요 기능들은 다음과 같이 설명되고 있다. 첫째, 축제는 일상적인 생활 리듬의 단절과 금기의 위반을 경험하는 무대가 된다. 둘째, 인간의 유희적 본성과 놀이하는 존재로서의 특성에 비추어 축제는 인간적 욕구와 감정의 자발적인 분출, 집단적 놀이의 과정을 제공한다. 셋째, 현실 회귀를 위한 변증법적 역설을 체험하는 기회로서 축제는 극단적인 혼란과 무질서의 상황을 연출하고 그 속으로 사람들을 끌어들인다. 넷째, 축제는 초월적 에너지를 획득하는 자리로 기능한다(류정아 2003, 6-22).

이와 같은 기능들을 축제의 종교성과 공동체적 통합의 관점에서 이해한다면, 먼저, 일상적 리듬으로부터의 일탈과 금지된 것에 대한 접근이 허락된다는 것은, 축제에 참여한 구성원들로 하여금 전혀 다른 시간, 엘리아데가 말한 성스러운 시간을 체험함으로써 자신의 삶이 이루어지는 공동체의 성스러움을 느낄 수 있게 하며, 금지된 것을 보거나 만짐으로써 공동체의 신성함에 자신도 연결되어 있다는 심리적 효과를 갖게 한다는 것을 의미한다. 또한 감정의 분출, 무질서 상황과 초월적 에너지 획득과 같은 일탈적이거나 예외적인 체험은 사람들에게 공동체 구성원들을 결속할 초월적 연대감을 확보할 수 있게 된다. 공동체 구성원들은 단순히 일상적 관계와 물질성의 고리가 아니라 예외적 세계에 대한 집단적 체험을 공유함으로써 하나 됨의 의식을 만들어 낼 수 있다. 아울러 무질서 상황의 경험은 공동체적 질서가 갖는 의미를 재확인하는 계기를 제공할 수 있다.

이와 같이 종교성에 연결된 축제의 양상들은 일반적으로 전근대적 시간에 국한된 것으로 이해되곤 한다. 달리 말하면, 근대와 축제의 종교성이 양립하기 어려워 보인다는 것이다. 축제는 성스러움을 만나고, 비이성적 감성을 분출하며, 집단적 열광과 광기를 경험하는 무대인데 세속화라는 원리의 지배를 받고, 이성의 힘 위에 서 있으며, 개인의 합리적 의지로 구축되어 있는 시공간인 근대는 그런 축제를 수용할 수 없는 것으로 생각될 수 있다. 사회학자 베버(Max Weber)가 근대를 합리화(rationalization)로 이해하면서 "합리화는 세계가 미몽에서 깨어났음을 의미한다. 신비로운 힘이 존재한다고 믿었던 야만인들이 신령들을 제어하거나 그들에게 간청하기 위해 의지한 마술적 수단들에 더 이상 의존할 필요가 없다"(Gerth & Mills 1946)고 주장하는 관점에서, 종교성의 원리에 기반을 두는 축제가 들어설 자리는 없어 보인다. 근대는 적어도 종교성을 배제한, 합리적이고 기능적인 원리에 입각한 축제가 아니라면 축제는 존재할 수 없다고 말해야 할지도 모른다.

하지만, 우리의 논리적 추론과는 달리 근대 세계에서도 명백히 축제는 발명되고 실천되어 왔는데, 그 축제는 전근대적 축제의 종교성과 근본적으로 동일한 원리 속에서 작동했다. 앞서 언급한 뒤르켐이 근대를 이해하는 관점이 그 사실을 잘 설명해 주고 있다.

사실상 이 시기에는 전체적인 열광의 영향하에서 성격상 순수하게 속된 사물들이 공공 여론에 의해 성스러운 사물들로 변화되었다. 조국, 자유, 이성이 바로 그것이다. 종교는 그 자체가 교리, 상징, 제단, 축제일들을 가지는 형태로 확립되는 경향이 있다. 이성과 지고의 존재에 대한 숭배는 이런 충동적인 열망들에게 일종의 공적인 만족감을 주려고 했다(뒤르켐 1992, 306).

뒤르켐은 근대에 대해 베버와는 다른 생각을 하고 있는데, 근대는 외견상 합리성과 이성주의 아래에서 모든 성스러움과 종교성을 해체해 버린 세계 같지만 사실은 세속적인 것의 신성화라는 방식을 통해 또 다른 양식으로 종교성을 체현하고 있는 세계이다. 또한 근대는 그와 같은 종교적 신성함을 향한 "충동적 열망"의 지배를 받는 세계이다. 그 점에서 신성성, 종교성, 감성적 열광 위에 자리하는 축제의 양상은 근대에도 사라진 것은 아니라고 말해야 한다.

앤더슨(Benedict Anderson)은 근대국가에 대한 이해와 관련해 '상상의 공동체'(imagined communities)라는 개념을 사용하고 있다.

국민은 본래 제한되고 주권을 가진 것으로 상상되는 정치 공동체이다. 가장 작은 국민의 성원들도 대부분의 자기 동료들을 알지 못하고 만나지 못하며 심지어 그들에 관한 이야기를 듣지도 못하지만 구성원 각자의 마음에 서로 친교의 이미지가 살아 있기 때문에 상상된 것이다(앤더슨 2002, 25).

상상의 공동체는 계급적·역사적·지리적·문화적으로 이질성이 큰 공동체 구성원들이 국가라는 하나의 거대한 정치적 단위로 통합되는 과정을 설명하기 위한 개념이다. 근대적 국가 공동체는 전근대적인 촌락공동체와 같은 동질성과는 거리가 먼 공동체 유형에 속하는데, 이들이 모두 국민이라는 이름의 정치적 공동체로 통합되는 데에는 국가 공동체를 표상하는 다양한 문화적 상징의 동원이 중요한 역할을 수행한다. 근대적 국민 공동체는 물질성이 아니라 문화적 상징이 가져온 동질 의식을 기반으로 조형된 공동체다. '전통의 발명'이라는 개념 아래에서 근대국가의 정치적 상징들이 만들어지고 대중적으로 유포되는 역사적 과정을 분석한 홉스봄(E. Hobsbawm)의 문제의식 또한 앤더슨과 크게 다르지 않다.

우리는 이런 문제의식에서 근대의 축제를 설명할 수 있다. 전근대적 이질성을 벗어나지 못한 백성들을 단일성과 정체성에 입각한 국민으로 전환해 내기 위해서는 문화가 필요하고 그 구체적인 동력으로서 국민적 축제가 필요했다는 말이다. 그 점에서 축제는 국민을 만드는 정치적 동인이 된 것이다.

루소는 달랑베르에게 보낸 편지에서 극장의 문제점을 지적했다. 극장은 풍요와 한가로움, 시간 낭비의 공간이며, 화려함의 추구로 인해 시민들의 근면성을 말살하며, 사람들 사이의 익명성 속에서 자신들의 이성과 비판 의식을 작동하지 못하도록 만든다는 것이다(Rousseau 1967; 전동열 2006, 132-3). 루소는 잘못된 축제가 열리는 극장과는 다른, 참된 축제를 말하고 있다.

너희가 민중을 활동적이고 근면하게 만들려 하는가? 그에게 축제를 벌여 주라. 그에게 즐거움을 제공하라. 그것은 민중에게 국가를 사랑하는 것을 가르치며, 민중이 보다 더 과대한 사람이 되려는 희망을 갖지 않게 해준다. 축제를 통해 버린 날들은 다른 날들의 가치를 증진한다. 그의 기쁨을 고귀함으로 이끌어 가라. 그것이 그의 노동을 활기 있게 만드는 올바른 수단이다(Rousseau 1967; 전동열 2006, 133).

축제는 노동, 공동체성, 애국과 같은 시민적 덕성을 증진하는 자리가 되어야 한다는 말이다. 축제는 탈전통적인 습성을 벗어나 새로운 공동체 건설을 위한 시민적 덕성의 형성 공간이고, 국민적 정체성의 확립 공간으로서 본질적으로 정치적 기능을 수행해야 한다는 것이 축제의 근대적 성격이다. 그것은 근대의 축제를 근대적인 시민 가족의 제도와 가치와 미덕을 지키고 교양을 육성하는 계기로 보는 관점에 의해서도 지지되고 있다(전동열 2006, 135-6).

3. 한국 사회와 '축제성'의 변천

지금까지 살펴본 축제의 종교성과 공동체성은 한국의 축제에 대해서도 적용 가능하다. 다른 문화 공동체와 마찬가지로 한국의 문화 공동체는 공동체 유지와 강화의 필요 속에서 다양한 축제들을 발명하고 유지해 왔다. 오랜 시간부터 이어져 온 한국의 전통 축제들은 대체로 뚜렷한 종교성을 띠고 있었거나 지역 공동체성의 강화와 같은 방향에서 진행되어 왔다(류정아 2003, 68-9). 하지만 축제의 이와 같은 전통은 지속적으로 이어져 오지 못하거나 약화된 양상으로만 존재해 왔다. 아래 입론이 그 점을 지지해 준다.

그러나 현대로 들어오면서 우리는 우리의 이런 축제적인 전통을 이어 내려오지 못했다. 특히 일제하에서 고유의 민속놀이는 미신 행위로 간주되어서 버려야 할 것으로 강제되었다. 따라서 해방된 이후에도 조선조의 유교 개념으로 이단시된 놀이의 개념이 나태와 동의어로 전수되었으며 […](류정아 2003, 70).

위의 주장에 입각할 때, 한국 축제가 전통으로부터 급격히 벗어난 것을 설명하기 위해서는 무엇보다 '한국적 근대'에 문제의 초점을 맞추어야 할 것 같다. 먼저, 식민지적 상황에서, 한국 고유의 전통성이 구현된 축제가 억압받았다는 말인데, 식민지 조선의 '근대화'는 그런 문화 통제를 정당화하는 이데올로기가 되었다. 진정한 의미에서 근대화라고 할 수 없는 일제하의 근대화는 본질적으로 피식민지인들의 문화적 정체성을 파괴하기 위한 지배 전략의 일환이었는데 그 과정에서 한국 축제의 종교성과 공동체성은 급격히 축소되기에 이른다. 해방 이후 한국은 서구의 근대화 이론을 따라 본격적으로 근대화를 추진하게 된다. 한국이 적극적으로 수용한 근대화 이념의 본질은 '전통/근대'의 이분법으로서, 전통적 제도와 규범을 해체하고 합리적이고 기능적인 원칙을 지향하는 근대적 제도와 규범을 세우고 실천하는 것이야말로 근대화의 핵심적 목표가 되었다. 그와 같은 근대화 과정은 전통성에 기반을 두는 문화적 제도로서 축제가 그 힘을 상실하는 결과를 초래했다. 그와 더불어 우리는 한국적 근대화의 또 다른 특징으로서 1960년대부터 본격화된 경제 근대화를 살펴봐야 한다.

한국적 근대의 건설 과정은 물질과 경제성장을 본질로 하는 것이었고, 그 속에서 문화와 축제는 본격적인 고민거리가 되지 못했다. 그 점은 서구의 근대화와 상당히 대비되는데, 서구의 경우 근대화는 단순히 경제 근대화에 초점을 맞춘 것이 아니었다. 우리가 앞서 살펴본 것처럼, 국민주의 문화의 창조와 실천을 통한 자발적이고 형제애적인 정체성 창출의 과정이 근대화의 중요한 계기였고, 축제는 그런 필요에 중요하게 반응한 제도적 영역이었다는 말이다. 그와 달리 한국의 근대화는 본질적으로 '경제인'을 만드는 과정이었다. 그리고 그 경제인은 극단적 효율성의 원리를 내면화한 존재였다. 압축 성장으로 불리는, 서구가 이룩한 경제 발전을 빠른 시간 내에 따라잡아야 하는 후발국의 과제가 가져온 결과였다. 신속한 산업화 목표 앞에서 문화와 축제의 국민적 향유는 진지한 고민의 대상이 될 수 없었을 뿐만 아니라 부정적인 행태로 간주되었다. 경제적 동원의 근대는 자발적 놀이이자 감성의 분출로서 축제를 허용하지 않는다. 축제는 일종의 불필요한 '낭비'였고(류정아 2003, 70), 축제의 그 낭비로 실천되는 공동체적 결속의 차원에 관심을 기울이지 못했다.

한편, 경제적 동원을 존재 근거로 삼은 국가권력이 문화와 축제에 관심을 기울이는 예외적 상황을 관찰할 수 있는데, 1981년도에 전두환 정권이 발명한 '국풍 81'과 1990년대 중반 문민정부가 기획한 대동제를 예로 들 수 있다. '국풍 81'은 우리가 언급한 진정한 의미의 축제에는 부합하지 않는다. 전통성과 공동체성을 구현하고자 한 것도 아니고, 문화의 공유를 통한 형제애적인 국민성과 시민성의 형성을 지향한 것도 아니었기 때문이다. 그것은 정당성 없는 정치권력에 대한 저항을 완화하기 위한 문화적 선전 행위에 불과했기 때문이다. 그와 달리 민주화의 도래와 더불어 출범한 문민정권이 시도한 대동제는 어떻게 보면 국민적 축제의 새로운 가능성을 제시해 주었다고도 볼 수 있다. 구조선총독부 청사의 철거라는 정치적 배경 속에서 1995년 경복궁과 광화문을 무대로 열린 국민적 축제인 대동제는 종교성과 공동체성의 원리가 민족적 정체성의 목표와 결합하는 근대적 축제의 성격을 띠고 있었다.

하지만 문민정권에서 시작된 국민적 차원의 축제 실험은 연속성을 띠지 못했다. 오히려 축제는 1990년대 중반 지방화 시대의 도래와 맞물리면서 지역 단위로 이동했고, 지역 발전의 중요한 전략의 하나로 자리잡기 시작했다. 여기서 우리는 지방화 시대의 도래와 지역과 축제의 결합, 또는 좀 더 일반적인 수준에서 문화의 결합 현상에 대한 설명이 필요할 것으로 보인다.

주지하듯이, 현대사회를 특징짓는 개념의 하나로 '세계화'(global-ization)가 일상적으로 사용되고 있다. 세계화의 정의와 본질과 규범적 의미에 대해서는 다양하고 대립적인 논의들이 있지만 이른바 국민국가(nation-state) 체제의 변화를 가져오는 전대미문의 현상이라는 점에는 이론의 여지가 없는 것처럼 보인다.[1] 국민국가는 국가와 국가를 구분하는 경계, 즉 영토의 경직성을 본질로 한다. 국민국가 체제에서는 한 나라에서 다른 한 나라로 재화와 용역이 이동하는 일이 엄격히 통제된다. 다른 말로 하면, 국민국가는 영토 내 구성원들, 즉 국민들의 삶에 가장 큰 영향력을 미치는 주체가 되어 왔다는 것이다. 하지만 물질, 인적 자원, 문화, 자본 등 국민국가를 구성하는 주요 자원들이 국민국가의 통제력을 뛰어넘는 세계화가 본격화되고 확산되면서 국민국가는 지난날의 위상을 더 이상 유지하지 못하고 있다. 그에 더해 우리는 정보화 현상을 언급해야 하는데, 왜냐하면 세계화의 확산은 정보화와 밀접하게 맞물려 있기 때문이다. 앞서 살펴본 재화와 용역의 자유로운 국가 간 이동의 기술적 조건이 바로 정보화이다.

세계화와 정보화로 특징지어지는 현재적 변화들은 국가의 위상이 약화되는 결과를 가져왔지만 그와 동시에 지역에 대한 새로운 관심을 끌어내기도 했다는 점에 주목해야 한다. 그에 대해서는 아래의 입론이 적절한 설명을 제공하고 있다.

세계화에 더해 세기 변환의 시점에서 폭풍처럼 몰아닥치고 있는 공간의 전자화, 곧 전자 공간의 확산 같은 공간화 현상도 역으로 구체적이고 유형적인 장소에 대한 집착을 자극하고 있다. 인터넷 혁명이 컴퓨터 화면에 만들

---

1) 세계화 현상에 대한 자세한 논의에 대해서는 하상복(2006)을 참조할 것.

어 놓는 가상 시장이 유형의 물리적 도시 생성의 견인차이던 실제 시장에 육박하고 있으나, 한편으로 가상 시장 같은 '가상현실'(virtual reality)이 '실제 현실'(real reality)의 의미를 더욱 예민하게 느끼도록 자극하고 있다는 말이다. 사람이란 고도 기술(high tech)만큼이나 고도 감성(high touch)을 희구하는 존재이기 때문일 것이다(김형국 2002, 27).

여기서 우리는 국민국가의 존재론에 대한 도전인 세계화와 정보화의 거대한 흐름 속에서 지역을 이야기하는 목소리가 점차 증대하고 있는, 일견 역설적인 상황의 배경과 이유를 인식하게 된다. 모름지기 세계화와 정보화의 가속화가 구체적인 것의 상실이라는 문제를 촉발하면서 사람들은 일상적 삶이 전개되는 장소로서 지역에 대한 관심을 확장하고 있다는 말이다.

세계화와 정보화가 국민적 정체성의 약화 혹은 위기를 초래하고 있지만 그럼에도 세계 시민적 정체성의 형성은 요원하고 구체적인 토대를 확보하지 못한 상황에서 지역은 하나의 현실적인 대안적 정체성이 될 만한 근거지라고 할 수 있다. '지역성'(locality)은 그런 변화를 내포하는 중요한 개념이다(부산대학교 한국민족문화연구소 2010). 국민국가의 시대에서는 모든 교류가 국가를 단위로 이루어졌지만, 현재는 국가를 우회해 지역 단위로 시도되고 발전하고 있음을 우리는 관찰하고 있다.

한국의 경우 1990년대 초중반부터 세계화와 정보화가 국가적 발전 전략으로 규정된 이래 그 두 변화의 영향력에 깊이 노출되어 있다. 또한 그런 거대한 변화의 시기에 한국은 지방자치제도를 본격적으로 도입했다. 1990년대 후반 민주화라는 정치적 요인에 의해 부활된 지방자치는 궁극적으로 지역이, 중앙으로 불리는 국가적 단위를 넘어 삶과 정체성의 새로운 터전이 될 제도적·의식적 가능성을 만들어 주었다.

그와 같은 보편적이고 특수한 변화의 국면이 한국의 지역들이 발전 전략을 구상하고 실천해야 하는 것에 당위성과 필요성을 부과하고 있다. 지난 시절, 중앙이 발전의 헤게모니를 장악한 상태에서 지역은 자율적으로 발전을 꾀할 가능성도 의지도 없었지만 현재는 지역 스스로 자신의 발전 전략을 구축하고 수행해야 하는 상황이 도래했다. 그리하여 지역에는 경쟁과 발전의 논리가 급속히 관철되고 있는 것처럼 보인다. 그런데 이런 경쟁적 발전의 논리가 문화 영역에서 한층 더 격화되고 있음을 우리는 보고 있다.

중앙정부만 바라보는 수동적 태도로는 격화된 지역 간 경쟁에서 낙오한다는 위기감이 자치단체의 일반적 정서로 자리 잡았다. 모든 지방자치단체들이 앞 다투어 기획하는 각종 축제와 행사, 홍보와 선전, 그리고 지역 고유의 산물을 상업화하려는 다양한 시도 등은 이런 위기감의 표현일 것이다(송호근 2002, 297).

"축제와 홍보와 산물의 상업화"의 공통적인 기반은 지역의 고유한 '영역 자산'(territorial assets)이고, 그것은 이른바 '장소 판촉' 또는 '고장 판촉'으로 구현되고 있다.

지방화 또는 장소화를 위한 전략의 하나로 작금에 국내외적으로 주목을 받고 있는 것이 바로 '장소 판촉'(place-marketing, 또는 고장 판촉)이다. 장소 판촉은 우리의 삶이 직접적으로 근거하는 터전의 의미를 대내적으로 확인하고, 대외적으로 감동과 가치를 확산해서 마침내 내 고장의 번영을 가져오자는 노력이다(김형국 2002, 29).

현재 모든 지방자치단체는 예외 없이 외부를 향해 '장소 판촉'을 경쟁적으로 시도하고 있다. 지역은 브랜드화하고 있고 문화 관광은 지역이 추진해야 할 선도적인 전략산업이 되고 있다. "문화에서 경제적 번영의 가능성"(김형국 2002, 30)을 찾으려는 것이 전략적 목표가 되고 있다. 하지만 그런 경향성의 경쟁적 보편화는 지역의 고유한 문화 자산들이 과도하게 산업과 경제적 논리 속으로 환원되는 결과를 초래하고 있다. 지역의 영역 자산들은 그 자체의 역사적·문화적 의미와 가치로 평가되기보다는 지역 경제를 위해 어느 정도의 물질적 이윤을 가져올 수 있는가의 기준으로 평가되고 있다는 의미이다. 우리가 살펴보고 있는 지역 축제 또한 다르지 않다. 축제는 소속감, 연대 의식, 공동체 정신의 함양을 통해 지역 정체성을 실현하는 무대라는 전통적 인식보다는 외부인들을 유입하고 그들의 소비를 촉진하는 경제 전략으로 간주되는 경향이 크기 때문이다. 그런 경향성의 증대는 궁극적으로 우리가 앞서 살펴본, 축제의 인류학적 전통, 즉 종교적·공동체적 기반이 점차적으로 약화되거나 소멸될 가능성으로 작용할 우려가 크다.

전라남도의 축제 또한 이런 비판적 문제의식에서 결코 자유롭지 않은 것으로 판단된다. 전라남도 축제를 바라보는 행정적·정책적 관점에 대한 관찰을 통해 이를 좀 더 구체적으로 살펴보자.

4. 지역과 축제 : 전라남도의 경우

전라남도 각 자치단체가 개최하고 있는 축제 가운데 성공의 관점에서 가장 많이 언급되는 사례로 '함평 나비 축제'가 있다. 함평 나비 축제는 1999년에 시작되어 17년 간 이어지면서 전라남도를 대표하는 축제로 자리매김했고, 축제의 모델로 평가받으면서 대내외적으로 호평을 얻고 있다. 축제가 10주년을 맞은 2008년에 축제의 성공 요인을 분석하는 연합 심포지엄이 열렸고, 성공 요인에 관한 다양한 분석을 시도한 논문들도 적지 않다.

그렇다면 함평 나비 축제는 어떤 점에서 성공한 것일까? 2015년 함평군축제추진위원회 이신행 위원장 인터뷰를 인용해 보자. 성공한 지역 축제라는 평가에 대해 위원장은 다음과 같이 말하고 있다.

지리적으로나, 재정적으로 보면 전남의 조그마한 군에 불과한 '함평'이지만, 지금은 나비 축제 하면 함평을 떠올릴 정도로 많이 알려져 있습니다. 그만큼 함평의 이름을 널리 알리고, 깨끗한 자연과 친환경 이미지를 떠올리는 데 나비 축제가 크게 기여했다고 봅니다. 다음으로는 축제를 통한 지역 경제 활성화를 꼽을 수 있습니다. 매년 축제마다 20만 명이 넘는 전국 관광객이 우리 함평을 찾아 주십니다. 이 분들께서 축제를 보고, 음식을 먹고, 특산물을 사 감으로써 지역 주민들의 소득이 올라가는 효과를 거두고 있습니다. […] 나비 축제는 이미 17년째로 함평군민의 자랑거리이며 군민 소득 증대와 많은 관광객들의 방문으로 함평군이 북새통을 이룹니다(『광주 타임즈』 2015/04/21).

인터뷰 내용에 비추어 볼 때, 성공의 지표는 크게 세 가지로 볼 수 있다. 첫째, 대외적인 차원에서 함평의 긍정적인 이미지가 확산되었으며, 둘째, 지역 경제가 활성화되었으며, 셋째, 지역 소득이 증대했다는 점이다. 나비 축제의 성공은, 함평을 "세계적인 나비·곤충 도시"로 만들고, "850억 원의 생산 유발 효과"를 산출했다는 축제 10주년 기념 심포지

엄의 평가가 말해 주고 있듯이, 다분히 대외적인 차원의 지역 브랜드 이미지 제고와 경제적 성과에 초점을 맞추고 있다(『이코노미스트』 2008/05/20).

나비 축제의 성공에 대한 학계의 관점도 크게 다르지 않다. "함평 나비 축제의 성공 요인"이라는 논문을 보면 축제는 크게 세 개의 실적과 성과를 만들어 냈다. 먼저 축제의 실적과 관련해 첫째, "관광객 급증과 지역 경제 활성화"에 기여했다. 구체적으로 보면, 축제가 시작되기 이전인 1998년에 20여만 명을 기록한 관광객이 2007년 현재 15배가 되었다. 또한 "8회의 나비 축제를 개최하면서 군비 지출은 총 4,243백만 원인 반면, 입장료와 나비 상품 판매, 군민 참여 소득 등 직접 수입이 8,227백만 원으로 지출 대비 2배의 효과를" 거두었다. 여기에 친환경 농산물 홍보 등 간접 수익을 추가해야 한다. 둘째, "나르다 브랜드의 경영 수입"을 가져왔다. 나비 축제를 통해 함평은 지역의 대표 브랜드("나르다")를 개발하는 데 성공했고, 브랜드 라이센싱과 상품 판매를 통해 적지 않은 수입을 올리고 있다. 셋째, "농산물 예약 판매 실적"을 들 수 있다. 총 23개 품목 65종의 브랜드명을 사용하여 전국에 판매하고 있다(이주희 2009, 72-3). 한편, 함평 나비 축제는 중대한 정책성과를 낸 것으로 평가하고 있는데, "주민 삶의 질 향상", "함평의 성공적인 이미지 메이킹", "나비 브랜드 산업 발전 촉진" 등을 대표적으로 언급할 수 있다(이주희 2009, 73-4).

2014년 한 해 동안 전라남도 시군은 총 39개의 축제를 기획했다. 지역의 역사와 지리적 고유성을 반영하는 축제들과 비교할 때 함평 나비 축제는 사실상 우리가 앞서 살펴본 '영역 자산'에 기초한 것이 아님에도 경제적 기준에서 전라남도의 가장 성공한 대표 축제로 간주되고 평가받고 있는 것이 과연 타당한지를 묻지 않을 수 없다. 여기서 우리는 보다 일반화된 관점을 끌어들일 수 있다.

이제 축제는 여가 활용을 위한 관광 상품의 하나로 소비되고 있다. 또한 각 지역에서는 지역 홍보, 관광객 유치 및 생산물 판매를 통한 지역 경제 촉진의 일환으로 축제를 활용하고 있다. 오늘날 각 지방 자치단체에서 가장 선호하는 축제의 유형은 개최 지역의 특산물 판매를 통한 경제적 효과를 극대화할 수 있는 산업형 축제라고 한다. 이 말은 곧 "공동체적 연대감 강화"나 "정체적 확인"이라는 정신적 가치보다는 실제적인 가치, 즉 축제를 통해 경제적인 효과를 얼마나 이루었느냐가 중요한 문제임을 보여 준다(권은영 2011, 54).

함평 나비 축제 또한 "산업형 축제"의 전형적인 양상을 보여 주고 있는데, 그와 같은 축제 지향이 타당한지에 대한 진지한 성찰과 무관하게 전라남도의 다른 축제들 또한 지역 이미지 제고와 관광객 유인을 통한 경제성장을 추구하는 산업형 축제로 경쟁적으로 이행하고 있다. 여기서 영역 자산으로 불리는 지역의 역사적·지리적·문화적 고유성은 지역의 정체성을 강화하기 위해서가 아니라 경제적 관점에서 더 많은 관광객들을 끌어들이기 위해 동원되고 있다.

2013년 문화체육관광부는 지역 축제에 대한 재정적 지원을 제공하는 문화관광축제사업에서 전라남도 6개의 축제를 선정했다. 강진 청자 축제, 진도 신비 바닷길 축제, 담양 대나무 축제, 목포 해양 문화 축제, 보성 다향제, 정남진 장흥물 축제다. 전라남도는 총 8억2,800만 원의 국비를 지원받는 것으로 보도되었다. 같은 맥락에서 전라남도는 도내에서 개최되는 축제를 심사해 재정적 지원을 할 계획임을 밝혔다(『THN』 2013/01/14). 다른 지역들과 마찬가지로, 전라남도 또한 축제에 과도한 예산을 쏟아 붓는 것으로 평가되고 있는데, 그것은 투입과 산출이라는 경제적 관점에 입각한 접근으로 보인다. 얼마나 많은 예산을 투입해 얼마나 많은 경제적 효과를 산출하는가가 현재 지역 축제의 주요 전략적 문제의식이라고 할 때, 축제가 지역 문화 발전과 소통과 정체성 확립이 아니라 관광과 결합한, '문화 관광 정책'의 주요 정책적 고려 대상이 되고 있는 이유를 인식하게 된다.

그런 사실은 곧, 전라남도 축제의 발전을 위한 정책적 제언이 산업과 관광의 관점에 초점을 맞추는 이유가 된다(이종수 2003). 한 보고서는 전라남도 지역 축제가 지향해야 할 이상적 모습의 한 축을 "지역의 정체성 확립과 지역 주민의 공동체 형성에 기여해야" 하는 것으로 제시하면서도, 핵심적인 정책적 아이디어는 관광, 즉 지역 바깥의 관광객들을 끌어들이기 위한 효과적인 방법에 두고 있다. 예컨대, 보고서는 외부 방문객들을 대상으로, 전라남도 지역 축제의 만족도와 개선점 조사를 실시하면서도, 지역민들의 축제 의식에 대해서는 전혀 조사하지 않고 있다는 말이다(송태갑 2013).

또한 광주와 전라남도가 공동으로 개최할 축제의 발굴에 관한 한 연구서도 유사한 문제 지평 위에 서 있다.

무형의 산업인 문화의 경제적 부가가치는 이미 우리나라에서도 높게 나타나고 있다. 크고 작은 지자체별로 종전의 연례행사나 축제 등을 문화 상품화하여 경제적 효과를 높이고 있다. 특히 광주를 포함한 전남 지역은 천혜의 자연환경과 풍부하고 소중한 문화적 자산을 소유하고 있을 뿐만 아니라 광주가 문화중심 도시로 지정됨에 따라 타 지역보다도 더욱 그 문화산업적 가치를 발굴·창출할 수 있는 여건이 조성되기 시작한 것이어서 […] 이런 배경으로 본 연구는 광주·전남 지역의 공동체적 발전 및 지자체의 경제 발전을 동시에 추구하고 세계적인 브랜드화를 앞당기기 위한 시대적 요구에서 출발한다(김아자 2005, 3).

"문화의 경제적 부가가치", "문화 상품화", "문화산업적 가치", "브랜드화"와 같은 용어들이 말해 주고 있듯이, 광주와 전라남도가 지향해야 할 축제는 경제와 산업적 효과의 창출이다.

이와 같은 산업주의와 이윤의 관점에 배타적으로 서게 될 때 전라남도의 축제는 경제적 효율성을 극대화하기 위한 전략 구축의 결정 과정을 벗어날 수 없으며, 외부인들을 유인하기 위한 소비주의 관광 상품의 전시장으로 변질될 수밖에 없다(류정아 2003, 82-3). 그 속에서 축제의 주체가 되어야 할 지역민은 축제의 대상으로 전락하게 되거나 축제의 경제적 성과를 제공받는 수동적 존재가 되고, 지역 정체성의 문화적 토대가 되어야 할 축제의 프로그램은 일회성 소비와 내용 없는 물질적 기표 이상의 의미를 지니지 못하게 된다.

그와 같은 문제의식 위에서, 함평 나비 축제를 포함해 지역 축제의 성공을 다른 관점에서 고찰할 것을 요구하는 연구들에 주목할 수 있다. 한 연구는 경제적 효과의 극대화를 축제 성공의 일차적 요인으로 보는 시각에서 벗어나 축제 테마의 지역적 독창성과 주민 참여를 우선적인 고려 대상으로 삼을 것을 제안하고 있다. 축제의 테마는 "지역적 정체성을 살리면서 독창적이어야" 하고, "축제 참여를 통하여 지역 주민으로서 긍지, 자기 계발, 다양한 사람들과의 만남을 통해 즐거움을 얻"어야 한다(서휘석·윤정현 2006, 212). 이와 유사한 관점에서 다음과 같은 입론을 읽을 수 있다.

축제가 그 본래의 성격을 순수하게 유지할 수 있는 기본적인 전제 조건은 그것이 지역 주민들에 의해 직접 조직되고 준비되고 연희되는 것이어야 함. 그러나 한국에서 그런 의미에 정확히 부합하는 축제는 거의 찾아볼 수 없다(류정아 2003, 29).

이와 같은 관점은 축제에 대한 좀 더 진지한 성찰을 이끌긴 하지만 문제는 그런 지역민의 주체성에 기반을 두는 축제 패러다임의 궁극적 목표와 지향이 어디에 있는가를 명확히 설명하지는 못한다는 데 있다.

인간 삶의 일반적 조건이자 인간 공동체의 보편적 토대로, 호이징아 (J. Hoizinga)의 '놀이하는 인간' 개념(호이징아 2010)을 따라 인간의 집단적 놀이가 구현되는 장소로, 생산과 이윤이 아니라 집단적 소비와 분출을 통한 새로운 기원으로의 회귀를 준비하는 시공간으로 축제를 이해하는 시각에서 지역 축제를 새롭게 성찰할 필요성이 있다. 그와 같은 전환이 이루어지지 않는 한, 지역성의 테마에 충실하고 지역 주민의 주체적 참여를 바탕으로 이루어진다고 하더라도 축제는 여전히 산업주의의 테두리를 벗어나지 못할 것이기 때문이다.

5. 전라남도 축제, 다시 생각하기

세계화와 정보화로 요약되는 새로운 변화의 물결은 국민국가의 헤게모니를 약화하면서 새로운 삶의 터전으로서 지역과 지역성에 대한 관심을 확대하고 있다. 인간 삶의 차원을 물질성과 정신성으로 구분할 때, 삶의 주요한 공간으로서 지역은 경제적 필요와 상징적 필요를 충족시키는 공간이 되어야 한다. 상징적 필요란 지역적 정체성과 소속감과 연대성의 차원을 의미한다. 이런 관점에서 지역 축제는 본질적으로 상징적 필요에 민감하게 반응해야 한다. 축제는 "집단의 정체성을 나타내고 구성원을 단합시키는 데 가장 효율적인 문화 행사"(이승권 2007, 365)이기 때문이다. 그 점에서,

'지역 축제'란 지역민의 지역적인 삶과 문화를 대변하는 문화 행사로 지역민의 공동체 의식을 일깨우는 행사라고 할 수 있다. […] 따라서 지역 축제는 지역민의 삶과 문화 전통을 계승하고 지역민의 문화 수준을 향상시키는 문화 행사가 되어야 한다(이승권 2007, 366).

그렇지만 지방자치 시대에서 한국의 지역 축제는 상징적 필요가 아니라 경제적 필요를 위해 기능하고 있는 것처럼 보인다. 축제는 지역의 문화를 소비하려 하는 외부 관광객들을 최대한 끌어들이기 위해 최적의 문화 상품을 만드는 것을 목표로 삼는 것이 지배적이다. 그렇기 때문에 현재 지방자치단체들이 기획·운영하고 있는 축제가 '지나치게 많고 지나치게 유사'하다는 비판이 제기되는 것이다. 전라남도의 축제 또한 그와 같은 비판으로부터 자유롭지 않다. 우리는 함평 나비 축제와 같이 산업화의 논리에 충실한 축제가 왜 대표적인 성공 모델이 되어야 하는가를 진지하게 성찰할 필요가 있다.

| 참고문헌 |

권은영. 2011. "문화상품화된 축제와 이야기의 활용." 『국어문학』 제50집.

김아자. 2005. 『광주·전남 공동개최 축제 발굴 연구』. 광주전남발전연구원(정책연구 2005-06).

김종엽. 2001. 『에밀 뒤르켐을 위하여: 여성, 축제, 인종, 방법』. 서울: 새물결.

김형국. 2002. 『고장의 문화판촉: 세계화 시대에 지방이 살 길』. 서울: 학고재.

뒤르케임, 에밀 지음·노치준·민혜숙 옮김. 1992. 『종교생활의 원초적 형태』. 민영사.

류정아. 2003. 『축제인류학』. 살림.

문화체육부. 1996. 『한국의 지역축제』.

부르디외·피에르 지음. 최종철 옮김. 2002. 『자본주의 아비투스』. 동문선, 2002.

부산대학교 한국민족문화연구소. 2010. 『탈근대 탈중심의 로컬리티』. 서울: 혜안.

서휘석·윤정현. 2006. "지역 축제의 성공요인에 관한 연구: 안동국제탈춤페스티벌, 함평나비축제, 익산서동축제를 중심으로." 『지방행정연구』 제20권 제4호.

송태갑. 2013. 『전남 지역축제의 경쟁력 강화방안』. 전남발전연구원(정책연구 2013-27).

송호근. 2002. "지방자치와 사회 발전: 리더십, 발전전략, 그리고 주민참여." 안청시 외. 『한국 지방자치와 민주주의: 10년의 성과와 과제』. 서울: 나남.

아도르노, T. M. 호르크하이머 지음·김유동 옮김. 2004. 『계몽의 변증법』. 문학과지성사.

앤더슨, 베네딕트 지음·윤형숙 옮김. 2002. 『상상의 공동체: 민족주의의 기원과 전파에 대한 성찰』. 서울: 나남.

엘리아데, 미르치아 지음·이은봉 옮김. 2010. 『성과 속』. 한길사.

이승권. 2007. "축제성과 지역축제: 프랑스 망통 레몬축제와 보성 다향제를 중심으로." 『한국프랑스학논집』 제57집.

이종수. 2003. "전라남도 문화 관광 정책의 중장기 특성화 방안". 『한국거버넌스학회보』 제10권.

이주희. 2009. "함평나비축제 성공요인". 『월간 자치발전』(4월).

전동열. 2006. "축제와 일상: 적응과 일탈의 변증법", 유럽사회문화연구소, 『축제와 문화적 본질』. 연세대학교 출판부.

조성애 외. 2006. 『축제문화의 제 현상』. 연세대학교 출판부.

최덕균·이훈. 2013. 『지역관광 활성화를 위한 축제활용 정책 사업 발굴』. 한국관광공사 용역보고서.

하상복. 2006. 『세계화의 두 얼굴: 부르디외&기든스』. 서울: 김영사.

_____. 2011. "무안군의 문화예술정책: 인프라, 프로그램, 정책적 비전의 고찰." 『무안·무안사람들』. 경인문화사.

호이징아, 요한 지음·이종인 옮김. 2010. 『호모 루덴스: 놀이하는 인간』. 연암서가.

Rousseu, Jean-Jacques. 1967. *Lettre à d'Alembert*. Paris: GF-Flammarion.

Weber, Max, H. H. Gerth and C. W. Mills tr. and eds. 1946. *From Max Weber: Essays in Sociology*. New York: Oxford University Press.

『광주 타임즈』(2015/04/21).

『이코노미스트』(2008/05/20), 937호.

〈THN〉(2013/01/14).